# 作者简介

**孟咸美** 1963年5月出生，江苏省泰州市人。1985年南京师大毕业后分配至扬州师院工作，现任教于扬州大学法学院，主讲《经济法》等多门课程，硕士研究生导师。兼任江苏省法学会环境资源法学会常务理事、江苏省房地产法研究会常务理事、扬州仲裁委员会仲裁员、江苏鋐云辰旭律师事务所律师、扬州市总工会“义工教授团”志愿者、扬州市劳动法业务律师名师工作室指导专家等。出版专著有《房地产法学理论与实务》《你所关心的消费者权益法律问题》《竞争法研究》《金融监管法律制度研究》《房地产法理论与实务》《劳动者权益保护研究》等；主编全国高职高专通用教材《经济法》《物流法概论》以及参编法律硕士精品教材《金融法》《房地产法学》等多部国家规划教材。在核心刊物及其他刊物发表学术论文五十多篇。1997年获江苏省普通高校教学成果奖二等奖，1999年《论合同的解释》获江苏省法学会优秀论文一等奖，2008年《竞争法研究》获江苏省高校第六届哲学社会科学优秀成果三等奖。曾获扬州市消费者保护运动30年消费维权先进个人、扬州市五一劳动奖章、扬州市“十佳文明职工”、扬州市优秀志愿者、扬州市总工会“杰出义工教授”、2018“最美扬大教师”等荣誉称号。

**孟　昕**，女，1990年12月出生，江苏省扬州市人，2017年毕业于扬州大学法学专业，法学硕士，现为扬州大学广陵学院辅导员。在《扬州大学学报》等刊物发表《论公民环境权》《论商业银行强制性退市的法律监管》《浅析道德如何影响法律文化》等论文三篇，出版专著《房地产法学理论与实务》（光明日报出版社2016年版）、《劳动者权益保护研究》（经济日报出版社2017年）。兼任扬州市总工会“义工教授团”志愿者，曾获得扬州市优秀志愿者荣誉称号。

**孙晶玲**，女，1994年5月出生，江苏省连云港市人。现为扬州大学法学院研究生，主要从事经济法研究。

**杨亚莉**，女，1996年4月出生，江苏省南通市人，现为扬州大学法学院研究生，主要从事经济法研究。

**石天宇**，1992年4月出生，江苏省淮安市人。现为扬州大学法学院研究生，主要从事经济法研究。论文《法律政策与互联网金融科技》在第一届主题为“互联网+时代法科生创新创业”全国法学本科生学术论坛（2015）评选中获优秀奖。在《中国经贸》2016年9月第17期发表论文《论互联网金融中的风险及其法律规制》。

扬州大学出版基金资助

学者文库

# 经济法理论与实务研究

孟咸美　孟　昕　孙晶玲　杨亚莉　石天宇◎著

科学技术文献出版社
SCIENTIFIC AND TECHNICAL DOCUMENTATION PRESS
·北京·

**图书在版编目（CIP）数据**

经济法理论与实务研究 / 孟咸美等著 . — 北京：科学技术文献出版社，2018.12

ISBN 978-7-5189-5083-6

Ⅰ. ①经… Ⅱ. ①孟… Ⅲ. ①经济法—中国 Ⅳ. ① D922.29

中国版本图书馆 CIP 数据核字（2018）第 294692 号

**经济法理论与实务研究**

策划编辑：曹沧晔　　责任编辑：曹沧晔　　责任校对：赵　瑷　　责任出版：张志平

出 版 者　科学技术文献出版社
地　　址　北京市复兴路 15 号　邮编 100038
编 务 部　（010）58882938，58882087（传真）
发 行 部　（010）58882868，58882870（传真）
邮 购 部　（010）58882873
官方网址　www.stdp.com.cn
发 行 者　科学技术文献出版社发行　全国各地新华书店经销
印 刷 者　三河市华东印刷有限公司
版　　次　2019 年 4 月第 1 版　2019 年 4 月第 1 次印刷
开　　本　710 × 1000　1/16
字　　数　309 千
印　　张　19.5
书　　号　ISBN 978-7-5189-5083-6
定　　价　95. 00 元

# 目　录

CONTENTS

## 上篇

## 经济法基础理论研究

## 中篇
## 经济法专题研究

# 上篇

# 经济法基础理论研究

# 第一章　马克思法律思想研究

恩格斯曾经这样评述："马克思在他所研究的每一个领域（甚至在数学领域）都有独到的发现，这样的领域是很多的，而且其中任何一个领域他都不是肤浅地研究的。"[①]马克思第一次科学地揭示了法的起源、阶级本质及其基本规律，从而在法学领域实现了一次彻底的革命。在进入新时代之际，深入学习和研究马克思法律思想，对于繁荣法学研究，健全社会主义法制，有着重大的理论意义和现实意义。

马克思法律思想在马克思主义理论宝库中占有极其重要的地位。《马克思恩格斯全集》第1卷大部分篇幅是法学专著，卷首论文《评普鲁士最近的书报检查令》就是一篇法学论文。马克思后来与恩格斯合写的《德意志意识形态》和《共产党宣言》已形成了完整的法学体系，即使在他后期所写的《哥达纲领批判》《法兰西内战》以及其他书信、摘录中也闪耀着马克思法律思想的光辉。马克思法律思想博大精深，本章仅从法的基本理论和部门法理论两个方面略加阐述。

## 一、马克思论法的基本理论

法的起源问题是法学中第一个要碰到的问题，历代法学家有的认为法起源于神，有的把法视为订立社会契约的结果，有的把法视为上帝的产物，等

① 马克思，恩格斯．马克思恩格斯选集：第3卷 [M]. 北京人民出版社，1972：574-575.

等，谁也没有真正解决法的起源问题。马克思通过对政治经济学的研究得出这样的结论：法的关系正像国家的形成一样，既不能从它们本身来理解，也不能从所谓人类精神的一般发展来理解。相反，它们根源于物质的生活关系，这种物质的生活关系的总和，黑格尔按照18世纪的英国人和法国人的先例，称之为“市民社会”，“而对市民社会的解剖应该到政治经济学中去寻求”。[①]这实际上指明了法律的起源。法律起源于他们的经济生活条件，法律是物质生产关系发展到一定阶段的必然产物。“如果一种生产方式持续一个时期，那么它就会作为习惯和传统固定下来，最后被作为明文的法律加以神圣化”；“社会上占统治地位的那部分人的利益，总是要把现状作为法律加以神圣化，并且要把习惯和传统对现状造成的各种限制，用法律固定下来”[②]。可见法律是伴随着私有制、阶级和国家的产生而产生的，社会生产力的发展引起生产关系的变化，进而引起整个上层建筑，包括社会关系的社会规范变革。

法律的本质问题，是法律最基本、最复杂的问题，也是被历来的剥削阶级思想家、法学家搞得最混乱、最神秘的问题之一。有所谓神意论、正义论，也有所谓权力论、规范论，学派林立，论点各异，但都没能够揭示法律的本质。只有马克思第一次科学地揭示了法律的本质：法律是由统治者的共同利益所决定的意志的表现。[③]在《共产党宣言》中马克思通过对资本主义法制的批判进一步揭示了法律的本质，“你们的观念本身是资产阶级的生产关系和所有制关系的产物，正像你们的法不过是被奉为法律的你们这个阶级的意志一样，而这种意志的内容是由你们这个阶级的物质生活条件来决定的”[④]。认识法律的本质对我们具有现实的指导意义，至少有三点必须引起足够的重视。其一，法律是统治阶级整体意志的集中表现，而不是单个人的随心所欲。法律只反映统治阶级的意志，根本不可能是“共同意志”“全民意志”的表现，即使是统治阶级意志的反映，也不是反映所有成员的单个意志，而是统治阶级整体意志的集中表现。正如马克思所指出的那样：“法律应该是共同的，由一

① 马克思，恩格斯．马克思恩格斯选集：第2卷[M]．北京：人民出版社，1972：82.
② 马克思，恩格斯．马克思恩格斯全集：第25卷[M]．北京：人民出版社，1972：894.
③ 马克思，恩格斯．马克思恩格斯全集：第3卷[M]．北京：人民出版社，1972：378.
④ 马克思，恩格斯．马克思恩格斯选集：第1卷[M]．北京：人民出版社，1972：268.

定物质生产方式所产生的利益和需要的表现，而不是单个个人的恣意横行。”[①]其二，这种统治阶级意志是“被奉为法律”的国家意志。法律是统治阶级意志的表现，但表现统治阶级意志的并不都是法律。哲学、文学、宗教、政策等，都可以表现统治阶级意志，但它们都不是法律，只有恣意“被奉为法律”的统治阶级意志才具有法律的特征及效力。马克思在《德意志意识形态》一书中对此有过论述，“在这些关系中占统治地位的人们，除了必须把自己的力量组成为国家以外，他们还必须使他们的由一定的关系决定的意志获得普遍的表现，表现为国家的意志，表现为法律”[②]。其三，法律所表现的统治阶级意志归根结底是由统治阶级的物质生活条件决定的。法律作为统治阶级意志的表现，不是凭空产生，也不是随心所欲和任意编造，而是基于一定的物质生活条件，有其客观性。马克思在《哲学的贫困》中明确指出：“只有毫无历史知识的人才不知道：君主们在任何时候都不得不服从经济条件，并且从来不能向经济条件发号施令。无论是政治的立法或市民的立法，都只是表明和记载经济关系的要求而已。”[③]当然法律反映经济不是消极的、被动的，而是积极的、主动的，它对经济基础产生反作用。马克思关于法律本质属性的论述是我国社会主义法学的立论基础，这是任何时候都不能动摇的。法学界有些同志认为社会主义法律的本质不能表述为统治阶级意志的体现，[④]资本主义法律中也有反映被统治阶级利益的条款。刑法之类的法律反映统治阶级意志好理解，环保法、森林法、食品卫生法之类的法律有什么阶级性？这些观点都违背了马克思关于法律本质的经典论述，都有值得商榷之处。社会主义法律仍是统治阶级意志的体现，是工人阶级领导下的广大人民意志的体现。社会主义法律反映统治阶级意志绝不是重新搞“阶级斗争为纲”或只强调法律的刀把子作用，不注重甚至忽视法律推动经济发展的功能。承认社会主义法律的阶级属性，承认法律的本质，与承认社会主义法律的多方面作用并不矛盾。法的本质与法的作用是两个不同的概念，不应该混淆。资本主义国家法律中有一些反映工人利益的条款，如缩短工作日、福利待遇、劳动条件的改善等。

① 马克思，恩格斯．马克思恩格斯全集：第6卷[M]. 北京：人民出版社，1972：292.

② 马克思，恩格斯．马克思恩格斯选集：第3卷[M]. 北京：人民出版社，1972：378.

③《马克思恩格斯选集》第4卷[M]. 北京：人民出版社，1972：121-122.

④ 参见法学研究，1992（5）：1.

我们应该认识到统治阶级的存在总是以被统治阶级的存在为前提的，为了有可供剥削的对象，使资本主义制度存在下去，资产阶级必须做出让步，这与其说是反映了工人阶级意志，倒不如说是反映了资产阶级的阶级意志更为确切。正如《中共中央关于废除国民党六法全书与确定解放区司法原则的指示》中所指出的："反动统治阶级为保持其基本的阶级利益（财权与政权）的安全起见，不能不在其法律的某些条文中，一方面，照顾一下它的同盟者或它试图争取的同盟者的某些部分利益，企图以此来巩固其阶级统治。"至于说森林法、环保法、食品卫生法之类的法律没有阶级性更是缺乏法律常识，阶级性是法的本质属性，没有阶级性的法是不存在的，技术规范本身无阶级性，但经国家制定或认可上升为法律后，便被纳入了法律体系，从而为统治阶级的政治、经济、文化统治发挥不同的作用，因此其阶级性是显而易见的。

马克思在《德意志意识形态》《黑格尔法哲学批判》等著作中还论述了法律和国家及政治经济的关系、立法权和国家制度等一系列根本问题，从而奠定了马克思主义法律观的理论基础，限于篇幅，不一一赘述。

## 二、马克思关于部门法的思想

马克思对刑法学、婚姻法学、诉讼法学等部门法也有详细的论述。

马克思的刑法思想主要表现在对犯罪产生原因及其实质的分析、犯罪构成理论和刑罚理论3个方面。

在犯罪的原因及实质的分析上，资产阶级刑事人类学派提出了"生来犯罪人"理论，不敢做本质的揭露和如实的阐述。马克思在《资本论》这一巨著中指出："由于封建家臣的解散和土地断断续续地遭到暴力剥夺而被驱逐的人，这个不受法律保护的无产阶级，不可能像它诞生那样快地被新兴的工场手工业所吸收。另一方面，这些突然被抛出惯常生活轨道的人，也不可能一下子就适应新状态的纪律。他们大批地变成了乞丐、盗贼、流浪者，其中一部分人是由于习惯，但大多数是环境所迫。"①这就指明了资本主义制度是产生犯罪的总根源，资本主义的产生伴随着犯罪。与之相联系的犯罪本质问题也

① 马克思，恩格斯．马克思恩格斯全集：第23卷[M]. 北京：人民出版社，1972：802-803.

是剥削阶级法学家讳莫如深的问题，不敢公开承认犯罪的阶级本质，马克思在《德意志意识形态》一书中对此做了科学的说明："犯罪——孤立的个人反对统治关系的斗争，和法一样，也不是随心所欲地产生的，相反地，犯罪和现行的统治都产生于相同的条件。"

在犯罪构成理论方面，马克思明确指出只有行为才是犯罪构成的基础，只有犯罪的行为才是行为人负刑事责任的客观依据，他反对以思想言论治罪，并进一步把犯罪客观方面的行为与犯罪主观方面的"意图"联系起来作为衡量判断犯罪的依据，坚持主客观相一致的原则。马克思在《评普鲁士最近的书报检令》一文中明确指出："我只是由于表现自己，只是由于踏入现实的领域，我才进入受立法者支配的范围。对于法律来说，除了我的行为以外，我是根本不存在的，我根本不是法律的对象。"这同当时的资产阶级刑法学的惩罚"犯罪人"、惩罚"思想犯"的主张是针锋相对的，反映了马克思坚持把行为作为定罪量刑的唯一标准的思想。他还多次提出不能以思想言论定罪，"惩罚思想方式的法律不是国家为它的公民颁布的法律，而是一个党派对付另一个党派的法律。追究倾向的法律取消了公民在法律面前的平等。这不是团结的法律，而是一种破坏团结的法律，一切破坏团结的法律都是反动的；这不是法律，而是特权"。不仅如此，马克思在《关于林木盗窃法的辩论》这篇论文中通过对莱茵省议会关于林木盗窃法的批判，提出了罪与非罪的界限及评判标准，触及了犯罪的主观方面和客观方面的一致性原则。他明确指出："捡枯枝和盗窃林木是本质上不同的两回事。对象不同，作用于这些对象的行为也就不同，因而意图也就一定有所不同，除了行为的内容和形式而外，试问还有什么客观标准来衡量意图呢？而你们却不顾这种实际上的差别，竟把两种行为都称为盗窃，而且都当作盗窃来惩罚。"马克思关于犯罪构成的光辉思想一扫形形色色的资产阶级刑法学家的种种片面的、形而上学的理论，强调了主客观一致的原则，反对以思想言论定罪，为社会主义刑法学形成完整的犯罪构成理论奠定了基础。

在刑罚理论方面，马克思通过对资产阶级重刑主义的批判，第一次提出了罪刑适应的马克思主义量刑原则。马克思指出："如果犯罪的概念要有惩罚，那么实际的罪行就要有一定的惩罚尺度。实际的罪行是有界限的。因此，就是为了使惩罚成为实际的，惩罚也应该有界限——要使惩罚成为合法的惩罚，就应该受到法的原则的限制。任务就是要使惩罚成为真正的犯罪后果。惩罚在罪犯看来应该是他的行为的必然结果——因而也应该是他本身的行为。他受惩罚的界限应该是他的行为的界限。”需要指出的是，罪刑相适应原则是资产阶级进步刑法学家贝卡利亚最先提出的，在新的历史条件下把贝卡利亚的进步观点——罪刑适应的量刑原则吸收进了无产阶级的刑法学并加以改造，这是在刑法学领域的革命，是马克思主义对刑法学理论的贡献之一。我们不管在什么情况下都要坚持这一原则，反对资产阶级的重刑主义，反对量刑的畸轻畸重，充分发挥刑罚的特殊功能，有效地预防、打击各种犯罪，维护社会稳定。

马克思的婚姻法思想集中体现在《论离婚法草案》一文中，重点论述了婚姻的本质、婚姻家庭关系以及婚姻死亡的确认等几个方面。

马克思认为婚姻的本质是超脱于婚姻双方主观任性的伦理理性。马克思在批判离婚法草案的过程中指出：“立法不是把婚姻看作合乎伦理的制度，而是看作一种宗教的和教会的制度。因此，婚姻的世俗本质被忽略了。”婚姻的本质既不是浪漫派主张的爱情，也不是康德派主张的民事契约，更不是教会法认定的“神作之合”，婚姻的本质只能是客观伦理理性。家庭则是这种客观伦理的共同体。马克思还说：“如果一个立法者用自己的臆想来代替事情的本质，那么我们就应当责备他极端任性。同样，当私人想违反事情的本质任意妄为时，立法者也有权利把这种情况看作是极端任性。”

对于与婚姻本质相联系的婚姻家庭关系，马克思也有过精辟的论述。他明确提出了婚姻是家庭的基础这一基本观点。他说：“他们抱着幸福主义的观点，他们仅仅想到了两个人，而忘记了家庭，几乎任何的离婚都是家庭的离散，就是纯粹从法律观点看来，子女的境况和他们的财产状况也是不能由父母任意处理，不能让父母随心所欲地决定的。如果婚姻不是家庭的基础，那么它会像友谊一样也不是立法的对象了。”这里马克思把婚姻同家庭、子女甚至立法问题联系起来，而不是孤立地只看到夫妻两人。

马克思还阐述了对待离婚问题的科学态度。马克思认为普鲁士婚姻也不合乎伦理理性，它规定了众多的离婚理由，甚至连无子的情况也作为准许夫妻双方协议离婚的理由，助长人们轻率离婚，是把主观性任意上升为法律。但是，马克思也不是一味反对离婚，而是主张离婚只能是死亡婚姻的确认。

马克思指出:“离婚仅仅是对下面这一事实的确定:‘某一婚姻已经死亡,它的存在仅仅是一种外表和骗局。’”

马克思不仅提出了实体法理论,而且还提出了诉讼法学的基本思想。

马克思认为法律有实体法和程序法之分,有什么样的实体法就有什么样的程序法。他主张:“实体法都具有本身所特有的必要的诉讼形式。例如中国法里面一定有笞杖,和中世纪刑律的内容连在一起的诉讼形式一定是拷问——以此类推,自由的公开的审判程序,是那种本质上公开的,受自由支配而不受私人利益支配的内容所具有的必然属性。”程序法与实体法的关系是形式与内容的关系,如同马克思所比喻的植物的外形与植物、动物的外形与动物的关系。这就是说程序法是实体法的生命形式,它调整审判程序,使得实体法得以贯彻实施,使实体法有生命力。

马克思还明确提出自由审判的思想,强调法官独立审判,一切服从法律。他说:“法官除了法律就没有别的上司。独立的法官既不属于我,也不属于政府。”但是,法官也不能变成法律词句的传声筒,法官要在法律范围内发挥主观能动作用,“要运用法律就需要有法官。如果法律可以自动运用,那么法官也就是多余的了”。马克思的自由审判思想,对于我们加强社会主义法制,依法治国有着现实的指导意义。我们既要反对行政干预司法、政法不分的倾向,又要防止主观擅断及法律适应的机械化,使社会主义法律更好地服务于新时代的伟大实践。

# 第二章 邓小平依法治国思想研究

江泽民同志在《依法治国，保障国家长治久安》的重要讲话中明确指出："依法治国，是邓小平同志建设中国特色社会主义理论的重要组成部分，是我们党和政府管理国家事务的重要方针。"学习和研究邓小平同志依法治国的理论不仅具有重要的现实意义，而且具有深远的历史意义，邓小平关于依法治国的理论极为丰富，本章拟从3个方面做一阐述。

## 一、邓小平论立法

邓小平同志十分重视立法工作，早在1978年他就明确指出："为了保障人民民主，必须加强法制。必须使民主制度化、法律化，使这种制度和法律不因领导人的改变而改变，不因领导人的看法和注意力的改变而改变。""现在的问题是法律很不完备，很多法律还没有制定出来。""现在立法的工作量很大，人力很不够，因此法律条文开始可以粗一些，逐步完善。有的法规地方可以先试搞，然后经过总结提高，制定全国通行的法律。修改补充法律，成熟一条就修改补充一条，不要等待'成套设备'。总之，有比没有好，快搞比慢搞好。"按照这一指导思想，我国的立法工作取得了令人瞩目的成绩。据统计，截至1995年年底，全国人民代表大会及其常务委员会共制定了280多部法律；国务院制定了700多部行政法规；地方权力机关制定了4000多部地方法规，在社会政治、经济、文化等领域基本做到了有法可依。邓小平同志关于立法工作的论述虽然是在1978年讲的，但对我国社会主义市场经济条件下的立法工作仍具有十分重要的指导意义。回顾过去的立法工作，我们的立法速度和立法数量是举世公认的，但在立法质量、立法效益方面还不尽如人意。如法律条文过粗，过于原则，造成“有法难依”；分散立法（如按不同所有制形式制定不同企业法，按不同种类合同制定不同合同法等）导致立法成本上升、法律法规不协调。当前我们应全面准确地贯彻邓小平同志的立法思想，继续加强立法，搞好法律的立、改、废，完善社会主义市场经济法律体系。该立的要坚决地立、大胆地立，不要一味追求法律书面文本的完善而坐失法律对社会关系及时调整的良机。试想一下，如果在“公司热”“证券热”“开发区热”出现之前，我国能够及时出台相关法律（如1983年就开始起草《公司法》,1994年才出台），就不会出现那么多的“四不像”公司、那么多的“股市风潮”、那么严重的“圈地热潮”。法典固然重要，法律文本的完善固然应当追求，但是实现社会主义法治的最基本的条件应当是“有法可依”，正是在这个意义上，邓小平指出“有比没有好，快搞比慢搞好”。但我们也不能满足于“相关法律的及时出台”，还要使“开始粗一些”的法律逐步完善起来，该修改的要修改，该补充的要补充，该废除的要废除。不要等待“成套设备”，可以先行颁布单行法规，再创造条件制定全国统一的法典。总之，应当贯彻邓小平的立法思想，继续完善立、改、废的立法程序，进一步加强立法的民主性、公正性、科学性，一切从实际出发，既注意“经验立法”，又注意“提前立法”。国家已在邓小平法治思想指导下制定了《立法法》，还要继续完善立法权限的划分和协调，提高立法质量，实现立法水平由低向高的演进，以适应国家的需求。

## 二、邓小平论执法

古人云:“徒法不足以自行。”“法贵在行。”即是说一个国家要使法律得到实施还必须建立相应的执法和司法机制，纸上的法律必须付诸实施才能发挥其作用。邓小平同志十分重视法律的实施，强调必须加强执法队伍建设；加强监督工作；一手抓建设，一手抓法制，“在全国坚决实行这样一些原则：有法必依，执法必严，违法必究，在法律面前人人平等”。

在1978年12月中国共产党十一届三中全会前的中央工作会议上，邓小平同志针对我国法制建设的具体情况，明确提出了有法可依、有法必依、执法必严、违法必究的“十六字方针”，为加强社会主义民主、健全社会主义法制指明了方向，为建设社会主义法治国家提出了基本要求。目前法学界有人对“十六字方针”能否成为法治的构成要件或法治的基本要求提出了疑问，认为“无法可依，肯定没有法治社会，有法可依与有法必依也不必然导致法治国家”，“倘若所定之法度非善法，那么依法、执法与护法越严，其对法治破坏就越强烈，其目标离法治就越远。有法且得到严格遵守并非法治的实质条件，相反，倒有可能恰恰是法治精神所反对的”。诚然，亚里士多德曾说“已成立的法律获得普遍的服从，而大家所服从的法律又应该本身是制定得良好的法律”，但是作为社会主义法制建设的“十六字方针”是符合法治要求的，它与一般而言的“十六字”不同。邓小平所讲的“十六字”的前提就是要结合“文化大革命”无法无天的状况，就是要有社会主义之法，要使社会主义的法律得到普遍遵守、严格执行，这正是良法之治，正是社会主义法治的应有含义。有学者以所谓“十六字”方针来自20世纪50年代的苏联，但苏联并没有法治而加以否定，这也是不妥的。苏联没有法治，并非“有法可依、有法必依、执法必严、违法必究”所致，而恰恰是违反社会主义法制所致。法制与法治不同，法制是法律制度的简称，一切大型的社会都会有法制（除非是极端的无政府主义状态），而法治则是同人治相对立的一种治国理论和若干原则。法制与法治不同，“社会主义法制”却与“社会主义法治”可通，因为法制加上“社会主义”这一修饰词，就使它具备了法治的含义，社会主义是人的自由与解放，社会主义法制应该是自由、平等、权利法制的最高发展阶段。因此，我们必须按照社会主义法制建设的“十六字方针”依法治国，建设社会主义法治国家。

邓小平在总结“文化大革命”的教训时，针对法制建设中的实际情况，明确提出反对特权，坚持法律面前人人平等。他说：“我们今天所反对的特权，就是政治上经济上在法律和制度之外的权利。”公民在法律和制度面前人人平等，党员在党章和党纪面前人人平等。人人有依法规定的平等权利和义务，谁也不能占便宜，谁也不能犯法。不管谁犯了法，都要由公安机关依法侦查，司法机关依法办理，任何人都不许干扰法律的实施，任何犯了法的人都不能逍遥法外。邓小平的法律平等论是我们执法工作的基本指针，他的法律平等论至少有三层含义：①任何人都平等地享有权利和义务，不论职位多高，功劳多大，都没有凌驾于法律之上、超乎法律之外的特权；②任何人都平等地受到法律保护，违法了也平等地受追究；③任何人都不得干扰法律的实施，不得以言代法、以权压法、以钱乱法。只有真正贯彻邓小平同志的法律平等论，才能真正实现依法治国。不如此，法律的至上权威就无从确立；不如此，真正的司法独立与公正就无从实现；不如此，“人治”就会取代“法治”。

邓小平同志在谈到执法工作时，特别强调要建设一支高素质的执法队伍。早在1980年，他就明确指出：“现在我们能担任司法工作的干部，包括法官、律师、审判官、检察官、专业警察，起码缺一百万。可以当律师的、当法官的、学过法律、懂得法律，而且执法公正、品德合格的专业干部很少。”邓小平认为，解决这一问题的办法一是办学校、办教学班教学，一是自学。“在哪一行的，不管年龄多大，必然力求使自己学会本行。学不会的或者不愿学的，只能调整，没有别的办法，你耽误事业嘛。据统计，目前公、检、法、司队伍中本科学历以上的只有十分之一左右，研究生只有百分之一多一点。专业素质很令人担忧。”邓小平深知一支数量足、素质好的执法队伍对于法制建设的重要意义，他对执法队伍的建设不仅提出了业务素质要求，而且提出了“执法公正、品德合格”的政治素质要求。法律是靠人来执行的，再好的法律离开了执法、离开了守法必将丧失法律的效用，亦即列宁所说的那种“法权为零”的状态。因此，邓小平同志十分重视执法队伍的建设，1992年，他在视察南方途中又及时告诫全党要反对腐败：“在整个改革开放过程中都要反对腐败。对干部和共产党员来说，廉政建设要作为大事来抓。还是要靠法制，搞法制靠得住些。”执法队伍当然不能例外，只有建立起公正、廉洁、高素质的执法队伍，才能做到“执法必严，违法必究”，杜绝“越权执法”“执法提成”等执法违法的现象，实现执法法治化。

## 三、邓小平论法律监督

近代法治思想起源于17世纪、18世纪资产阶级思想家的进步学说，而法治的源头则在于对国家权力进行监督。权力不受监督和制约，必然导致专断和滥用，依法治国就无从谈起。邓小平同志把加强对党、对人民政府的广泛监督看作社会主义法制建设的重要方面，主张在加强立法、执法工作的同时，加强监督工作。他在《共产党要接受监督》等文章中反复论证了接受来自各方面的监督对于党和政府工作的重要意义与作用。在总结“文化大革命”的教训时，他又强调指出：“要有群众监督制度，让群众和党员监督干部，特别是领导干部……要制定各种条例，最重要的是要有专门的机构进行铁面无私的监督检查。”我国已经形成了五大监督制度，即全国人民代表大会和地方各级人民代表大会对国家和各级政权领导人、政权机构的监督；中国共产党内部和民主党派的监督；各级政权系统内部监督；人民群众监督；舆论监督。这些监督制度在我国的法制建设中已经发挥了不少作用，法律实施状况也有了改善，但还存在不少问题，如不敢监督、监督不力、无法监督等。因此，首先应尽快制定专门的《监督法》，明确监督机关的职权，监督的方式、程序，规定监督工作的基本原则，被监督对象、内容、范围及违反法律监督应承担的责任等，使监督工作有法可依。其次，要设立专门的监督机构，从人员配备、经费安排、职权义务等方面加以保证，使之处于监督执法的核心地位，同时要对监督机构监督不力规定严厉的制裁措施。最后，应充分发挥人民代表大会和党的监督作用。人大监督是整个国家监督体制的重要组成部分，是代表国家和人民进行的具有最高法律效力的监督。要加强人大及其常委会的监督工作，建议在全国人大设立宪法监督委员会保证监督宪法实施，在地方各级人大设立司法监督委员会加强司法监督工作，使人大监督工作真正落到实处。坚持党对政法工作的领导是社会主义法制不可动摇的根本原则，没有共产党的领导是无法走向法治的。党领导人民制定法律，党应模范地遵守宪法和法律并切实地保证社会主义法律的实施。党应建立与社会主义市场经济相适应的“依法治国”的领导体制，通过法律制度这一中介实现对国家的领导和监督。党应从主要和直接依靠政策治理国家转向依法治国，把党的意志、人民的意志融为一体，上升为国家意志（即法律），并用其来规范和约束政府权力的运行，使社会主义法治在党的领导下真正实现。

邓小平同志的法治思想极为丰富和深刻。他从立法、执法、法律监督等多方面阐述了社会主义法治的基本含义、基本要求。“有法可依，有法必依，执法必严，违法必究”，核心是依法办事，“十六字”是相互联系、统一不可分的整体；社会主义法治的主体是全体人民，党是领导力量；社会主义法治的基本原则是“公民在法律和制度面前人人平等”；社会主义法治的最终目标是“使民主制度化、法律化”，把我国建设成为社会主义法治国家。正如江泽民同志所总结的那样：“加强社会主义法制，依法治国，是邓小平同志建设中国特色社会主义理论的重要组成部分……实行和坚持依法治国，就是使国家各项工作逐步走上法制化和规范化；就是广大人民群众在党的领导下依照宪法和法律的规定，通过各种途径和形式参与管理国家、管理经济文化事业、管理社会事务；就是逐步实现社会主义民主的法制化、法律化。”江泽民的讲话科学地概括了邓小平同志的依法治国思想，指明了中国政治体制改革和法制改革的战略目标，开创了中国法制建设的新纪元。

# 第三章　习近平新时代中国特色社会主义法治思想研究

全面建成小康社会、全面深化改革、全面依法治国、全面从严治党，这“四个全面”是习近平总书记提出的治国理政新的战略布局。

全面依法治国，概括地说，就是坚持走中国特色社会主义法治道路、建设中国特色社会主义法治体系、建设中国特色社会主义国家，实现科学立法、严肃执法、公正司法、全民守法。

## 一、坚定不移走中国特色社会主义法治道路

### 1. 坚持走中国特色社会主义政治发展道路

世界上没有完全相同的政治模式，也不可能有一种放之四海而皆准的政治发展道路。一个国家实行什么样的政治制度，走什么样的政治发展道路，必须与这个国家的国情和性质相适应。

中国特色社会主义发展道路，既有科学的指导思想，又有严谨的制度安排，既有明确的价值取向，又有有效的实现形式和可靠的推动力量。这一政治发展道路的核心思想、主体内容、基本要求，都在宪法中得到了确认和体现，它们的精神实质是紧密联系、相互贯通、相互促进的。国家的根本制度和根本任务，国家的领导核心和指导思想，工人阶级领导的、以工农联盟为基础的人民民主专政的国体，人民代表大会制度的政体，中国共产党领导的多党合作和政治协商制度，民族区域自治制度以及民主集中制原则，尊重和保障人权原则，等等。这些制度和原则，我们必须长期坚持、全面贯彻、不断发展。

### 2. 中国特色社会主义法治道路是最适合中国国情的法治道路

中国特色社会主义法治道路是最适合中国国情的法治道路。“为国也，观俗立法则治，察国事本则宜。”走什么样的法治道路、建设什么样的法治体系，是由一个国家的基本国情决定的。正确的法治道路书上抄不下来，别人送不来，只能靠自己走出来。中国特色社会主义法治道路，是我国社会主义法治建设成就和经验的集中体现，是唯一正确的道路。在坚持和拓展中国特色社会主义法治道路这个根本问题上，我们要树立自信、保持定力。

坚持中国特色社会主义法治道路的根本目的是保障人民权益。我们党全心全意为人民服务的根本宗旨决定了必须始终把人民作为一切工作的中心。只有坚定不移走中国特色社会主义法治道路，才能真正实现法治保障人民权益的根本目的。习近平总书记明确指出，必须坚持人民主体地位，坚持法治为人民、依靠人民、造福人民、保护人民。要把体现人民利益、反映人民愿望、维护人民权益、增进人民福祉落实到依法治国全过程，使法律及其实施充分体现人民意志。保障公民人身权、财产权、人格权、基本政治权利等各项权利不受侵犯，保证公民的经济、文化、社会等各方面权利得到落实，努力维护最大人民根本利益，保障人民群众对美好生活的向往和追求。

## 二、坚持法治国家、法治政府、法治社会一体建设

“法令行则国治，法令弛则国乱。”法治是一个国家发展的重要保障，是治国理政的基本方式，依法治国是我们党领导人民治理国家的基本方略。习近平总书记强调：要“努力建设法治国家，以更好发挥法治在国家治理和社会管理中的作用”。2013年2月，习近平总书记在中央政治局第四次集体学习时强调：“全面推进科学立法、严格执法、公正司法、全民守法，坚持依法治国、依法执政、依法行政共同推进，坚持法治国家、法治政府、法治社会一体建设，不断开创依法治国新局面。”① 一是坚持科学立法，二是坚持严格执法，三是坚持公正司法，四是坚持全民守法。

① 习近平. 加快建设社会主义法治国家 [J]. 求是，2015（1）.

## 三、加强党对全面依法治国的领导

坚持党的领导是中国特色社会主义法治之魂。党的领导是实现全面推进依法治国总目标的最根本保证，必须始终坚持党总揽全局、协调各方的领导核心地位不动摇。

正确认识和把握党与法的关系。党与法的关系问题是一个重大政治问题。针对国内外一些居心叵测的人企图把党的领导和法治割裂开来、对立起来，最终达到否定、取消党的领导的目的，习近平总书记一针见血地指出，“党大还是法大”是一个政治陷阱，是一个伪命题。在我国，法是党的主张和人民意愿的统一体现，党领导人民制定宪法法律，党领导人民执行宪法法律，党自身必须在宪法法律范围内活动。党和法、党的领导和依法治国是高度统一的。我们讲依宪治国、依宪执政，同西方所谓“宪政”有着本质区别。坚持依宪治国、依宪执政，就包括坚持宪法确定的中国共产党领导地位不动摇，坚持宪法确定的人民民主专政的国体和人民代表大会制度的政体不动摇。任何人以任何借口否定中国共产党领导和我国社会主义制度，都是错误的、有害的，都是违反宪法的，都是绝对不能接受的。当然，我们说不存在“党大还是法大”的问题，是把党作为一个执政整体而言的，是指党的执政地位和领导地位而言的，具体到每个党政组织、每个领导干部，就必须服从遵守宪法法律，就不能以党自居，就不能把党的领导作为个人以言代法、以权压法、逐利违法、徇私枉法的挡箭牌……这个界限一定要划分清楚。①

为保证权力正确行使，必须把权力关进制度的笼子里，坚持用制度管权管事管人。一是要形成科学有效的权力制约和协调机制；二是要强化权力运行的公开；三是要加强对权力运行的监督；四是要反对特权思想和特权现象。

习近平总书记2014年7月12日在河北考察工作时强调：“大家都要牢记，权力是人民赋予的，要为人民用好权。”2013年1月22日在十八届中央纪委第二次全会上发表重要讲话指出：“各级领导干部都要牢记，任何人都没有法律之外的绝对权力，任何人行使权力都必须为人民服务，对人民负责并自觉接受人民监督。”“要加强对权力运行的制约和监督，把权力关进制度的笼子里，形成不敢腐的惩戒机制、不能腐的防范机制、不易腐的保障机制。”

---

① 中共中央文献研究室．习近平关于全面依法治国论述摘编［M］．北京：中央文献出版社，2015.

# 第四章　执法必严研究

在党的十四大确立的建设社会主义市场经济体制目标的指导下，我国法制建设进入了一个崭新时期。立法工作取得了令人瞩目的成绩，可以说，我国已初步做到了有法可依。习近平总书记指出："现在，我们国家和社会生活各方面总体上实现了有法可依，这是我们取得的重大成就。""如果有了法律而不实施，或者实施不力搞得有法不依、执法不严、违法不究，那制定再多法律也无济于事。"[①]不严格执法已成为法制建设中的突出问题，已经严重损害了社会主义法治的形象，阻碍了社会主义市场经济的健康发展。我们不能掉以轻心，应加强这方面的专题研究，为严格执法、建设社会主义法制做出应有的贡献。

## 一、执法不严已成为法制建设中的突出问题

任何一种法律一经制定都有一个付诸实施的问题，否则，法律便失去它存在的价值。法律制定和法律实施是法制的两个基本环节，法律实施一般包括执法、司法、守法，我们这里讲的执法即广义的执法，比司法含义广，包括司法在内，指行政和司法机关具体实施法律的活动。由此，我们应该看到我国的执法工作确实取得了很大成绩，逐步建立了比较系统的执法机构，一系列基本法律正在贯彻执行，各项工作逐步走上依法治理的轨道。但是，我们也应该看到，执法工作中还存在着许多问题：一些执法机关和个别执法人员肆意贪赃枉法、徇私舞弊，此为执法不公正；有的执法机关及其执法人员

① 习近平．在十八届中央政治局第四次集体学习时的讲话 [R].2013-2-23.

受经济利益驱动，违背地域管辖和级别管辖原则，越权办案或阻挠办案，大搞部门和地方保护主义，此为执法越位、错位；少数司法、行政执法人员“上有政策、下有对策”，大搞“人情案”“金钱案”甚或规避法律，钻法律的空子；等等。这些不严格执法的行为，虽是个别执法机关和少数执法人员所为，代表不了执法现状的主流，但是，它们所产生的负面影响不可低估。

其一，执法不严将导致市场经济混乱无序。市场经济是法制经济已成为共识，经济主体地位的确立、市场经济秩序的调整都离不开法律，一句话，市场经济的存在和发展都得靠法制。但是，光有好的法律还不行，法律如果只停留在纸面上，决不会产生任何效果，法律秩序也将无法建立。目前的执法不严使得假冒伪劣产品继续横行，消费者权益屡受侵犯，商业欺诈时有发生，走私贩私、偷税漏税有恃无恐，经济生活的无序化得不到遏制。如果任其发展，势必导致经济秩序盲目混乱，甚至会引起社会的动乱，使得改革目标无法实现。

其二，执法不严将动摇人们对法治的信仰。社会主义法律是党领导人民通过国家机关制定的，是党的主张和人民意志的统一。法律一旦公布实施，具有极大的权威性，全社会的所有组织和全体公民都必须遵守。执行法律是对人民意志的尊重，是贯彻党的路线、方针政策的重要保障。因此，是否严格执法，关系到中央的权威，关系到国家的尊严。洛克曾经指出，“如果法律不能被执行，那就等于没有法律，而一个没有法律的政府，我以为是一种政治上不可思议的事情，非人类的能力所能想象，而且是与人类社会格格不入的”。

其三，执法不严将破坏社会主义法制。列宁早就指出，法律“如果不忠实地执行，很可能完全变成儿戏而得到完全相反的结果”。我们不难发现，一方面有许多好的或较好的法律、法规相继问世；一方面这些法律、法规所要规范的行为依然如故。法律在执行过程中走了样，立法者的目的落空，法治无法实现，人们发出了“权大还是法大”“钱大还是法大”的慨叹。有法不依、执法不严比无法可依更可怕，它践踏了法律的尊严，动摇了人们对法治的信仰。

## 二、执法不严的成因是多方面的、深层次的

执法不严已成为法制建设中的突出问题，我们必须予以足够的重视。执

法不严的形成原因是复杂的、多方面的，主要有以下3个方面的原因。

其一，思想上的原因。我国是一个有着2000多年封建历史的国家，奉行“人治”、崇尚“皇权”的专制主义传统至今仍然有着广泛的、深刻的影响。党的十一届六中全会通过的《关于新中国成立以来党的若干历史问题的决议》指出：“中国是一个封建历史很长的国家，我们党对封建主义特别是对封建土地制度和豪绅恶霸进行了最坚决最彻底的斗争，在反封建斗争中养成了优良的民主传统，但是长期封建专制主义在思想政治方面的遗毒仍然不是很容易肃清的，种种原因又使我们没有能把党的民主和国家政治社会生活的民主加以制度化、法律化，或者虽然制定了法律，却没有应有的权威。”虽然经过法制教育，人们的法律意识普遍提高，但人们的法制观念仍不是很强，法律在人们心目中的权威地位尚未树立起来，相信法律、尊重法律、依法治国的法律意识尚未占据主导地位。有人认为法就是打击、判刑，似乎经济法不是法；有的领导奉行“为官一任，造福一方”，大搞地方保护主义，破坏法制的统一；有的不习惯依法办事，说什么“冲破法律束缚”进行改革；有的报告中讲法治，工作中搞人治，以言代法、以权代法、以钱代法。凡此种种，都是法律虚无主义思想的体现。

其二，立法上的原因。在建立社会主义市场经济体制的过程中，我国的立法工作确实取得了举世瞩目的成绩。但是，立法工作的科学性不够、法律体系的内部冲突、法律本身的欠操作性等已经影响了执法的力度。立法工作的相对滞后使得市场经济建设中的许多新情况、新问题无法可依；现有法律、法规的清理、修改、废止工作的不完善、不及时也带来了执法难的问题；一些法律、法规的条文太原则、太笼统，简而不明，缺乏操作性，导致执行部门无法依法裁量，依法行政。

其三，经济、文化上的原因。由于现阶段生产力水平不高，国家财力有限，对执法机关的投入与执法机关担负的任务极不相称，法制建设经费不足、执法机关装备设施差等已经给执法工作带来了一定程度的限制，“魔高”而“道不高”，执法的及时性、有效性缺少保证。另外，软件的落后也影响着执法效能的发挥，执法人员的思想作风、法律意识、文化水平直接影响着执法的准确性、及时性、公正性，执法人员的个人素质在一定程度上影响着执法的质量。

## 三、严格执法，树立社会法制的权威

综上所述，有法不依、执法不严这一难题已经到了非解决不可的时候了。为了更好地促进和保障社会主义市场经济的发展，为了更快地建立起社会主义市场经济法律秩序，当前应着重解决好以下几个问题。

第一，进一步强化严格执法的观念，从思想上树立法律的权威性。

我国宪法明确规定，“国家维护社会法制的统一和尊严”，“一切国家机关和武装力量、各政党和各社会团体、各企业事业都必须遵守宪法和法律”。“一切违反宪法和法律的行为，必须予以追究”，“任何组织或者个人都不得有超越宪法和法律的特权”，这就用根本大法来确立法制的原则，树立了法律的权威。当前，我们不是要反对法制万能论，而是要反对法律虚无主义，坚定不移地树立法律至上的权威，大力宣传社会主义法制，使之深入人心；我们要正确认识经济发展与法制建设的关系，认为严格执法会限制本地区经济发展的观念是十分有害的，严格执法实质上是为改革保驾护航，只会促进市场经济健康发展。我们的各级领导干部、执法部门、执法人员应当有法必依、执法必严，模范遵守国家法律，使法律这一党和人民意志的集中统一的产物真正具有至高无上的权威。

第二，进一步加强立法工作的科学性，提高立法的质和量，为执法工作创造法治条件。

习近平总书记指出：“人民群众对立法的期盼，已经不是有没有，而是好不好、管用不管用、能不能解决实际问题；不是什么都能治国，不是什么法都能治好国；越是强调法治，越是要提高质量。这些话是有道理的。我们要完善立法规划，突出立法重点，坚持立改废并举，提高立法科学化、民主化水平，提高法律的针对性、及时性、系统性。”①

立法工作是法制建设的起点，立法工作的成绩——法律、法规是执法工作的蓝本，立法的质量直接关系到执法的质量。为改善执法、健全法制，应加强对立法工作的系统研究。首先，应注重立法的科学性、及时性、系统性。改革开放之初，邓小平同志倡导加快立法步伐，有比没有好，快搞比慢搞好，粗一点也可以。发展到今天，我们认为应从今天的实际出发，从现今

① 习近平 . 在十八届中央政治局第四次集体学习时的讲话 [R].2013-2-23.

的国情出发，立法应有规划，法律条文不宜太粗，应具有科学系统性。因此，在立法时，必须从中国实际出发，认真借鉴其他国家的法律，属于一般市场规则的先进法律制度应坚决移植过来，脱离中国实际不适合中国国情的则不应引进。已为我国实践证明成功的、行之有效的政策应及时总结上升为法律，从而构建中国特色的社会主义法律体系。其次，应注重立法工作的统一性。既重视全国立法又重视地方立法，既重视“经验立法”又重视“超前立法”，既重视实体法的立法又重视程序法的立法，尽快形成统一有序的法律体系。最后，要处理好法律的稳定性与法律的变革之间的关系，法律必须稳定，朝令夕改则会使社会无所适从，削弱法律的权威，但是法律也不应是一成不变的，为适应变化了的社会，法律必须变革。我们认为，法律的变革不应局限于制定成文法方面，应借鉴英美的判例法制度，发展完善我国正在试行的案例指导制度，建立中国特色的判例法，以适应急剧变革的社会，减少“法律盲区”。

第三，进一步加强执法工作，真正做到有法必依、执法必严。

执法部门是法律实施的关键部门，任何法律最终都要靠执法者去执行，因此必须加强执法队伍的建设，确保刚性的法律不会变得富有弹性。首先，应提高各级执法机关的地位和威望，割断其与当地财政经费、人事管理上的联系，以避免执法机关为利益所驱动而妨碍司法公正；其次，要建立执法机关工作人员的考试录用制度、考核晋升制度、违法赔偿制度，加大对违法执法的制裁力度，确保法律得以执行；最后，要奉行司法独立的原则。汉密尔顿在谈到司法独立的作用时指出：“法官的独立是保卫社会不受偶发的不良倾向影响的重要因素，并不仅是从其可能对宪法的侵犯方面考虑。有时此种不良倾向的危害仅涉及某一不公正或带偏见的法案对个别阶层人民权利的伤害。在此种情况下，法官的坚定不阿在消除与限制不良法案的危害方面也有极为重要的作用。它不仅可以减少已经通过的此类法案的危害，并可牵制立法机关的通过。”

第四，进一步健全监督机制，使之制度化、法律化。

孟德斯鸠曾经讲过一句名言：一切有权力的人都容易滥用权力……要防止滥用权力，就必须以权力约束权力。没有监督，制约的权力将会走向腐败，执法不严也是一种腐败现象。我国已形成了中国特色的监督制度，习近平总书记指出:“要加强党内监督、人大监督、民主监督、行政监督、司法监督、审计监督、社会监督、舆论监督制度建设，努力形成科学有效的权力运行和监督体系，增加监督合力和实效。”[①]这些监督制度在我国的法制建设中已经发挥了不少作用，法律实施状况也有了明显改善，但是还存在不少问题，亟待进一步改进。首先，应制定专门的《监督法》，明确权力机关、检察机关实施法律监督的职权，监督的方式、程序，规定监督工作的基本原则，被监督对象、内容、范围及违反法律监督应承担的责任等，使监督工作有法可依。其次，要设立专门的监督机构，从人员配备、经费安排、职权义务等方面加以保证，使之处于监督执法的核心地位，同时要对监督机构的监督不力规定严厉的制裁措施。最后，应充分发挥人民代表大会和党的监督作用。党领导人民制定法律，党应模范地遵守宪法和法律并切实地保证社会主义法律的实施。人民代表大会制度是我国的基本政治制度，人民代表大会作为权力机关要提高监督质量，要敢于监督、善于监督、依法监督，促进法律全面实施。人大权力全面发挥之日，就是我国法制建设基本健全之时。

① 习近平 . 加快建设社会主义法治国家 [J]. 求是，2015（1）.

# 第五章 经济法调整对象研究①

## 一、经济法概念研究

对经济法概念的探讨，我国法学理论界自改革开放以来走了一条由浅入深、由远及近的道路。

20世纪80年代前后，我国法制初兴，加上经济工作成为重点，使“调整经济关系的法律就是经济法”的观点得以形成。显然，这一观点已把民商法等都当成经济法的内容了。因此，随着时间推移，这一观点遂被抛弃了。

之后，随着我国计划商品经济的提出，经济法理论工作者对经济法又有了更深入的认识。当时，有一种观点认为，经济法是调整“国家机关，企业、事业单位和其他社会组织内部及其相互之间，以及它们与公民之间”的那部分经济关系。这是一种进步，但不足之处也是显而易见的：民法被严重“压缩”，商法无“立锥之地”。

1992年以后，我国把经济体制改革的目标模式确立为社会主义市场经济体制，理论界对经济法概念的论述和把握日益深入了。如有人认为经济法的实质是国家对市场经济实行必要干预的内容问题，这是经济法的“精髓”。而有的学者则进一步认为经济法的国家调节是社会经济意志的体现，是在国家调节社会经济过程中人们行为的法律规范，它是国家调节社会经济之法，是国家调节即“国家之手”有效运作的法律保障。

从以上的这些观点我们可以看到，理论界对经济法的概念存在着众多的看法。我们试图以历史发展的眼光来审视经济法的概念。

① 孟咸美，钱芝网．经济法 [M]. 北京：中国时代经济出版社，2006.

## 二、分析方法

分析经济法的概念，我们将运用历史唯物论的分析方法、对立统一的分析方法和科学抽象的分析方法等。

1. 历史唯物论的分析方法

历史唯物论认为：①经济关系、生产关系是不以人的意志为转移的外在客观关系、物质关系，而法律制度是政治上层建筑的一部分，属于思想的社会关系。前者决定后者。②政治上层建筑是通过人们的意识形成的，是在一定的思想、观点指导下建立起来的。但这里的“通过”绝不是根源的意思。政治上层建筑仍根源于经济基础。③政治、法律制度和设施一旦形成，又成为一种既定的对象和现实力量，在很大程度上影响人们的思想、观点。

历史唯物论告诉我们，分析法律制度必须抓住经济关系这个本质，同时，既成的法律制度能够影响人们的思想、观点，而人们的思想观点对现实的法律制度的建立又起指导作用。所以，我们在分析经济法概念的过程中，以经济法关系的角度去分析它的本质，以经济法律制度的历史形态把握它的内涵。

2. 对立统一的分析方法

对立统一的规律是辩证法的根本规律。列宁认为，发展是对立面的统一（统一物之分为两个相互排斥的对立面以及它们之间的相互关联）。只有这种“观点才能提供理解一切现存事物‘自己运动’的钥匙”。马克思在《资本论》中分析资本主义生产关系时，其对立统一的分析方法贯彻始终。例如，《资本论》的基础理论——劳动价值理论，就是以劳动二重性创造商品的二因素为其核心内容的。商品二因素归根到底是由私人劳动与社会劳动的矛盾引起的，这决定了资本主义生产必然包含两个方面：个别企业生产的有组织和整个社会生产的无政府性。这种矛盾必然随着生产力的发展而激化，从而要求资产阶级政府对经济进行宏观调控，现代意义的经济法应运而生。由此可见，对立统一的分析方法不失为分析市场经济关系的一种好方法。

3. 科学抽象的分析方法

由于生产关系决定法律上层建筑，因此分析经济法概念本质要从经济关系入手。“分析经济形式，既不能用显微镜，也不能用化学试剂，抽象是唯一可以当作分析工具的力量。”马克思进一步认为，经济关系这一研究对象的特殊性决定了必须适用人类特有的抽象力去“解剖”，排除非本质的东西。科学抽象法的主要内容包括由具体上升到抽象，由现象到本质，再由抽象上升到具体，由本质到现象，由简单到复杂的运动过程。科学抽象法既是叙述方法，又是研究方法，我们将用科学抽象法研究经济法及它所调整的生产关系。

此外，我们还借助系统论的观点，把国民经济或社会主义市场经济看作一个有机联系的整体，从而把握经济所调整的生产关系。从这个角度看，我们不同意把经济法看作在“市场一次调整”的基础上的“二次调整”的法律，即“是对已经由传统民商法调整而形成的经济关系再次调整（重新矫正）的法律”。因为市场调节与国家的间接调节融在了一起，因而民法和经济法的调整也融在了一起，根本没有第一次、第二次之分。至多可以这样说，市场调节出现在先，宏观间接调控出现在后，因而民法出现在先，以宏观间接调控为主要调整内容的经济法出现在后。

## 三、经济法的调整对象

自从法学界提出“经济法”这一命题后，论争与质疑就一直伴随着经济法的整个发展历程。这些论争最为根本的分歧集中在经济法的调整对象问题上，笔者将之归结为两个主要问题：经济法是否具备独立的调整对象；经济法有哪些具体的调整对象。

法律部门的划分标准仍是“独立的调整对象”，只是这一“独立”并不意味着“绝对专有”，而应理解为一种“共性”。至于这一共性是什么，为什么独立，则应根据现实的需要和历史的沉淀进行抽象。社会关系是极其复杂的，是交叉、重叠的，你中有我，我中有你，不能把社会关系理解为一张“薄饼”，用一种方法进行平面式的瓜分。法律部门的划分应是立体式的，其标准是多元的。从这一意义上讲，“划分”的提法本身是不够准确的，在现代法律实践条件下，与其称为“划分法律部门”，不如称为“构建法律部门”。“划分”容易导致平面式的理解，从而“画地为牢”，这种提法只适用于历史上生产力不发达、社会关系简单的时代，在当今社会连带关系大量产生，多元主体、多元利益交叉的时代里，法律学的思维也应是立体、多维与开放式的。相比“划分”提法的割裂、封闭与边缘清晰，“构建”提法的联系、开放与边缘模糊显然更能体现和适应现实的需要，而“构建”的核心就是我们所讲的“共性”，即所谓的“独立的调整对象”。

经济法的调整对象主要包括以下4个方面。

1. 国家在调整市场主体关系、维护公平竞争的过程中形成的社会经济关系公平竞争是现代市场经济活动的源泉

亚当·斯密在现代经济学的创始著作《国富论》中首次提出了“看不见的手”的原理。该原理认为：当每个人自私自利地追求他的个人利益时，他好像被一只看不见的手引导着去实现公众的最好福利。斯密看到了私人利益和社会公共利益之间的相互协调，他认为这种协调是市场机制发挥作用的结果。但是只有当完全的自由竞争存在时，市场机制的这一作用才能充分实现。或者说，只有在完全竞争的条件下，市场才可能实现资源的有效配置，即市场将会使用可供利用的资源尽可能多地生产出有用的物品与劳务。因为只有在完全竞争的条件下，价值规律才能充分地实现，才能有效地调节商品的社会供给关系，调节投资和生产，调节社会经济结构和运行。

但是市场并不是处于这种完全理想的状态，相反，在市场经济发展过程中却越来越经常地出现市场失效（market failure）的情况，其典型的状况就是随着社会化大生产的发展，出现或加剧了市场的完全竞争（perfect competition）和外部经济的效果（externalities），如污染等。在存在市场失效的情况下，“看不见的手”的显著效率特征可能遭到破坏，市场经济会在垄断、污染及失业和通货膨胀中遭受损失。

为了解决市场机制的这一缺陷，国家必须运用自己的强制力，引入政府的“看得见的手”（visible hand）来调整市场主体关系，维护市场经济所必需的公平竞争。在这方面最集中的表现形式就是国家制定《反垄断法》和《反不正当竞争法》，禁止操纵价格与瓜分市场等行为，保护和促进自由竞争，以充分发挥市场的“看不见的手”对社会资源的有效配置作用，使得整个社会能够有效率地进行生产消费。《反垄断法》和《反不正当竞争法》是经济法的一个重要组成部分。国家在调整市场主体关系、维护公平竞争的过程中形成的社会经济关系最主要的就是反垄断和反不正当竞争的关系，在这一关系中，以国家为一方主体，代表国家的是国家专设的垄断和竞争管理机构或国家有关行政管理或司法机关，另一方主体主要是实施垄断和不正当竞争行为的企

业组织。除此之外，国家在此方面的法律还有《消费者权益保护法》《价格法》《产品质量法》等。

2. 国家在实行宏观调控、促进经济协调发展过程中形成的社会经济关系

因市场失效而导致经济出现无效率的第二种典型形式就是存在外部经济效应或溢出效应。在市场经济条件下，人们绝大部分的利益或损失是在市场内完成的。例如，当一个企业生产出一种有价值的产品，它在市场上出售，通过交易从购买者手中收回全部的价值或部分的价值。但是也有许多的利益或损害发生在市场之外，当企业或人们向市场之外的其他人施加损害或利益时，就发生了所谓的外部经济效应（或溢出效应）。

对市场经济出现的这一溢出效应，依靠市场机制自身是无法解决的。它必须依靠国家的强制来解决，要由国家对整个国民经济实行宏观调控，从而减少由市场机制引发的负的外部经济效应。在此方面最典型的就是国家制定《环境保护法》《自然资源保护法》《野生动植物保护法》《矿产资源法》等。国家通过这些法律对空气与水的污染、矿产资源的过度开采、濒危动植物的捕捉采集等可能造成的不良的外部经济效应的行为给予管制和调整。在调整过程中形成的社会经济关系，一方主体是国家（代表国家行使职权的环境保护机构或其他国家机构），另一方主体是实施环境污染、破坏自然资源的企业组织或个人。

国家实行宏观调控、促进经济协调发展的另一项主要内容就是国家还承担了促进经济增长和稳定经济的职能。世界近半个世纪的发展实践已证明国家的宏观调控对于减少经济的周期波动是十分必要的。

国家促进经济增长和稳定的宏观经济政策通常通过制定相应的法律、法规来实施。这些法律、法规主要包括财政、税收、银行、信贷、货币管理等方面。这些法律、法规是经济法的重要组成部分。

3. 国家作为公共物品的供给者，在完成公共收入和支出的过程中形成的社会经济关系

所谓公共物品，是现代经济学中对一类物品或服务的概括，公共物品具有消费的“不排他性”或“非垄断性”的特点，只要它存在，你可以消费，我也可以消费。从理论上可以把公共物品概括为这样一些产品——不论每个人是否愿意购买它们，它们带来的好处不可分开地散入整个社区里。例如，一块肉不是公共物品，因为你吃了我就不能再吃。但一盏灯就是公共物品，

因为只要它挂在那里，我们就都可以得以照明，并不是它为你照明了就不再为我照明。国防、公安、经济基础设施、公共服务系统等都属于“公共物品”的范畴。与“公共物品”相对应的便是所谓的“私人物品”，它并不一定真是私人所有的物品，而只是在消费上具有“排他性”，如衣服、住房、钢材、水泥等一切你用了我就不能再用的东西。私人物品能分割开并可分别地提供给不同的个人，也不带给他人外部的收益或成本。

公共物品由于具有消费上不排他（无法排他）的特性，会引起需求与供给无法自动通过市场机制相互适应的问题，因为这些物品的好处在居民中间分散得太广，由于人们在市场经济条件下必须具有的“搭便车”“占便宜”的行为特征，这些物品被消费了但是却无人愿意为此支付费用，或者说公共物品的提供者是很难收回这些物品的成本的，因此，没有一个企业或消费者具有提供它们的积极性。

由于公共物品无法依靠“ 私人”生产或者依靠民间来满足需求，因此，只能由国家或政府代表整个社会的利益来承担公共物品供给者的责任。国家要承担这一责任，首先必须寻找收益来源。这些收益来自税收，即对个人和企业的收入、工资、消费品的销售和其他项目所征收的税收。国家通过征收税收来支付公共活动（如维持国防和国内的法治与秩序）和购买公共物品（如修建公路、为基础研究提供费用等），这些活动保障了民间社会经济的顺利运转。

在整个公共物品的供给过程中，包括在公共收入的取得（征税）和公共收入的支出（如政府采购、投资和援助等）的过程中同样会形成各种以国家为一方主体与其他各方主体之间的经济法律关系，如以税务主管部门代表国家与企业、个人等各种纳税主体发生的税收法律关系，以政府有关机构代表国家在购买或提供公共物品过程中与企业、个人所发生的经济法律关系。调整这些经济法律关系的经济法主要有财政法、税法、公用事业法、政府采购法等。

4. 国家作为社会公平的维护者，在实施二次分配和建立社会保障制度的过程中形成的社会经济关系

市场经济除了由于市场失效等因素而存在市场的配置功能的缺陷外，还有一个重要缺陷就是一个完全自由放任的市场经济可能产生社会不可接受的在收入与消费上极大的不平等。

在市场经济的条件下，即使是最有效率的市场机制也可能产生收入与消费的极大不平等。因为这种收入分配上的缺陷恰恰是市场机制内在要求的反

映。首先，在市场经济条件下，虽然在原则上每个人都有平等的经济机会，但实际上由于每个人的能力、受教育程度及职业状况等因素的不同，出现了劳动收入的不等。萨缪尔森在他所著的《经济学》中指出：儿童的家庭生活和社会经历对他们以后的报酬也有很大的影响，富裕家庭的孩子生活的起步可能并不在贫困家庭的孩子的前面，但在生活的每一阶段他们都从环境中受益。一个贫困家庭的孩子通常面对的是拥挤的环境、营养不良的饮食和劳累过度的教师。对许多贫困家庭的孩子而言，在他们不满10岁以前，天平就开始向不利于他们的一边倾斜。市场经济不仅承认这种差别，而且维护这种差别。个人收入除劳动收入外，还有一部分财产收入，而财产收入的一个重要的来源是继承权。根据美国《福布斯》杂志的统计，1987年，100个最富有的美国人中有37个是由于出身的关系而进入富人的行列。其次，在市场经济条件下，物品的分配跟随的只是货币选票，而不是最大的需要。一个富人家的猫可能连鱼都不愿意吃，而一个穷人家的孩子则可能连维持健康所必需的热量都不够。这种情况恰好也是市场机制的要求，按照市场机制物品只能交给那些有货币“选票”的人。

这种收入和消费上的不平等，显然无法通过市场机制来自我调整，要消除和降低这种不平等，必须依靠国家的力量，依靠国家来实现整个社会收入的再分配。首先，国家通过实行所得税税制以及征收遗产税、赠与税等，通过向高收入者征收税款的比例高于低收入者的办法来降低收入的不平等；其次，国家建立社会保障制度，对老、弱、病、残及其他需要社会帮助的人提供帮助，如建立养老保险制度、失业保险制度、医疗保险制度、最低生活费制度等。社会保障制度在很大程度上带有政府转移支付的性质，即其中有相当大的部分是政府通过财政支出从物质上帮助低收入阶层和其他不幸者。

经济法所调整的社会经济关系还包括国家在实施二次分配和建立社会保障制度的过程中所形成的社会经济关系。在这一关系中，一方是国家或代表国家行使职权的国家财政税务部门、民政部门及其他社会保障管理部门，另一方则是依法参与二次分配的企业、个人或其他主体。这一方面的经济法主要有税法（包括所得税法、遗产税法、赠与税法等）、社会保险法、社会保障法等。

以上所述的4个方面的社会经济关系共同构成了经济法律关系，这些经济法律关系很显然是经济法以外的其他法律部门所无法调整的。它们只能由经济法来调整，它们属于经济法的调整范围或对象。

# 第六章 经济法相关概念研究

## 一、法人代表与法定代表人①

一些企业的广告常称厂长经理为法人代表，一些厂长经理的名片也自称法人代表，其实这是混淆了法定代表人与法人代表两个不同的概念，两者至少有以下三点区别。

（1）产生依据不同。法定代表人是依照法律或法人组织章程的规定代表法人行使职权的负责人，我国《民法总则》等法律都有明确规定。法人代表则是在法人成立之后，由法人（通过其法定代表人）根据业务需要委托指派产生，虽然1983年4月国务院发布的《国营工业企业暂行条例》曾规定“企业是法人，厂长是法人代表”，但此后的法律法规中不再有法人代表的规定。

（2）职权不同。法定代表人在法人的全部权利范围内进行活动，直接为法人取得权利，承担义务。法人代表视法人的授权而定，法人代表在授权范围内进行活动。

（3）范围不同。法定代表人依法律规定产生，一个法人只有一个法定代表人，即“机关、团体、企业事业单位的法定代表人，应是单位的正职行政负责人。没有正职行政负责人时，可以副职行政负责人作为法定代表人”。法人代表因业务需要可以有多人。

可见，法人代表含义广泛，法定代表人则具有特定含义，两者法律概念不同，职权范围各异，不能混淆。企业的厂长经理是企业的法定代表人而非

① 孟咸美.第三版“法制广场”专栏[N].扬州时报，1998-5-25（3）.

企业的法人代表。

## 二、经济法中通用型政策与专用型政策[①]

经济法中“政策”一词的解释空间十分宽泛，有必要对其内涵做基本界定：①政策是国家在一定时期内提倡、促进、组织、规制社会经济生活的规范性方式方略；②政策的制定主体为国家机关；③政策不得违法；④法律政策的制定必须取得法定授权；⑤政策主要用于目的性调整与相机性调整；⑥政策具有发展与进步特征；⑦政策必须公平。此外，对影响政策本质的相邻关系也有必要进行识别。

一些政策在经济法中经常被使用和提及，如产业政策、税收政策、价格政策。这些政策在经济法中的存在具有一定的普遍性，属于通用型政策。通用型政策往往由国家综合性宏观调控机构和经济管理部门制定，既具有适用上的普遍性与影响上的广泛性，又具有激励或限制上的显著功效性，体现了宏观性与直接性的结合。产业政策对国家整体经济运行起着宏观引领作用，在相当多的经济法法律中都有具体体现；税收政策对具体产业与企业起着分配调节作用；价格政策对具体行业、产品与服务起着供求调节作用，尤其是税收优惠政策在促进型经济法法律中被广泛运用。通用型政策属于总括性政策类型，其在经济法各部门中需要延伸适用，如《煤炭法》中的煤炭产业政策、《电力法》中的电力产业政策。

专用型政策只在某些特定法律中使用，与该法律的特定调整对象密切相关，如《中国人民银行法》中的“货币政策”、《中小企业促进法》中的“中小企业政策”、《电力法》中的“差别电价政策”。专用型政策的适用有明确的领域限制，具有强烈的针对性与指向性，是该法律的重要组成部分。通用型政策与专用型政策的识别不能只看使用频次的多少，而是主要看适用法律的广泛性与特殊性。例如，“货币政策”一词在经济法法律中使用了20次，但只出现在两部法律之中，其中《中国人民银行法》的使用频次为19次，属于专用性政策。

① 单飞跃，张玮 . 经济法中的政策——基于法律文本的实证分析 [J]. 社会科学，2012（4）.

## 三、多倍赔偿与惩罚性赔偿[①]

美国的惩罚性赔偿制度，其主要功能是惩罚与遏制，这既是美国法律界（特别是最高法院），也是法学界的普遍共识与基本立场。仅美国联邦最高法院在20世纪80年代以来审理案件中的惩罚性赔偿数额及补偿性赔偿数额就足以反映此种功能定位，尽管这些案件中的惩罚性赔偿数额大部分被最高法院撤销并发回重审，但已足以表明其巨额的惩罚性赔偿金对违法当事人的严厉惩罚（见表1）。

表1　美国联邦最高法院审理的惩罚性赔偿案件

| 年份 | 案件编号 | 案件简称 | 补偿性赔偿/美元 | 惩罚性赔偿/美元 |
|---|---|---|---|---|
| 1989年 | 492 U.S.257 | Browning | 5.1万 | 600万 |
| 1991年 | 499 U.S.1 | Haslip | 1.9万 | 1000万 |
| 1994年 | 512 U.S.415 | Honda | 92万 | 500万 |
| 1996年 | 517 U.S.559 | BMW | 4千 | 200万 |
| 2001年 | 532 U.S.424 | Cooper | 5万 | 450万 |
| 2003年 | 538 U.S.408 | Campbell | 260万 | 1.45万 |
| 2007年 | 549 U.S.346 | Morris | 82万 | 7950万 |
| 2008年 | 554 U.S.471 | Exxon | 5.07亿 | 5.07亿 |

多倍赔偿制度并不具有惩罚与遏制功能。无论是1993年《消费者权益保护法》制定前的呼吁，还是立法过程中全国人大常委会的讨论，均足以表明，建立基于商品价款的加倍赔偿制度，主要目的是鼓励消费者与违法经营者做斗争，而斗争的主要方式就是依据该法规定向经营者索赔，直至向法院提起诉讼以获得相应的经济赔偿。因此从立法者本意而言，并未赋予多倍赔偿制度以惩罚与遏制功能，而从制度内涵与运行实效来看也同样不具备这样的功能。

从制度内涵来看，消费者基于经营者的欺诈行为所获得的商品价款一倍的赔偿额，对于经营者而言基本上不可能起到惩罚与遏制的作用。即使是《食品安全法》第九十六条所规定的10倍赔偿，事实上也难以实现对违法经营者的惩罚或遏制功能。正如杨立新教授指出："在食品造成的人身损害中，其实

① 李友根．惩罚性赔偿制度的中国模式研究[J].法制与社会发展，2015（6）.

造成损害的食品，通常价格并不高，一袋鲜奶几元钱，一袋奶粉几十元钱，10倍不过是几十本或者几百元，难以体现赔偿的惩罚性。”在对《食品安全法草案》全民讨论的过程中，这个问题就被提出过，“不应当以食品价款作为计算基数，而应当以造成消费者的实际损失为计算基础，这样才能建立有效的惩罚性赔偿机制”。而在全国人大常委会法工委收到的1万多条意见中，对于草案中的10倍赔偿规定，多数意见不赞成这个规定，认为这个规定的惩罚力度太小。因为对于绝大多数的个人消费者而言，单次所消费的食品的价款一般都很低，所谓10倍的赔偿金，可能不过是几元或者几十元，这样的违法成本不足以震慑违法者，处罚力度的偏低会抵消立法的威严，对消费者权益的保护也难以到位。

从制度运行实效来看，事实上也确实不具备惩罚与遏制的功能。有学者通过收集整理“北大法宝”上所发布的请求法院适用《食品安全法》第九十条主张10倍赔偿的110起案件进行实证研究后，得出的结论是：“即便原告的10倍赔偿请求完全获得法院的支持，但由于食品价格普遍偏低，其所获得的惩罚性赔偿数额还是十分有限的。统计表明，在完全获得法院支持的30起案件中，惩罚性赔偿额最高为38400元，最低为30元，平均为3586元，中位数为2275元。”

因此，即使是食品安全法规定的10倍赔偿，即使是消费者的诉求完全获得法院支持，平均不到4000元的赔偿额，对于从事违法活动的经营者而言，哪里谈得上有点惩罚或遏制的效果呢？这样的制度被称为惩罚性赔偿制度，确实是名不副实！

## 四、情势变更与不可抗力

如何区分情势变更与不可抗力，一直是法学界有争议的课题。不可抗力条款已经见诸我国法律，情势变更尚未有明文规定，二者在构成条件、法律特征等方面有着十分明显的区别，一种法律事实是属于不可抗力还是属于情势变更，其法律后果也是不同的。因此，正确界定情势变更与不可抗力，将会促进公平原则的实现、及时有效地保护当事人的合法权益，具有十分重要的理论意义和现实意义。

所谓情势变更原则是指在法律关系成立之后，作为该项法律关系基础的情势，由于不可归责于当事人的原因，发生了非当初所能预料的变化，如果仍然坚持原来的法律效力，将会产生显失公平的法律后果，有悖于市场经济法律制度诚实、信用的精神，因而允许变更原来法律关系所设定的权利义务的原则。情势变更原则的一个重要理论依据是“合同基础论”，即认为合同的有效性应以合同成立时所处的环境继续存在为条件。如果合同成立后，订约时所依据的环境条件已发生重大变化或已不复存在，则合同的效力应随之变更，不能按原来的合同规定去履行。因此，情势变更原则反映了公平精神，符合社会主义市场经济的发展要求。随着改革开放的不断深入，社会主义市场经济体制逐步确立，经济生活迅速发展，情势变更原则在我国经济生活中的作用日益明显。不可抗力是指不能预见、不能避免且不能克服的客观情况，可以是地震、台风等自然现象，也可以是战争等社会现象。在合同法上，凡发生不可抗力，造成合同不能履行，应允许对合同进行变更或解除，并免除当事人的责任。因此，我们可以看出二者十分相似，极易混淆。为正确区分情势变更与不可抗力，我们首先来看看它们的共同特征。

其一,二者所涉情势均发生在合同生效后、合同法律关系消灭前。无论是适用情势变更原则的情形或事件，还是适用不可抗力的情形或事件，都发生在合同生效后，合同关系消灭前。

其二,二者所涉情势都是当事人不可预见的例外情况，不需要当事人承担风险责任。如果当事人对所涉情势有过错，则不适用情势变更原则或不可抗力条款，而应适用过错责任原则；如果当事人对所涉情势能预见，则应按正常风险对待。

情势变更与不可抗力虽然十分相似，但还是有区别的，情势变更毕竟不属于不可抗力，二者在构成条件、法律后果等方面有着质的区别，不应混为一谈。

其一，客观情况的发生是否会使合同的履行显失公平是区分二者的关键所在。德国民法典第275条规定：合同关系发生后，因不可归责于债务人的事由，以致给付不能者，债务人免除给付义务。瑞士债务法典第119条也规定：“因不可归责于债务人的事由，致给付不能者，视为债务消灭。”这里的给付不能与我国合同法不能履行的意思是一致的，主要指两种情形，即事实上的不可能与法律上的不可能，前者如买卖合同的标的物非由于卖方的过错而灭失，后者如租船合同中的船舶被政府长期征用或政府实行封锁禁运等。可见适用不可抗力条款并不过问合同履行是否显失公平，而是以履行不能为适用条件。实践中有些意外情势的发生并未造成合同不能履行，但却使合同的履行失去了原有的意义或造成不公平的结果，如坚持履行将要花费更多的费用或使当事人双方的利益失去平衡。因此大陆法系国家和英美法系国家都采用相应的法律规则予以解决，大陆法系称之为情势变更原则，英美法系谓之“合同落空”。

其二，从二者的适用目的来看，不可抗力条款主要是作为合同的免责事由出现在法律规定中，用以免除解除或延迟履行合同的责任；而情势变更原则则主要是为了变更合同中的不公平之处，重新平衡双方当事人的利益关系，实现新情势下的公平合同。法国民法典第1148条规定：“如债务人系因不可抗力或意外事件而未履行给付或作为的债务，或违反约定从事禁止的行为时，不发生赔偿损失的责任。”我国合同法明确规定了当事人因不可抗力事件不能履行合同的全部或部分义务的，免除其全部或部分责任。可以说把不可抗力作为免责事由已为各国合同法公认，但关于情势变更原则的效力则众说纷纭，很不一致。德国民法典没有明确提出情势变更问题；瑞士债务法典第373条规定：“承揽人必须按约定的报酬金额完成其承揽的工作，即使该项工作的费用或难度超出了原来的预计。但如果发生不能预料的情形或超过双方当事人设想的范围之外的情形，使该项工作不可能完成或有高度的困难，则法官有增加金额或解除合同的自由裁量权。”意大利民法典明确规定，凡长时期之后才履行的合同或分批履行的合同，如一方提出由于发生非常的、不可预料的事件，致使履行的负担特别沉重时，法院得宣布解除合同，但对这一条有两点限制：第一，若合同订立后所发生的履约困难是属于合同的正常风险，则不能解除合同；第二，对方当事人可建议公平地修改合同和反对解除合同。应该指出，解除合同毕竟不同于变更合同，变更合同可以在情势变更的情形下达到新的给付平衡。只有在采取变更方法仍不足以实现公平时，才可解除合同。情势变更的法律后果应该是合同司法变更，对于尚能履行只是按原合同履行会造成极不公平结果的合同而言，变更合同是上策，可以实现新的利益平衡。

其三，客观情况的发生是否导致合同失去基础或情势根本变化是界定不可抗力与情势变更的又一条件。在当事人无特殊约定的情况下，不可抗力一般应具备不可预见、不可克服、不可避免3个特征，发生不可抗力不论是否构成情势变迁，当事人都可依据合同的规定免除责任。而认定情势变更应严格依照“合同基础论”，必须发生了情势重大变更的事实，即法律行为据以成立的基础或环境发生了实质性变动，以致在一个通情达理的人看来，合同的当事人倘若事先知道会发生这种变化的话，他们就不会签订合同，或者签订与之不同的合同。只有在这种情形下，才能适用情势变更原则。可见不可抗力与情势变更都具有不可预见、不可避免的法律特征（如前文共同特征所述），但不可抗力还需同时具备不可克服这一特征，情势变更则没有这一特征。换句话说，一个事件的发生有被克服的可能，那么，即使该事件的发生为合同的履行造成困难或使履行义务的费用增加，该事件也不构成不可抗力，却有可能引起情势变更。

情势变更原则与不可抗力条款是相辅相成的，我国合同法已明确规定了不可抗力条款，但对情势变更原则尚未明确规定，民法通则规定了公平原则、诚实信用原则，但没有具体化，实践中已有援引民法通则的公平原则处理合同问题的判例。但由于基本原则过于抽象、概括，不易把握，加之法官素质因人而异，缺乏统一程序，有滥用原则判案之虞。因此，建议从我国实际出发，借鉴外国有关立法和司法实践，尽快确认情势变更原则的法律效力，制定相应的法律制度。

在我国，由于不可归责于当事人的原因造成合同履行十分困难的因素也很多，尤其是在深化改革的现阶段，许多旧的政策、措施要废除，新的政策、措施要实施，因而可能出现使合同履行发生困难的各种意外情况。我们应赋予情势变更应有的法律效力。一般来说，合同订立后，当事人应当遵守，法国民法典第1134条规定，“依法订立的契约，对于缔约当事人双方具有相当于法律的效力”，但是如果合同基础发生重大变更而失去平衡，则合同便失去了合理性。若仅仅以债务人应当恪守诺言而强迫履行合同义务，是不公正的。正如一些外国学者所指出的那样，传统理论以维护合同强制力为由反对合同变更，依据的不过是僵死的概念；在现代社会，传统道德的公正应当与“交换的公正”相协调，允许情势变更将有助于更好地实现公平正义。但情势变更似一柄双刃剑，使用不当也会产生负面影响。从道德的角度考虑，合同的变更是必要的，但从经济角度考虑，这种变更又是危险的。合同义务强制性变更将会引起合同的“连锁变更”，如市场供应合同存续期间，煤炭的涨价将导致产品成本的增加及价格的上涨，这样煤炭供应合同的变更必将导致产品购销合同的变更。这就是说某一部门的不平衡调整，有可能引起其他部门的连锁反应，以至于引发经济领域的普遍不平衡，这就是合同变更有可能产生的最严重的负面后果。因此，必须依法正确适用情势变更原则。首先应明确适用情势变更必须具备的条件：①必须有情势变更的事实；②情势变更必须发生在合同成立后，合同关系消灭前；③必须是当事人没有预见并且不能预见的；④必须是不可归责于当事人的事由；⑤维持原有法律关系的效力显失公平。其次要明确规定适用情势变更的具体方法，应当采用法律规定和法官裁量相结合的方法。通过法律赋予当事人自动变更权，规定债务的标的（尤其是金钱给付义务的标的）应自动随有关指数的变更而变更，其变更无须司法介入，如《法国乡村法》第812条规定：土地租赁合同出租人可按农作物价格指数的变化，要求承租人按其实际收入承担义务，免受货币贬值之损。大量的合同变更则由法官依法裁量，防止滥用变更原则，破坏合同的稳定。

# 第七章 经济法律关系研究

## 一、经济法律关系特征

经济法律关系具有强烈的国家思想性。经济法律关系是由经济法律规范调整社会经济活动过程中形成的具有国家干预内容的权利义务关系。经济法正是通过经济法律关系实现其对社会关系调整的职能的，经济法是调整社会经济关系的具体法律形式。

作为法律关系的一种，经济法律关系是一种思想社会关系，属于上层建筑的范畴，这是毫无疑问的，但是，相对于也是调整经济关系的民法的民事法律关系来说，经济法律关系的思想性更强。我们知道，经济法是国家运用其能力主动对社会经济活动进行干预的手段，处处体现着国家的某种意图。如反垄断法，它与国家产业政策的制定和执行关系密切，其要旨是从宏观上防止市场竞争不足，以保持经济具有相当的活力，提升本国企业和整个经济的竞争力。所以，它具有鲜明的政策性、灵活性和行政主导性特征。其他经济法律、法规（如反不正当竞争法、财政金融法、外贸法等），均体现着国家的某种意图，所以，由经济法确认和调整而形成的经济法律关系具有强烈的思想性。

经济法律关系区别于民事法律关系、行政法律关系还在于它是具有社会公共性的经济管理关系。其中，经济管理性是经济法律关系同民事法律关系区别之所在，而社会公共性是同行政法律关系区别之所在。

首先，经济法律关系是具有经济管理性的社会关系。经济法律关系是由经济法加以确认和调整而形成的权利义务关系，而经济法是政府干预经济之法，由此决定了经济法律关系必然是具有经济管理性的社会关系。这种管理性弥补了民法等传统法律部门的不足，并为恢复和维护其正常、有效的作用营造了良好的宏观环境和秩序空间。无论是宏观调控法所产生的经济法律关系，还是市场管理法所产生的经济法律关系，它们都是具有经济管理性的社会关系。

其次，经济法律关系同时具有社会公共性。经济法律关系的经济管理是社会公共性的，换言之，并非所有的具有经济性社会关系都可为经济法律关系，它们必须同时具有社会公共性。所谓经济法律关系的社会公共性是指经济法律关系的运作和实现都是为了社会公共利益，表现为政府及其经济管理机关以社会管理者的名义实施经济管理，这种管理是一种普遍性的措施，着眼于社会整体，而不是着眼于某个个体。因此，在某个具体的经济法律关系中，如工商管理机关依法查处假冒伪劣产品，虽然其表面上是针对某个个体，但实质是为了维护整个社会秩序和保护广大消费者的利益。

## 二、经济法律关系的构成要素

谈及经济法律关系，必涉及其构成要素。普遍认为，任何法律关系都由主体、客体和内容三要素组成，缺一不可，在具体的法律关系中，其中一个要素发生变更，原来的法律关系也要发生变化。

分析法律关系的构成要素，其意义还在于使我们更明晰某性质的法律关系的特性以及该法律关系运行的基本要求。对于经济法律关系而言，分析其构成要素，有助于我们认识和了解经济法律关系的独具社会公共的经济管理性，了解作为主体的政府及其经济管理机关的核心地位、其权利指向以及其行使权利的基本规则。

1. 主体

主体即法律关系的参与者。对于经济法律关系而言，则指依法参与经济法律关系，并因此享有经济权利和承担经济义务的政府组织、经济组织和公民。

经济法律关系主体具有以下特征：①政府及其经济管理机关主导性。经济法是体现国家干预经济之法，因此代表国家进行干预的政府及经济管理机关在经济法律关系主体中具有主导性。所谓主导性是指在任何一种经济法律关系中，都必然有一方为政府或政府经济管理机关，另一方可能是某经济组织，也可能为某个公民。政府及其经济管理机关对经济组织或公民具有优先权，即政府及其经济管理机关在行使经济管理权时依法享有职务上的优惠条件，如先行处置权、获得社会协助权、推定有效权等。②经济组织和公民具有独立性。经济法尽管是体现国家干预经济之法，但国家的干预是在维护社会公共利益和充分尊重市场主体合法的前提下进行的，政府及其经济管理机关行使经济管理权时应首先认识到对方的独立性，企事业单位和个人不是它们的附属，而是有相对独立利益的个体。所以，经济组织和个人在经济法律关系中不是被动者，有时甚至是主动者，他们有权依法对抗任何人、任何机关对他们合法权益的侵犯。③主体的法定性。经济法是体现国家干预经济生活的法律，因此，谁有权参与经济法律关系，什么时候参与经济法律关系，如何参与经济法律关系等均应由相应法律明定。这是保证合理干预的需要，反映了经济法是规范、确认国家干预之法的本质。这一点，对于政府及其经济管理机关尤为重要，它们必须严格依法干预。

2. 内容

法律关系的内容即法律关系主体应享有的权利和承担的义务，它是所有法律关系要素的核心。这是因为，法律关系主体能够做什么，怎么去做，会产生什么后果等均围绕权利义务出发，离开了权利义务，就不会有什么法律关系。对于经济权利和经济义务，其中，经济权利包含经济权力，即政府和经济管理机关以及社会经济团体在管理中的权力。

经济权力是基于经济管理机关或社会经济团体的地位和职能由经济法赋予并保证其行使经济管理职权的资格，其实质是经济管理职权。它具有如下特征：①主体的特定性，即行使经济权力的只能是依法成立的经济管理机关或社会经济团体，其他任何机关或团体无权为之。②权力的法定性或章程规定性。对于经济管理机关而言，其经济权力只能是法定明确的；对于社会经济团体而言，其权力则来自成员的约定而表现为他们制定的章程。权力的法定性或章程规定性强调的是经济权力的行使必须严格依法或依章程规定，不能超越，否则将构成权力的滥用，进而产生相应的法律后果。③权力行使的积极性。任何权力的行使都具有积极性。对于经济权力而言，它就是体现国家对经济生活的积极干预，所以，经济管理机关应积极主动行使其权力，不应采取不告不理原则，而要经常发现问题，主动解决问题。对于社会经济团体也是如此，它应经常协调会员间的行动与利益冲突。

3. 客体

法律关系客体是法律关系主体权利义务所指向的对象。如果没有客体，主体行使权利履行义务也就失去了依托。对于经济法律关系而言，其客体是经济法律关系主体的经济权利、经济义务所指向的对象。关于经济法律关系客体，有不少学者认为是物、行为、知识产权等。这种看法是极其错误的，它没有看到经济法的本质是确认和规范国家干预经济法这一点。经济法律关系客体只能是行为，而不能是物、知识产权等。

经济法律关系客体具有如下特征：①该行为是同国家干预经济有关的行为，无论是市场管理行为还是宏观调控行为，都是国家干预有关的行为。②该行为必须是经济法律、法规规定的行为，这意味着国家的干预行为只能依法行使。③该行为是经济法律关系主体依照经济法律、法规所为的行为，这意味着不是任何组织或公民的行为都能成为经济法律关系的客体，它只能是经济法规定的组织和公民所实施的该法律规定的行为。

# 第八章　经济法责任及其实现机制研究

## 一、经济法责任

1. 经济法责任的内容

《简明不列颠百科全书》认为责任在法律上指一个含义很广的几乎包括各种类型的由契约、侵权行为和法律规定产生的各种义务、债务、金钱债务、职责或风险的一个术语。

经济法责任包括角色责任、能力责任、公共责任、财产责任、组织责任、道德责任。

法律责任的承担方式可以分为主动承担和被动承担两类，在主动承担的情况下不存在法律制裁。法律制裁是指国家特定的机关对责任主体，以其所应负的法律责任实施惩罚性强制措施。

2. 经济法责任归责原则

归责是指依据某种事实状态确定责任的归属。归责原则是指确定法律关系主体在什么情况下承担法律责任的标准或准则。归责原则包括过错责任原则、严格责任原则、量化归责原则等。过错推定仍属过错责任原则，只不过实行举证责任倒置的证明方式。严格责任原则不考虑加害人的过错的有无，能更好地实现公正，更好地恢复无辜受害人的权利。量化归责原则是指确定经济法主体承担经济法责任的量的标准，考虑违法行为的成本、所得来确立“惩罚性赔偿”制度。

传统的行政责任的归责原则为：过错推定原则为主，严格责任原则为辅。传统的归责原则不适应经济法。我们应从传统法学理论中提炼出符合经济法价值、理念的归责原则。

3. 责任形式

经济法责任形式包括国家决策失误赔偿、惩罚性赔偿、实际履行、资质减免、信用减免、停止及纠正或撤销不恰当的调控或规制行为、奖励（如信贷优惠、财政补贴、奖金、授予产品或企业荣誉称号等）。

## 二、经济法实现机制

### （一）诉讼机制

1. 当事人诉讼

市场活动主体在其合法权益受到损害时，可以提起民事诉讼、行政诉讼，在建立了违宪审查制度的情况下还可以提起宪法诉讼。

在市场活动主体的诉讼中，最需要关注的是建立抽象行政行为的诉讼和“民告官”的民事诉讼。公共经济管理机关滥用权力损害公民、企业等被管理者的利益，往往不是通过具体的作为或不作为，而是经由红头文件、政府规章或地方性法规等所为，包括收费、限购排挤、阻碍外地商品进入本地市场等。而依现行《中华人民共和国行政诉讼法》，对这些“抽象”行为是不能提起诉讼的，更不能提起请求损害赔偿的民事诉讼。《反不正当竞争法》对政府限购排挤和市场封锁规定的救济是由上级机关责令改正，以及由同级或者上级机关对直接责任人员给予行政处分，这样的救济虽属必要，但是实际效果却很差。因为在我国上下级政府之间具有共同利害关系，加之上级政府不会有受害人般的切肤之痛，以及它在信息反馈的及时有效性和断然采取措施实施救济的内在动因上存在障碍，使得上级政府或同级机关不可能认真有效地去纠正下级政府或直接责任人员的不法行为；而且，如此规定还违背了“自己不能做自己的法官”的法治基本理念。所以就要求允许相关市场活动主体对政府及其经济管理机关提起抽象行政行为的诉讼和民事诉讼，以对其职权、职责的履行施加一种外部的、更权威有效的司法监督。

2. 群体诉讼

经济社会化的结果之一是利害当事人的群体化和利益冲突的间接化。作为群体的当事人可能是具有相同利害关系的团体、组织成员，也可能是非团体性的法益牵连，这样，就引发了群体化权益保护诉讼机制。此外，也可以通过自律、协调的自治机制实现对群体化权益的保护。

群体诉讼机制突破传统的特定当事人诉讼结构，实现将诉权从特定相对人向第三人及社会公众扩散。这正是经济法所需要的，如美国的集团诉讼制度、日本和我国台湾地区的选定当事人共同诉讼制度、德国的团体诉讼制度和我国大陆的代表人诉讼制度等。它们不仅提供一种实现个人价值和私权的手段，而且关注个人价值与社会价值的协调、统一，以协调个人利益和社会公共利益，并辅助社会政策的实现。

但是，经济法理念的不健全和相关诉讼程序制度的滞后，使得我国各级人民法院在审理产品责任、环境污染、虚假广告、证券欺诈、非法集资等群体性纠纷的司法实践中，更多的是通过代表人诉讼进行，并使之蜕化成自然人、法人对自身直接财产利益的诉讼救济机制。《公司法》于2005年修订时，在第一百五十二条第2款中明文规定了股东代位诉讼，成为改变这种状况的一个起点。

为通过诉讼机制及时有效地解决群体性经济纠纷，我国除完善现行的代表人诉讼制度外已立法确认公益诉讼制度，但不够具体。应建立、健全社会团体诉讼机制，赋予同业公会、消费者协会等社会经济团体基于其章程和以公益为目的，直接提起侵权或不作为之诉的权利，甚至为预防可能的侵权纠纷而提起作为或不作为之诉；并允许公民、法人等就第三人具有社会性、公共性的权益损害提起诉讼，可谓“他益私诉”，也属公益诉讼范畴。同时，还应允许符合一定资格的社会经济团体，受具有共同利益的多数成员的委托行使诉讼权。此类情形在我国已经出现，如温州烟具协会在欧盟 CR 法案纠纷中积极为成员争取权益，取得了很好的效果。

3. 国家的公诉和私诉

发达国家通行的国家民事公诉和私诉，在我国仍付之阙如，对于经济法的有效实现十分不利。民事公诉是指政府等公共管理机关在其职责范围内，以政府或国家的名义，就违法的人和事提起民事诉讼，包括“官告官”。从经济法的角度说，财产、经济与行政交织在一起，政府等公权力主体违法乱纪也应与公民、企业一样平等地适用经济实体法及承担民事责任。区分民事公诉和行政公诉并无意义，且在英美和日本等发达国家，就是通过民事诉讼来实现对行政权的司法审查，所以民事公诉是涵盖着行政公诉的。

在公有制条件下，行使公共经济管理职能的政府等管理机关，与作为被管理者的公有制主体（如一汽、中石化等大企业）同属国家这个“老板”，它们之间有着千丝万缕的联系，有些私营主体做大了（如微软），还会“客大欺店”，这样公共管理机关往往不能严格执法，或者强行检查处罚，造成两败俱伤。即使是弱小的被管理者，也不妨将它与管理者的关系纳入司法监督，以求公正执法。这是民事公诉存在的理由。让公共经济管理机关将问题或纠纷诉诸法院，既可强化法律的权威，又可提升经济执法的民主性。

我国检察机关作为法律监督机关承担着检察职能，也在积极尝试代表国家对个人、企事业单位、机关团体损害国家或社会利益的行为提起民事诉讼（如追究损害国有资产者的民事责任），但这对于市场经济及其法治所要求的民事公诉还是远远不够的，因为它没有涵盖日常的公共经济管理职能，仍需赋予具体的公共经济管理机关如工商局、税务局、证监会等提起民事公诉的权力。

民事公诉不等同于公益诉讼。公益诉讼是指任何人均可就公共利益遭受损害而提起诉讼，起诉人可以是公民、法人、社会团体等，也可以是有关国家机关，但不以公共管理机关依职权起诉为必要条件。

此外，任何依法占有、管辖、管理经营着一定国有资产的主体，包括国家机关、社会团体等，均可就自身权益受损诉诸法院，以诉讼或司法方式寻求救济。其中国家机关提起诉讼的，是以自己的名义而不是国家的名义，所以并非公诉，只是保护国家“私产”或机关自身利益的“私诉”。从保护个别主体权益的角度看，它与一般公民、法人寻求自身利益保护的诉讼无异；而从原告是国家机关或公共团体而言，它又具有公的性质，涉及公共利益，可谓“准公诉”。

我国与发达国家经济法制的差别，还在于发达国家通常在经济法范畴内，由特定管理机关掌握相关犯罪行为的起诉、管辖权，如美国联邦贸易委员会、日本公正交易委员会等。我国则仍囿于人民检察院对所有犯罪行为一体追诉。而检察机关和法院在相关经济犯罪的侦查、起诉、审理中缺乏经济法理论，难以考虑经济法实体关系的要求，仅依传统刑法和犯罪学理论来处理经济犯罪，往往纠缠于以犯罪金额定罪量刑，结果是畸宽畸严，有损社会经济秩序，妨害了社会公正。

在实践中，也有检察机关根据《刑事诉讼法》第七十七条的规定，对于因特定经济犯罪行为致使国家、集体利益受到损失的，在经济管理部门的协助下，同时起诉、追究犯罪嫌疑人的刑事责任和民事责任，包括补种烧毁林地和林木等经济性、社会性责任方式。这也是关于民事公诉的一种有益尝试。

### （二）社会自治性实现机制

社会化的结果之一是社会自治在更大范围内、更高层次上复归，取代国家权力和法律的部分功能。从旧时的宗族、乡村、商人自治等自治的权力普遍被削弱，到今天社会化条件下自治的复兴，也是一种否定之否定过程。社会化促使中间阶层及其自治功能显现，其背后隐含的具体化、现实化和民主化价值取向，归结为社会以日常的组织、协调和管理为主要内容的自治、自律机制。

社会自治弥补了传统私法调整时当事人对立、冲突及其与国家公法权力运作之间的紧张状况，适应了对新型社会化经济关系调整的需要。自治组织享有在社团章程范围内对其成员相关事务的管理协调权，以及对成员间纠纷的决定和裁处权。社会自治不仅涉及成员的传统人身权与财产权，还表现为对其行动自由和资格的约束，如对成员资格、行为的要求和规范。如果说一般诉讼机制主要表现为事后救济和消极作为的话，社会自治则侧重于事先积极主动的管理协调。

当然，即使在当代最发达的社会，也还是利益分化、冲突的社会，建立在成员的认同和归属感之上的自治是局部的，法律和公权力对社会自治的介入和保障仍是必要的，局部的自治表明它具有私的一面，需由公权力（包括法律和司法）加以审查、认可或纠正；另外，自治延伸了法律的作用范围、力度和深度，弥补了法律的不足。由中世纪商人法发展而来的现代同业公会、商事仲裁制度等与法律、司法的关系，就是对社会自治与法律、司法之间关系的一个很好的诠释。

在中国，至近现代一直没有完成从身份到契约的转变，官本位传统深厚，社会成员深受“关系”、权力等超经济束缚、压迫，缺乏自立、自主、自治的能力。在此情况下，个人和国家的关系向两极化方向发展，居中的社会团体及其自治不发达，甚至为权力所控制、主导。所以，对于“社会中间组织”或“社会自治能力”的认识必须结合中国实际，既要着力弘扬、引导，又不能过于夸大其作用。

## 三、经济公益诉讼

公益诉讼是指一定的机关或公民为了维护公共利益，依法对违反法律法规，给国家、社会公共利益造成损害的行为人起诉，追究其法律责任的诉讼活动。

### （一）经济公益诉讼受案范围

一般认为经济公益诉讼受案范围包括：

①国有资产流失案件；

②市场秩序案件；

③环境公害案件；

④政府经济管理失误案件；

⑤其他侵害公共利益案件。

### （二）公益诉讼保障措施

1. 公益诉讼费用及律师费的判发

同一般的个人诉讼相比，公益诉讼的原告提起这类诉讼的目的是维护公益，而非获取利益。但是提起这类诉讼会给原告带来诸多费用，如确定被告的费用、诉讼费用及不菲的律师费。起诉人虽不以谋利为目的，但如此沉重的费用负担必将使其裹足不前。如果其诉讼过程中所承担的费用不能得到有效补偿，必将不利于这种诉讼的广泛适用。因此，在为公共利益进行诉讼时，应该考虑是否存在特别的制度，通过免除这些费用的全部或一部分，以推动个人提起诉讼。

为了激励人们在公共利益受到侵害时积极主动地诉诸法律，原告在胜诉后应得到国家的适当奖励。《反欺骗政府法》规定，败诉的被告将被处以一定数额的罚金，原告提起公益诉讼后有权从被告的罚金中提请15%~30%的金额作为奖励。其实在我国的法律中，也存在对公民的奖励制度。如《中华人民共和国税收征收管理法》第十三条规定："任何单位和个人都有权检举违反税收法律、行政法律的行为。收到检举的机关和负责查处的机关应当为检举人保密。税务机关按照规定给予奖励。"因此在公益诉讼中奖励胜诉的原告并不是不可行的。

根据传统的民事诉讼法的举证责任分配原则"谁主张，谁举证"，大多数情况下举证责任由原告承担。而在经济公益诉讼中，无论是在经济实力还是在住处的获得和占有方面都存在着实质上的不平等，这种不平等是经济关系的现实所在，我们无能为力。但由能力有限或不具备专业知识的原告承担举证责任却在程序上使这种不公平砝码更加倾斜。因此从程序上尽可能地保证双方当事人的平衡，救济弱势群体的原告，实行举证责任的倒置是对原告举证能力的保障。

2. 设置专门的审判庭

经济公益诉讼同一般的个体诉讼相比，具有更为复杂和广泛的特点，因而需要更高超的专业知识和技巧。传统的民事审判庭虽然在2000年进行了一次大的改革，专业性和技术性都有所提高，但随着经济公益诉讼的日渐增多，再加上多数经济公益诉讼都是以集团诉讼的形式出现的，传统的民事审判庭无论在人力还是技术方面都是有欠缺的，并且经济公益诉讼的适案范围不同于民事诉讼的适案范围，因而只有为其设置专门的审判庭，组织专门的法律专业人员进行专职工作，才能适应公益诉讼制度发展的要求。

### （三）公益诉讼限制措施

公益诉讼虽然有助于解决传统诉讼无法解决的一些问题，在国内外一直受到普遍欢迎，但其在设立的过程中也曾遇到多方面的质疑。如担心过多的公益诉讼将会使法院负担过重、使行政机关在应诉上花费过多时间和金钱，以致影响行政行为的效率等。而且公益诉讼侧重于发挥公民的"私人检察官"的作用，如果适用得过多过滥，也会适得其反。为了对公益诉讼进行控制，在构建公益诉讼的体系时应当设置一些限制措施。这些措施包括以下两个方面。

1. 行政程序先置

对原告资格的放宽、诉讼费用的合理负担及对胜诉原告的奖励都能激励和维持人们对公益诉讼的热情，但是"鼓励当事人以诉讼替代其他争议解决方式”，就会加重法院的负担，严重影响法院的办案效率及与行政机关的合理分权。完全依赖诉讼来解决生活中大量的经济纠纷在现今的中国是不可行的。这是因为我国现行的经济法实施机构主要是各类行政机关，大量的经济冲突在非司法力量的作用下得以缓解与消除。行政机关借助对社会事务的全面渗透，以其固有的主动的工作方式，依托高度的专业技术对执法的保证，将法律实施蕴于常规性的直接管理，预防了很多违法的发生。与诉讼机制的被动性相比，行政机制具有迅速、简便的特点，当侵害已经发生或即将发生时，能及时制止损害的发生与扩散，救济受害者。因此当事人在寻求救济时，首先必须利用行政内部存在的、最近的和简便的救济手段，然后才能请求司法救济。

2. 采取特殊的诉讼权处分规则

公益诉讼原告的起诉不是为了自身的利益，而是代表国家、社会为维护公共利益提起的诉讼，其诉讼权利不是自生的，而是国家、公众所赋予的，因此原告不能像私益诉讼那样自由处分诉讼权利。这里主要包括两个方面的内容：一是不能任意撤诉；二是不适用调解制度。

# 中篇

# 经济法专题研究

# 第九章　宏观调控法主要问题研究

## 一、WTO 规则与中国宏观调控法律体系重构

通过对世界贸易组织（简称“世贸组织”，WTO）法律框架所蕴含的基本原则、中国宏观调控法与 WTO 规则的协调发展的分析探讨，论证了我国宏观调控法律体系重构的必要性和现实性，提出了制定《国家宏观调控法》、修订完善宏观调控主干法的立法思考。

### （一）WTO 法律原则分析

世贸组织的法律框架是由各种文件构建的。乌拉圭回合通过的有关世界贸易组织的法律文件相当繁多复杂，其最后文本就包括21项内容，由45个文件组成，厚达550页，这还不包括 WTO 成立之前的1947年关税与贸易总协定（简称“关贸总协定”，GATT）及其40多年来的各种法律文件。根据《建立世界贸易组织的协定》，WTO 法律框架大致可以划分为7个部分：①世界贸易组织的基本法。《建立世界贸易组织的协定》可以说是世界贸易组织的基本法。其具体规定了 WTO 的宗旨和原则、活动范围、职能、组织结构、成员制度、法律地位、决策机制、协定修改等内容。②货物贸易法律制度。其构成包括1994年《关税与贸易总协定》和其他有关货物贸易的多边协定。③服务贸易法律制度。该部分主要体现在《服务贸易总协定》中，除此之外，还包括一些补充的决定，调整金融、电信、航空运输等服务领域的法律问题。④与贸易有关的知识产权法律制度。该部分的法律文件集中体现在《与贸易有关的知识产权协定》中，规定了知识产权保护有关的法律问题。⑤争端解决机制

法律制度。规定了世界贸易组织争端解决的有关规则和程序。⑥关于贸易政策审议机制的法律制度。⑦多边贸易协定。指不为 WTO 全体成员所接受，而是为部分成员所接受的贸易协定。

世界贸易组织法律框架贯穿了以下法律原则。

1. 非歧视贸易原则

非歧视贸易是世界贸易组织及其前身关贸总协定的核心条款，它要求世贸组织全体成员之间的贸易应在非歧视的基础上进行，各成员方在相互贸易关系中不应存在差别待遇。非歧视原则主要通过最惠国待遇和国民待遇两个二级原则来体现。最惠国待遇是指一缔约方对来自或运往其他国家的产品给予的利益、优惠、特权或豁免，应当立即无条件地给予来自或运往所有其他缔约方的相同产品。最惠国待遇主张在入境和清关过程中对一切外国产品一视同仁。而国民待遇则要求一旦货物进入一国市场，就必须得到与境内生产的同类货物同样的待遇。国民待遇要求外国产品在清关后，应与本国产品同等对待。

非歧视原则也存在一些例外规定，其中最著名的是关于关税同盟和自由贸易区的例外。除此之外，某些协议中还规定了过渡期安排，成员国过渡期内可暂不执行非歧视原则，但过渡期满后，该原则必须得到贯彻执行。

关贸总协定创立的非歧视原则在 WTO 建立后已被扩大适用到服务贸易和知识产权领域。非歧视原则的贯彻实施为 WTO 各成员国创造了相对公平的竞争环境。国家无论大小、强弱，均可享受大致相同的贸易待遇，保障了各成员国的合理权益，使国际贸易能够在平等条件下得到有序发展，从而推动了贸易的全球化进程。

2. 市场准入原则

国民待遇和最惠国待遇及市场准入是互为补充的，最惠国待遇主要涉及成员方进入市场的条件（即市场准入），而国民待遇则是进入市场以后的待遇问题。每个成员关于市场准入的承诺主要反映在其承诺表中，但真正实现服务贸易自由化，会像 GATT 降低关税那样全靠不断谈判。有保障的、可预见的市场准入，主要取决于关税措施。因为在世界贸易组织中，数量限制是非法的，各国只能使用关税来保护国内产业，但不允许采用歧视性关税。关税约束是指世界贸易组织成员在承诺了某一特定产品的关税水平后，在未与其主要贸易伙伴谈判前，不得提高该关税水平。这就是说，如果某一关税同盟的扩大可能在一些领域导致关税的上升，就必须同相关利益方进行补偿谈判。

3. 互惠贸易原则

互惠互利是进行多边贸易谈判、建立世界贸易组织的共同行为规范和准则。在 GATT 及世界贸易组织的协定和协议中没有十分明确地提出互惠贸易原则，该原则是各成员在实践中所共同认可的。

世界贸易组织的互惠原则主要通过以下几种形式体现。①通过多边贸易谈判削减关税非关税措施，对等地向其他成员开放本国市场，以获得本国产品或服务进入其他成员市场的机会。②新成员因可享受所有老成员已达成的市场准入条件，必须缴纳一定数量的“入门费”，开放市场，以平衡新老成员的利益。③互惠贸易是多边贸易谈判及一成员在其贸易自由化过程中与其他成员实现经贸合作的主要工具。

多边贸易自由化给某一成员带来的利益要远大于一个国家自身单方面实行贸易自由化的利益。因此，多边自由化要优于单边自由化，对像中国这样的发展中的大国来说，更是如此。

4. 贸易政策法规透明度原则

透明度原则是世界贸易组织的重要原则，它体现在世界贸易组织的主要协定与协议中。从 GATT 到 WTO 有许多条款规定了所有成员方的贸易政策都必须公布。GATT 第十条、GATS 第三条、TRIPs 第六十三条都属专门透明度条款，要求成员方将本国（地区）的所有有关法律、规章、司法判例、行政裁决等统统公布。除这些专门条款外，几乎所有多边贸易协议都规定了“通知”条款，要求将有关情况通告给 GATT 缔约方全体或 WTO 秘书处。WTO 成员方每年必须将本国的法令、规章、政策性声明等汇总向 WTO 秘书处做一次通告，并及时回答有关调查表询问的问题。[①]

透明度原则规定，各成员应公正、合理、统一地实施有关法规、条例、判决和决定。统一性要求在成员领土范围内管理贸易的有关法规不应有差别待遇，即中央政府统一颁布有关政策法规，地方政府颁布的有关上述事项的法规不应与中央政府有任何抵触。但是，中央政府授权的特别行政区地方政

---

① 赵维田 . 世界贸易组织 WTO 的法律制度 [M]. 长春：吉林人民出版社，2000：4.

府除外。公正性和合理性要求成员对法规的实现实施非歧视原则。正如一句名言所说:“阳光照到之处，问题就会消失。”透明度原则对公平贸易和竞争的实现起到了十分重要的作用。

WTO 是世界上唯一处理国与国之间贸易关系的国际组织，其核心是 WTO 协议，这些协议是世界上大多数贸易国政府通过谈判签署的。WTO 规则是国际经济法律，WTO 规则实质上是市场经济运行的通常规则在世界范围的认同、运用和推广。WTO 规则既赋予成员方许多权利，同时又规定成员方许多义务，在国际贸易甚至在国际民商事领域发挥着独有的作用，从而推动成员国民商法、经济法的变革和发展。

### （二）WTO 法律框架与我国宏观调控体系重构

WTO 规则给我们提供了一个经济法律基本框架，主要可概括为三大领域的规则——货物贸易的规则、服务贸易的规则、知识产权保护的规则；两个环节的机制——贸易政策审议机制、贸易争端解决机制。而这些规则和机制必须遵循非歧视的、可预见且不断扩大的市场准入、互惠贸易、公平竞争、政策法规透明度和维护发展中国家特殊权益等一系列原则，其核心是尽可能地保护国际市场社会公平竞争。WTO 所架构的是一种市场走向的政府与市场的关系，通过对关税及非关税壁垒的消除、对政府权力的限制来鼓励公平竞争和贸易自由。我们知道政府对市场不应过多干预，更不应自由放任，而对于在实践上政府应当干预什么、什么时候干预、干预到什么程度和通过什么方式干预，学术界普遍赞同应将其纳入法制的轨道，依法干预。WTO 规则作为国际经济法律文件是成员国政府通过谈判签署的，对成员国是一种义务约束，成员国政府必须履行承诺。中国“入世”后在享受权利的同时将承担相应的义务，正如《建立世界贸易组织协定》第十六条第4款所规定的“每个成员方都应保证其法律、规则与行政程序符合本协定所附各项协定的义务”。因此，修改完善国内法，使之与 WTO 规则协调发展是各成员国应尽的义务，笔者拟对我国“入世”后宏观调控法律的制定、修改、完善做一初步探索。

经过多年的努力，我国的宏观调控立法取得了很大成绩，颁布施行了《预算法》《中国人民银行法》《税收征收管理法》《价格法》《对外贸易法》等法律，制定了一批实施条例，为建立宏观调控法律体系奠定了初步基础，但我们也应看到，我国宏观调控法律体系还存在不少问题，主要表现在3个方面。一是立法滞后，远远不能适应市场经济发展要求。一些重要的宏观调控法律如宏观调控基本法、计划法、投资法、产业法等至今未出台。这与WTO对政府行为法制化的要求不相适应。二是已出台的宏观调控法律法规与国际惯例、国际规则衔接不够，还存在计划经济的痕迹。如对外经贸管理体制、财政税收体制、价格体制、金融监管体制等与WTO规则要求不尽一致，需做相应的修订和完善。三是政策透明度和一致性不够。保持政策透明度是WTO的基本原则之一。在这方面，我国与WTO的基本要求相比仍有一定的差距，尤其是我国习惯利用内部文件管理经济问题，“入世”后，必须改变这种习惯。根据WTO的要求，应当加大立法透明度和一致性，凡属普遍适用的规定，不得发内部文件；凡属国家统一的规定，地方部门不得任意突破。否则，将不利于贸易自由和公平竞争。因此，可以说，顺应“世”情，逐步修订或者制定宏观调控法律，重构中国宏观调控法律体系是“入世”后亟待解决的重大课题。

重构我国宏观调控法律体系既是应对WTO挑战，履行国际经济法义务的需要，也是我国市场经济发展的必然要求。卡尔·波拉尼认为：“通往自由市场的道路被打开了，并且随着有组织的中央控制型干预的大量增加而不断保持着通畅……自由市场的引入，远远不能排除对控制、管制和干预及其不断增加的范围的需要。管理者不得不持续地提防着以保证制度的自由运行。这样，即使那些最热心希望免除国家的所有不必要的职能和那些全部哲学观都是要求限制国家行为的人都只能把新的权力、机关和建立自由放任所需要的工具交给完全相同的国家。”市场经济与政府的宏观调控不是相互对立的，而是相互依存、相得益彰的，没有政府的宏观调控，市场经济就会蜕变成洪水猛兽，最终就没有市场经济。极端的自由主义和无政府主义是“再往前走了一步的真理”，当今世界已经不存在没有国家调控的“自由”的市场经济。实践证明，在落后国家、在后发展中国家发展市场经济尤其必须加强和健全政府宏观调控，这些国家中的市场经济本质上是一种政府主导型的市场经济。正如当有人垂询布坎南关于中国经济发展时其所明确告知的“政府应该把重心放在框架结构上”，“建立一个总则”。[①]“入世”不仅没有放弃成员国政府

① 丘本良浩．宏观调控法论[M]// 王保树．商事法论集：第3辑．北京：法律出版社，1999：569.

的宏观调控职能，相反对政府调控提出了更高要求，即对政府治理世界市场失灵、处理国际贸易争端、推动国内产业平衡发展、保障国家经济安全等提出了更高要求。“入世”要求成员国加强宏观调控，作为发展中大国，中国应逐步建立宏观调控法律体系，使宏观调控法治化。

1. 把重心放在框架结构上，探索建立宏观调控法律体系基本框架

对于宏观调控法律体系的构架，学者们提出了不同的看法。有学者认为应当根据宏观调控过程中的不同阶段的活动特征来建立宏观调控法律体系，如由行政程序法、行政行为法、行政责任法、行政决策法、紧急状态法、行政救济法等法律构成宏观调控法律体系。或者由计划法、经济政策法和关于调节手段的法律3个层次的法律组成宏观调控法律体系。还有学者认为应当根据宏观调控活动所涉及的不同领域分别立法，构成完整的宏观调控法律体系，但对于这一法律体系应当包含哪些领域、分别制定哪些法律，学者们也有不同的看法。其中最具代表性的是中国社会科学院法学所社会主义市场经济法律体系课题组的观点，他们认为规范市场宏观调控的法律应当包括预算法、银行法、税法、计划法、物价法、国民经济稳定增长法、国有资产法。此外，也有一些学者认为宏观调控法律体系应包括产业结构调节法和固定资产投资法，甚至有学者认为还应当包括统计法、外汇管理法、外债监控法、工商行政管理法等法律、法规。笔者认为，宏观调控是国家为了实现经济总量基本平衡、促进经济结构优化、推动国民经济发展，对国民经济总体活动进行的调节和控制。调整宏观调控关系的法律谓之宏观调控法，单纯以领域分别制定宏观调控法的观点值得商榷。宏观调控法律涉及社会经济生活各个领域，但绝不能从各个领域出发分别立法。只有涉及国计民生的宏观领域、市场失灵的领域、非私人生活的领域，才是宏观调控领域；只有体现社会本位原则、反映国家调控政策的政府干预法才是宏观调控法。把宏观调控法作为危机对策法或行政法的观点也是错误的，现代市场经济是宏观调控下的市场经济，制定并完善宏观调控法是发展社会主义市场经济的内在要求，宏观调控法绝不仅仅作为危机对策法而存在。宏观调控法既不是公法，也不是私法，而是社会法。宏观调控法调整的关系并非行政关系，规定的也不是权力者与服从者之间的意志服从关系，追求的亦非行政利益，由宏观调控法产生的争议也不是通过行政复议或行政诉讼解决，在多数情况下主要通过政治途径解决。

宏观调控法与行政法的界限十分明显，不应混淆。

因此，在建立我国的宏观调控法律体系的基本框架时，我们应主要从宏观调控关系的性质、特征出发进行构架，并同时考虑宏观调控目标、调控政策及手段等因素，建立以宏观调控基本法为核心法、宏观调控单行法为主干法的宏观调控法律体系。

（1）制定宏观调控基本法。从世界上一些宏观调控搞得好的国家的经验和我国改革实践来看，要保证宏观调控体系的协调运作和灵活高效，必须通过法律调整好各宏观调控主体之间的关系。因此，很有必要制定一部规范、统一的宏观调控法，在我国可以定名为《国家宏观调控法》。该法的主要内容应该包括：宏观调控基本法立法宗旨；宏观调控的基本原则和范围；宏观调控的目标和手段的运用；各宏观调控主体的组织系统、职权、相互关系及必要的工作协调制度；宏观调控活动的程序；对宏观调控活动的监督制约；法律责任；等等。

（2）制定宏观调控主干法律。各国主要通过财政政策、货币政策、产业政策等各种经济政策及经济杠杆的运用来进行宏观调控，但只有对这些经济政策及经济杠杆加以法律化，才能有效实现宏观调控。因此一些与各国宏观调控政策等相对应的财政法、税法、产业政策法律等便应运而生，并构成宏观调控法体系的主要内容。在我国社会主义市场经济发展的现阶段，最重要、最基本的宏观调控政策是国家计划、财政政策、金融政策、产业政策、投资政策、外贸政策，运用的经济杠杆主要有财政、信贷、利率、价格、工资、税率、汇率等。因此，从宏观调控政策及其调控手段方面进行立法的宏观调控法律应有计划法、财政法、国有资产法、国债法、税法、中央银行法、政策性银行法、产业结构合理化促进法、反垄断法、中小企业促进法、高新技术产业法、地区经济协调发展法、固定资产投资法、风险投资法、对外贸易法、外汇法、外商投资管理法等。

2. 在明确的框架结构内进行系统工程建设，结合 WTO 规则及其法律原则修改完善现行相关法律，推进宏观调控法制化现代化

（1）非歧视原则与投资政策法、外贸政策法等宏观调控法的完善。

非歧视原则：WTO 主张的非歧视原则实行两个标准：最惠国待遇与国民待遇。按照最惠国待遇原则，对外商应当一视同仁，与外国签订的同类协议，

不能厚此薄彼，否则可能导致被动。按照国民待遇原则，要求对内、外商一律平等。中国目前对外商在贸易、投资方面的某些低国民待遇和超国民待遇的状况与 WTO 规则等国际标准存在距离，有关立法需要修改。

以外资立法为例，学术界提出了不少有益建议，可供参考。①按照市场经济和世界贸易组织协定的要求尽快修改我国外商投资企业法中与中国国民待遇原则不一致的条款，逐步放宽投资领域，特别是加快第三产业的开放程度；逐步实现对内外资企业按统一标准收费，逐步统一内外资企业税赋；给予外商投资企业在国内购买原材料和销售产品的自主权；放宽外汇管理，使外商投资企业法在内容上符合国际条约的要求。②删除或修改外资法中有关数量限制的规定，但可以援引世界贸易组织协定的例外规定和保障条款，对这些规定延缓修改。例如，坚持我们属发展中国家，可以保留一定的配额、许可证管理商品。③为增强外资立法的透明度，国家在修改和补充现行“三资”企业法律法规的基础上，颁布了统一的《外资法》；国家应当将地方外资立法权收回，同时对有关引进和管理的各项行政法规、规章的制定权利收归国家对外经贸机关和相关职能机关，并减少行政性的指标、规定；对外商投资的任何限制或禁止，应当由《外资法》明确规定，使外国投资者对市场准入和投资的后果有可预见性。④设立《外资法》除了考虑与国际接轨外，还应与国内法律、法规相协调，这主要指现行的外商投资法与公司法在诸如资本的缴付、公司资本的减少、出资额的转让、公司组织机构的设立等问题上的协调与衔接。

（2）可预见且不断扩大的市场准入原则与产业政策法等宏观调控法律的完善。

加入 WTO 实质上要突破市场准入这一关。对照 WTO 协议，中国面临着一系列亟待研究和解决的问题，如非关税壁垒问题、服务业市场开放问题、知识产权保护范围扩大问题等。

根据中国政府对加入 WTO 所做出的承诺，我们将在农业、石油化工业、电子信息业、汽车业、钢铁业、医药业、纺织业等领域为外商提供更大的市场准入机会，将在金融、保险、外贸、商业、旅游及会计师事务所、资产评估机构、监理公司、法律咨询等领域逐步扩大对外商的开放程度。因此我们要制定、修正国内产业立法及其他经济立法。现在的问题是如何修订完善，是不是如国内媒体宣传的那样只是国内经济规则单向朝世贸组织规则方向调整。我们已经强调了正确的做法应是立足“国”情、顺应“世”情。因此应坚持原则性与灵活性相结合，一方面要坚持国际法优先的原则，履行承诺；另一方面又要从我国经济发展状况和承受能力出发，充分利用WTO协议及其多边争端解决机制。我国要吸取发展中国家加入关贸总协定的经验教训，在市场准入方面的承诺要慎重，力求避免歧视性条款；对幼稚工业的保护要适度；立法应考虑国情，不可片面追随WTO规则而匆忙做“一揽子”修改。具体来讲，我国可以将WTO所达成的“一揽子”协议同国内相关立法做对照、比较，吸纳国际协议合理的、可行的规定，摒弃那些只反映发达国家利益而不顾发展中国家正当要求的内容；对照我国宏观调控法律中与WTO规则存在差距但并不构成冲突、不直接违反国际义务的法律条款则不必急于修改。因为WTO规则不是“超国家法”，也不是“不讲国家主权”，WTO规则不过是WTO各成员方基于共同利益而自愿做出的承诺，而且如该国有一天认为这种承诺对本国不适合，可随时撤回。WTO协定第十五条明文规定：“任何成员方可退出本协定。此退出既适用于本协定，也适用于多边贸易协议，并于WTO总干事接到退出通知书的6个月后生效。”

（3）WTO法律框架与政府调控行为法等宏观调控法律的完善。

WTO已成为名副其实的“经济联合国”，但世贸组织并不要求其成员出让政府宏观调控权，一国政府对本国经济的调控权是其国家主权的重要表现。世贸组织仅按本身的规则对其成员提出义务要求，不强制要求其成员只能干什么或不能干什么，成员国政府根据自己的承诺通过国内法的强制履行义务，成员国政府还可依世贸组织的例外规定或保障措施在特定情况下暂时中止履行某些义务。WTO的“三大领域”“两个环节”的法律框架都需要成员国政府具体实施、运作、执行，这就要求加入世贸组织的各成员国政府提高宏观调控能力、创新政府职能。在市场经济条件下、在加入WTO的国际背景下，政府管理经济的权力范围将会缩小，但其发挥的作用却更为有效。表面上是“退”，实质上是“进”。一般说来，凡属市场不能解决的问题，政府则要果断出手。政府对国民经济的管理应该是主动的，而不是被动的；是高屋建瓴的规范、组织和调控，而不是拾遗补阙。科学管理国民经济、有效协调市场运行，政府宏观调控的这种正确定位，实乃关乎中国经济前途之紧要大事。需要指出的是，当前我国许多地方政府经济管理的思维仍然停留在过去计划经济的时代，政府对企业经营决策各种各样的越俎代庖的事屡见不鲜，政企不分，国有企业深受其害；许多地方政府还存在行政权力侵害商事权利的行为，搞有偿行政、有偿担保、变相中介等，严重伤害了企业发展的积极性。除此之外，政府的审批权、行政复议权也存在不少问题，如审批过滥、行政复议终局妨碍诉讼终局等。所有这些弊病都与宏观调控法治原则背道而驰，都与WTO规则不相适应。WTO要求成员国政府放弃歧视性政策，放弃政府调控行为的黑箱作业（非透明的、不可预见的），放弃政府行政权对商法自治领域的不当侵入，充分尊重、遵循国际经贸惯例和国际规则。加入WTO后，政府应完成职能转换，实现依法调控，克服传统体制下政府干预经济的缺陷——抹杀市场在资源配置中的基础作用、扼杀市场主体的积极性、干预失效。

政府宏观调控法制化实质上是对政府权力的重新定位，我们既要反对政府万能论，又要摒弃政府无为论，既要坚决转变政府旧的职能，又要创新政府职能。政府干预范围应收缩，有关生产经营的直接决策应由各经济主体做出；政府干预手段应改变，政府应通过明文规定的法律进行干预；政府干预功能应明确化，政府的主要功能包括目标导向功能、矫正偏差功能、行为规范功能、社会稳定功能等，政府不应干预市场机制有效发挥作用的领域。

为此我们应尽快制定、修改、完善政府调控行为法、政府经济行政行为公开法、政府调控行为监督法、政府调控责任法等宏观调控法律，逐步实现宏观调控干预程序法制化、干预方式法制化、干预领域法制化、干预责任法制化。

## 二、加盟WTO与维护国家经济利益立法

关于我国加入WTO后得失利弊分析的著作可谓汗牛充栋，观点大同小异，不外乎“得大于失”“失大于得”两种。“得”是指参加多边贸易体制获得新的市场准入机会及在参与经贸活动中所受到的多边规则的保护；“失”是指市场开放对本国产业造成的冲击和政府因履行多边义务而丧失的一部分制定和调整贸易政策的权利。如果仅仅从静态角度、从GATT或WTO规则本身分析“得大于失”或“失大于得”不仅难有定论，而且没有多少实际意义。历史是一部最好的教科书，从发达国家、发展中国家加入GATT或WTO后的

立法对策及实践出发，从动态的角度展开研究或许会给我们新的启示，对刚刚加入 WTO 后的我国加强针对性立法将具有十分重要的现实意义。

从 GATT 到 WTO，并非只是名称的变化，WTO 是对 GATT 的扬弃，也是对 GATT 的继承和发展。《1994 年关贸总协定》作为规范 WTO 的基本法律文件，继承了《1947 年关贸总协定》的整体，GATT 的所有成员在签署乌拉圭回合所有协议后，自动成为 WTO 的创始成员，WTO 继承了 GATT 的组织机构和运作机制，继承了 GATT 的基本宗旨和诸项原则。当然，WTO 绝不是 GATT 的简单继承，它同 GATT 相比，无论在组织方式上，还是在管理的内容上都有了新的发展。因此，我们回顾思考成员国加入 GATT 或 WTO 后的立法对策，应从历史发展的角度全面考察。

从"富国俱乐部"GATT 到"经济联合国"WTO，发达国家因其发达而驾驭和运用 GATT 或 WTO，发展中国家为寻求共同发展、公平互利而加入 GATT 或 WTO，并在该框架体制内不断进行磨合。

### （一）发达国家对 GATT 或 WTO 的驾驭和运用

GATT 和 WTO 多边贸易体制是发达国家推动贸易自由化的直接产物，因此该体制的设计、谈判及其规则都主要代表发达国家的利益，发达国家总是采取各种方式和手段利用该体制为本国谋取最大的贸易利益，从下述 3 个方面可见一斑。

其一，发达国家操纵 GATT 和 WTO 制定有利于本国的规则和运行体系。

GATT 和 WTO 都存在着明显的大国操纵现象，WTO 的前身 GATT 曾被认为是富国俱乐部，发展中国家成员只能作陪衬。WTO 成立后，富国俱乐部的形象有所改变，"在 WTO 的 130 多个成员中，约有 100 个是发展中国家。人们期望这些国家在 WTO 中发挥越来越重要的作用，因为他们数量众多，而且在全球经济中越来越重要。"[①] 但是，WTO 的决策和日常活动并没有彻底改变大国操纵的现象。一方面因为 WTO 的大多数决策采取完全一致同意规则，为大国操纵提供了便利，一项协定的达成或政策的改变对大国的影响远甚于小国，因此大国更关注 WTO 的动向和决策，如果大国不同意，一项决议就难以通

① 世界贸易组织秘书处 . 贸易走向未来：世界贸易组织（WTO）概要》[M]. 北京：法律出版社，1999：96.

过。况且在实际上许多小国由于过去殖民体系或其他因素的影响，是从属和附庸于某些大国的，他们往往顺大国意向行事，助长了大国操纵现象。另一方面WTO是一个成员驱动型的国际组织，各成员方驻日内瓦代表团对WTO的日常工作有巨大的影响。大国往往有庞大的代表团，而许多发展中成员方在日内瓦没有代表，即使有也常兼任其他各种国际组织的职务，这使WTO的日常工作和发展方面不可避免地受到大国的更多影响。GATT的历次谈判均由发达国家控制，尤其前五轮的谈判基本上由美国控制，都是以关税减让为主题，是美国利用GATT来削减关税，为其产品进行海外扩张计划的反映；后几轮谈判，以美国为首的发达国家同样控制着谈判议题、进程和结果，如乌拉圭回合谈判前夕，美、日、欧三方协调其在知识产权问题后的立场，向GATT提交《GATT协定关于知识产权的基本框架——日、美、欧三方非官方见解》，给随后通过的乌拉圭回合《知识产权协议》打上了深深的大国烙印。WTO成立后，发达国家的贸易保护主义有增无减，它们以劳工标准、环境保护等借口变相实施贸易保护却为世贸组织所容忍，而且相关内容已写进了《新加坡部长宣言》。

其二，发达国家“无微不至”地利用GATT或WTO条款保护本国利益。

WTO继承了关贸总协定“原则当中有例外，例外当中有原则”的特点，几乎每一协议在涉及某项贸易规则时均列出例外规定。这是一种“合法化”了的贸易保护主义，但并不是满足例外条款条件的国家都可以成功引用，它取决于引用国的经济实力和在世界贸易中的地位。1950—1990年，引用GATT第十九条保障条款的国家和地区共有24个，发展中国家只有智利、秘鲁、尼日利亚、罗得西亚、捷克斯洛伐克共和国及匈牙利6个国家，其余皆为发达国家。从数量上看，在151件引用当中，以上6个发展中国家共引用了10件，只占总数的6.6%，而发达国家中，澳大利亚、美国、加拿大、欧共体等贸易大国引用最多，共108件，占总数的2/3以上。[①] 以上数据表明，一国的经济实力和贸易地位与该国引用保障条款的可能性呈一种正相关关系，也就是说，经济实力强大的发达国家同实力相对弱小的发展中国家相比，更能“随心所欲”地引用例外条款。发达国家不仅如此利用例外条款，而且凭借其经济实

① 朱彤.发展中国家在WTO中的地位和利益[M].北京：经济科学出版社，2000：237.

力在公平贸易原则、市场开放原则、透明度原则、互惠原则、非歧视原则等原则条款上进行各种各样的利用，几乎到了“无微不至”的地步。如在WTO体制下，明显的保护主义措施难以实行，但反倾销这一貌似“公平”的工具却越来越多地被发达国家所利用。

其三，发达国家奉行“国内法高于国际法”原则，制定国内法，实施违反GATT或WTO规定的贸易保护措施，以保护本国利益。

从国家利益角度看，每个国家的基本职能都是维护和追求国家利益，保护国家主权不受侵害。如在大量商品输入国内造成国内同类产业危机时，国家会以法律手段，以WTO协定中的一些例外规定甚或通过新的立法进行限制或禁止，从而保护其国内产业。类似的手段或对策，即使逾越国际协定之界限，只要国家认为必要，就予以立法以优先保护国家利益。对应GATT第十九条，美国政府特意根据该法，在以前实施的《互惠通商协定延长法》、1962年的《通商扩大法》第301条、第351条及第352条，还有1974年《通商法》第201条中，都增加了履行自由化义务中的暂时性中止”的内容，即由于外国产品进口急增，使美国国内产业有可能蒙受损失或已造成重大损失时，美国政府有权采取相应的限制、禁止措施。美国国际贸易委员会基于自己国内市场、生产等经济情况和政治因素对此做了大量有利于美国的解释，使GATT第十九条成为美国限制外国进口的工具。美国基于保障国家安全的贸易限制法规《对敌通商法》《国际紧急事态经济权限法》《通商扩大法》《出口管理法》《关税法》等限制贸易的范围比GATT第二十一条的规定也广泛得多。

### （二）发展中国家加入GATT或WTO后的法律实践

摒弃“富国俱乐部”的劣端，实现真正的共同发展，是WTO各缔约方尤其是发展中成员的良好愿望。但是，在GATT或WTO中，发展中国家对多边贸易体制的参与程度是不同的，以亚洲和拉美为代表的20~25个中高收入发展中国家，较早就参加了GATT，并已融入多边贸易体制中，它们是WTO的积极参与者，按照WTO的基本规则制定其经贸政策，能够较好地使用争端解决机制维护自身的经贸利益。另外有50~60个发展中国家成员，目前尚未有效地融入多边贸易体制中，还有26个最不发达国家成员，目前几乎不承担WTO项下的义务。发展中国家加入GATT或WTO后调整国内政策和修改法律，努力运用GATT或WTO有关条款，主要表现在3个方面。

其一，适时修改法律，使国内立法与在GATT或WTO中承担的义务相一致。

不少发展中国家在加入GATT或WTO后，都做了大幅度的政策调整，调整的总体方面是：摒弃封闭模式，对内调整产业结构，推行市场经济政策；对外取消国家垄断，实行开放的贸易制度，这一趋势从20世纪70年代中期以来，特别是整个80年代乃至今天都表现得相当突出。如墨西哥加入GATT后，在乌拉圭回合谈判中同意接受海关估价、进口许可、反倾销和技术壁垒4个守则。据此对本国的海关法、税收法和技术标准等有关法令做了相应的修改，使其更适合国际惯例及GATT的规定；[①] 摩洛哥加入后即着手整顿国有企业，逐步推行企业私有化，增加对农业的投入，实行税制改革，放宽外汇管制，建立免税区，为外商投资创造良好的投资环境。[②]

其二，利用GATT或WTO对发展中国家的差别和更优惠待遇条款，合理地保护本国利益。

GATT的38个条文中，有关发展中国家的条款主要集中在第二部分的第十八条、第四部分的普惠制（GSP，是指发达国家对于原产于发展中国家和地区的工业制成品和半制成品单方面给予普遍的、非歧视和非互惠的关税优惠制度）和“授权条款”以及一些守则和协议中。主要有如下内容：可重新谈关税、实施保障国际收支的数量限制、实施建立“特定工业”的数量限制、普惠制等。

很多发展中国家正是利用GATT第十八条关于“保护幼稚产业”“保障国际收支平衡”和第十九条“保障条款”等合理地保护了民族工业。如印尼、印度、巴基斯坦等发展中国家都曾援引过GATT第十八条第3节的规定，采取数量限制以保障国际收支平衡，同时对不同的产品确定不同的限制措施。罗马尼亚、匈牙利等同时对GATT第十二条关于歧视数量限制及第十三条有关歧视性数量限制的日期的规定也曾有过较好的利用。它们在加入GATT的议定书中明确订立了取消数量限制的日期，避免了与实施数量限制缔约国之间的纠纷。[③] 有资料统计，至1993年乌拉圭回合结束前，援引GATT第十八条第

① 张向晨.发展中国家与WTO的政治经济关系[M].北京：法律出版社，2000：162.

② 邓力平，张定中.入世：理性透视[M].合肥：安徽人民出版社，2000：164.

③ 曹建明.从WTO的宗旨及其基本原则看国际贸易争端的特点与解决[J].判解研究，2001（4）.

1款（允许发展中国家修改或撤销关税减让）的有斯里兰卡等5个国家，援引第十八条第2款（允许发展中国家为克服国际收支困难而采取数量限制）的有孟加拉国等11个国家，援引第十八条第3款（允许发展中国家采取某些数量限制）的有印度等7个国家。①

其三，积极利用争端解决机制对付发达国家的单边主义，保护本国利益。

世贸组织争端解决机制是各成员国之间解决争端的场所，旨在为成员国创造一个可靠的并可预知的国际贸易环境。GATT在1947年所建立的最初的争端解决机制反映在总协定第二十二、第二十三条中，主要体现了发达国家的意愿及利益。随着世界经济大环境的变化，发展中国家开始在该机制中为自己争取一些优惠待遇，并取得了一定成效。乌拉圭回合谈判对该机制进行了较大改革，在此基础上形成了新的世界贸易组织的争端解决机制。乌拉圭回合《关于争端解决规则和程序的谅解协议》（DSU）对争端调解委员会（DSB）与上诉机构的人选及其审案程序做了更严格的规定，而且对发展中国家做了差别对待和优惠规定，如“在磋商过程中，各成员应特别注意发展中国家成员的各项特殊问题及利益”（第四条第10款）；“在发展中国家成员之间发生争端时，如果该发展中成员提出请求的话，则该专家组至少应包括一名来自发展中国家成员的专家”（第八条第9款）；“在审核对发展中国家成员的投诉时，该专家组应给予该发展中国家成员以足够的时间来准备和提交有关的论据……”（第十二条第10款）等。②

WTO生效后，截至1997年初，由发展中国家提交裁决的两国间双边协议争端案件有21件，占总案件数的84%，其中有12件是申诉美国和欧盟等发达国家的。③特别是WTO成立之初的第一件申诉案——巴西和委内瑞拉申诉美国汽油标准案，以美国接受WTO的有关裁决而胜诉，④极大地增强了发展中国家利用WTO争端解决机制打击单边主义、维护自身利益的信心。

① 张向晨.发展中国家与WTO的政治经济关系[M].北京：法律出版社，2000：165.

② 张向晨.发展中国家与WTO的政治经济关系[M].北京：法律出版社，2000：63.

③ 邓力平，张定中.入世：理性透视[M].合肥：安徽人民出版社，2000：158.

④ 曹建明.WTO的宗旨及其基本原则看国际贸易争端的特点与解决[J].判解研究，2001（4）.

### （三）我国在世界贸易组织中的法律应对

由上可知，发达国家与发展中国家在 GATT 或 WTO 框架体制内的合作实质上是“非合作博弈”。在博弈理论中有“零和博弈”和“非零和博弈”之分。[①]在 WTO 中的博弈可以看作非零和博弈，因为 WTO 的谈判和减让是建立在互惠基础之上的，就是说一个协议可以达成并能得到顺利实施潜在地依存于谈判各方的利益重合，在非零和博弈中，利益在博弈各方的分配可能是不同的，因此，非零和博弈中也存在矛盾和斗争。这里又有“合作博弈”和“非合作博弈”之分，所谓合作博弈，是指参加博弈各方能够达成约束性协议的博弈，否则就是非合作博弈。在 GATT 或 WTO 体系中，由于主权国家是博弈主体，不存在绝对权威能保证各项协议的执行，因此，博弈是非合作的。WTO 协议的执行是以报复威胁为存在基础的，WTO 争端解决机制实质上就是体现体系内的多次博弈，并通过报复或报复威胁在体系内实现合作，由此逼近帕累托最优（Pareto-optimal，博弈的一个解被称为是帕累托最优的，如果不存在其他的战略组合，在其中一个参与人的状况能更好而其他参与人的状况不会恶化）[②]。根据对博弈理论和 WTO 内的博弈性质的简单分析，结合 GATT 或 WTO 框架体制内发达国家、发展中国家的实践，我们认为中国应学习发达国家的积极措施，同时吸取发展中国家的经验教训，增强实力，增强报复或报复威胁的能力，在 WTO 内同发达国家进行平等的博弈、平等的谈判，实现帕累托最优。

其一，积极参与 WTO 的各种谈判，参与游戏规则的制订和修改。

长期以来发展中国家把 GATT 看作富国俱乐部，自己不屑于参与其中，因此在历次多边谈判中常常仅是旁观者，最多不过是准备不足的参与者。印度的做法值得借鉴，印度作为发展中大国尤其注意参与国际贸易规则的制定，印度在其信息技术极为落后的情况下，却积极参与了《信息技术协议》的制定。我国加入 WTO 后，应根据自身的经济发展水平和在 WTO 中的发展中国家地位，为建立国际经济新秩序多做贡献。规则的制定者，注定是规则的受益者，这是铁的原则。多边贸易体制的最大受益者是其贸易规则操作者——

① 道格拉斯 G. 拜尔，等 . 法律的博弈分析 [M]. 严旭阳，译 . 北京：法律出版社，1999：359.

② 朱彤 . 发展中国家在 WTO 中的地位和利益 [M]. 北京：经济科学出版社，2000：227.

发达国家，这是客观现实。但是包括中国在内的广大发展中国家必须充分利用"入世"后作为 WTO 规则制定者、决策者的权利，积极参与多边贸易体制各方面的活动，尤其是参与贸易自由化和重大贸易协议、协定的谈判，争取反映发展中国家的合理要求，争取规定发达国家在开放市场方面对发展中国家有一个最低的市场准入承诺，反对将与贸易无关的问题纳入新一轮谈判，促成不同议题的均衡发展，为最终建立公平、公正、合理的国际经济新秩序多做贡献。

由于历史的原因和各发展中国家经济发展水平的差异，在 WTO 内发展中国家未能形成有效的协调机制，容易被发达国家分化削弱力量，从而使 WTO 讲坛上发展中国家的声音弱小以至被淹没。西方大国协调机制和经合组织的协调机制使得发达国家在 WTO 谈判中较能以统一的声音说话，发达国家组织集团、协调一致的做法应当引起发展中国家的深思。世贸组织秘书处已经认识到："越来越多的情况是，各国在 WTO 联合在一起组织集团和联盟。有时他们甚至使用同一个发言人或同一支谈判队伍，以一个声音说话……这一做法也被认为是较小国家增加他们在谈判中与较大贸易伙伴讨价还价的力量的一种方式。有时，当几个国家集团采取相同的立场，协商一致就更容易做到。有时，集团是专门为了达成妥协和打破僵局而形成的，而不是为了坚持某一个共同立场。在 WTO 中，还没有关于集团影响的硬性规定。"[①] 目前77国集团加中国模式是一种很好的协调机制，中国作为发展中大国应完善和促进它的建设，形成集体谈判力量，与美国、欧盟、日本、加拿大平等博弈。作为发展中国家还应充分利用现有的一些优势，如潜在的大市场、在 WTO 中的成员多数、在一些资源性产品上的优势，甚至在战略上的地理优势等，加重自己的谈判砝码，加强与其他发展中国家的相互合作，建立和完善发展中国家的协调机制，在 WTO 内更好地维护国家利益。

其二，正确适用 WTO 有关条款，加快产业法等法律的制定，确保关系我国经济安全和重大经济利益产业的健康发展。

发展中国家利用 GATT 或 WTO 的差别和优惠条款有着成功的经验和失败的教训，我国加入 WTO 后应认真吸取经验教训，既要享受应有的权利，又

① 世界贸易组织秘书处，贸易走向未来．世界贸易组织（WTO）概要 [M]. 北京：法律出版社，1999：120–121.

要履行相应的义务，而且行使权利、履行义务均要适度，切忌为了所谓“主权”“民族”片面行使权利而影响主权利益。如巴西的飞机工业在保护政策下经过几十年，仍然无法在国际市场上竞争。而韩国对幼稚产业实行开放性保护，定期进行业绩评估。对竞争力提高的企业继续保护，直至完全有能力在市场上竞争；对业绩不佳的企业则取消保护，任其破产。韩国的汽车工业正是在这种政策下顶住了外国汽车进口的冲击，迅速发展起来，不仅满足了国内需要，而且大量出口。[①]韩国的经验值得借鉴，幼稚产业不是落后产业，而是目前幼稚尚经不起国际竞争，又具有比较优势和动态外部经济效益的支柱产业。保护并发展幼稚产业并不是保护落后，也不是发展“侏儒产业”。我国加入 WTO 后，应正确适用 WTO 允许各成员利用其有关“建立特定产业”（关贸总协定文本中并没有“幼稚产业”的措辞，但在长期实践中，“人们把建立特定产业”与“幼稚产业”作为同义词，一直交替使用）等条款，运用合理的关税与非关税措施，保护相关的货物贸易和服务贸易产业，确保关系我国经济安全和重大经济利益的产业持续健康发展。当务之急我国应走开放式保护道路，制定中国特色的产业政策法，推进产业改组、组合，建立适合国际竞争环境的产业新体制。

其三，提出针对性措施，修订完善国内法，促进 WTO 规则的国内适用，为维护国家经济安全、实现健康发展提供法制保障。

WTO 规则体现在有关的协议、附件、决定和谅解等60多个法律文件中，其内容涵盖货物贸易、服务贸易、与贸易有关的知识化产权保护及投资措施等。中国加入 WTO 后，需按 WTO 规则办事，尽成员国应尽的义务。但是国内如何适用 WTO 规则，世界上却有不同的主张：一种是“转化适用”，即为了在国内实施条约的内容，原则上必须制定相应的法律，也即将国际法转化为国内法；另一种是“直接适用”，即国家批准或加入某一国际条约后，该条约即可直接适用于国内而无须再进行相应的国内立法。曹建明认为我国宜采取“转化适用”的方法，应根据 WTO 的规则和我国对外承诺，进一步完善国内立法，推进中国的法治建设。[②]大幅度、大范围立、改、废是我国立法史上前所未有的重大实践，WTO 作为政府间国际贸易组织，博弈主体是国家，宏

① 张向晨 . 发展中国家与 WTO 的政治经济关系 [M]. 北京：法律出版社，2000：168.

② 曹建明 .WTO 与中国法治建设 [J]. 经济法学劳动法学，2002（4）.

观经济调控法律应是立法重点，关于加入 WTO 后我国宏观经济立法对策，笔者已专文论及，此处不再赘述。[①] 总之实施 WTO 规则、修订完善国内立法应坚持原则性和灵活性相结合的原则，力争最大限度地维护国家利益。

其四，妥善运用 WTO 争端解决机制，避免经济问题政治化，巧妙维护本国经济利益。

WTO 争端解决机制为缔约各方提供了相对统一的国际贸易争端解决制度，强化了专家小组和其他监督机制的权力，严格了争端解决的程序和时间限制，明确了具体的补偿措施，尤其是规定了某次制裁只有全体成员方一致反对才无效的制度，可以比较迅速地解决成员之间的贸易争端。较 GATT 争端解决机制从实质上、程序上均有很大进步。已经有越来越多的发展中国家利用 WTO 争端解决机制处理违反 WTO 规则的事件。中国加入 WTO 后也可利用这一机制打击美国等国单方面的经济制裁报复和贸易歧视。加入 WTO 后，我国应加强 WTO 规则学习，加快培养 WTO 专门人才，以便有效地运用 WTO 规则发展我国国际经济贸易，保护我国经济安全。

但是我们应当清醒地看到争端解决机制对发展中国家不利的一面，不能依赖甚至迷信 WTO 争端解决机制。WTO 争端解决机构本身没有强制执行其判决的超国家的权力，尽管争端调解委员会（DSB）允许申诉方采取交叉报复措施，但弱小国家的报复往往无法撼动大国，而大国对小国的报复往往是致命的，如 GATT 历史上尼加拉瓜与美国关于禁止贸易的纠纷案中，尼加拉瓜就自动放弃了 GATT 授予的报复权力。[②] 这使得许多贸易争端在 WTO 框架之外解决，WTO 运行以来至少有 3 件纠纷是这样解决的。因此，我国应主动融入经济全球化潮流，实施产业结构调整，扩大开放，做到你中有我、我中有你，增强总体经济实力，增强讨价还价的力量和报复能力。只有这样，才能有效提高我国在 WTO 中的地位，才能更好地维护我国的经济权益和经济安全，才能使机遇大于挑战的日期尽早到来。

① 孟咸美 .WTO 规则与中国宏观调控法律体系重构 [J]. 凉山大学学报，2002（1）.

② 邓力平，张定中 . 入世：理性透视 [M]. 合肥：安徽人民出版社，2000：54-55.

## 三、西部大开发与经济立法

经济要发展，法制要先行。没有法制保障，中国西部国土资源整治、经济结构调整、生态环境治理、教育振兴、科技发展都将成为一句空话。

### （一）发达国家开发落后地区的法制经验分析

#### 1. 美国西部大开发的法制经验

美国西部大开发始自19世纪40–50年代，历经100多年，通过几代人的努力，最终完成了对美国西部落后地区的开发。对于美国西部开发的立法我们可以借鉴的经验主要有以下两点。

（1）坚持西部开发市场化原则，同时发挥政府在西部开发中的作用。美国西部开发始终是在市场经济条件下进行的，市场导向在开发中起基础性作用，同时也充分发挥政府作用。美国政府在其西部开发中一方面制定了大量的法律规范，并建立特殊的政府部门。例如，1933年成立田纳西河流域管理局，促进这一流域农业和工业发展。另一方面美国政府通过税收手段加强对西部的资金投入和进行收入的再分配。美国政府从工业较发达的东北部地区征收大量税收，通过财政转移手段投入西部地区，用于西部经济发展。

（2）重视科技开发立法，为支持和保障西部开发提供人才和科技支撑。1862年，美国国会通过《莫里尔赠地学院法》，按各州在国会参众两院中的议席，以每席3万英亩计算，将土地赠予各州，用于建立农业和机械学院；1892年通过的《莫里尔法》则规定，各州政府必须对土地赠予学院提供年度拨款，从而掀起了州办高校的高潮，同时也进行了有关私人捐助办教育的立法。另外美国在西部开发中特别重视科技开发立法，1887年通过的《哈奇试验站法》规定联邦政府和各州政府要在州立大学普遍建立农业和制造业试验站。1914年通过的《史密斯–利弗法》则规定由联邦政府拨款建立农业技术推广站。

在美国西部开发中也有值得吸取的教训。美国西部开发走的是先开发后治理的道路，在其开发初期是在自发状态下进行的，自然环境遭受破坏，到工业化时期美国西部上马了许多污染严重且无治污措施的工业项目，生态环境进一步恶化，美国政府不得不花费巨资重新进行西部环境综合治理。

2. 日本、欧盟等国家和地区开发落后地区的法制经验

（1）日本重视区域经济开发和落后地区振兴立法。日本经济发展过程中也出现了区域经济发展不平衡的现象，但日本政府非常重视区域经济开发并加强针对性立法。在长期的区域开发实践中，日本政府的“财政投融资”计划和“财政转移支付”制度富有特色。“财政投融资”计划的具体做法是建立地区开发金融体制，以振兴特定地区的产业。其特点是：一是有偿性，财政投融资资金来源中，除产业投资特别会计资金外，其他资金都是有偿的，政府在提供投资或贷款时也是有偿的；二是政策性，即按照政府确定的投资方向，重点进行投融资；三是公共性，财政投融资主要投向公共性强、收益性弱或根本没有收益的项目，但同时也考虑投资的回收。财政转移支付制度也是日本区域开发法制的重要内容，分为无条件转移支付和有条件转移支付，有条件转移支付主要用来为落后县市提供补助。

（2）欧洲联盟的落后地区开发法制经验。欧盟人均收入的地区差异很大，有些贫困地区的人均收入只相当于欧盟平均水平的30%，而有些地区则超过平均水平的200%以上。如果东欧国家加入联盟，人均收入差距将更大。在这样的背景下，欧盟于1993年创立了聚合基金，旨在帮助某些国家达到经济货币联盟所必需的聚合标准，其中有四个国家从基金中得到好处，因为它们的人均GDP低于共同体平均水平的90%。1993—1999年，约有150亿欧洲货币单位用于聚合基金。

### （二）我国西部大开发立法必须走中国特色道路

1. 坚持以可持续发展指导思想立法

我国西部地区长期以来由于采取掠夺式的生产方式，已造成水土流失、自然植被破坏、土地沙漠化等现象，生态环境已经恶化。因此我国西部大开发既要利用西部地区丰富的资源优势，更要保护生态环境，不能走先开发后治理的老路，应首先进行环境方面的立法，保证自然资源开发与保护生态环境相协调，实现西部经济可持续发展。实现可持续发展是人类面临的一个共同课题。我国实现可持续发展最主要的任务是：一要控制人口的规模；二要合理利用自然资源；三要保护环境。西部大开发立法一定要以可持续发展思想作为立法宗旨。

2. 严格按照社会主义市场经济规律进行立法

20世纪50—70年代我国西部的开发是在计划经济条件下进行的，主要是依靠行政手段。而21世纪之初我国西部大开发是在社会主义市场经济条件下进行的，其必然要以市场机制推动。市场经济在一定意义上即是法制经济，这一点决定了西部开发必须法制先行。无论中央或地方立法都应体现市场经济的原则，这样有利于理顺各种经济关系和调动各方面的积极性，使西部开发早日进入良性运行的轨道。同时要制定符合市场经济发展规律的《西部人才引进法》《西部高科技产业区法》等法律。

借鉴他国开发落后地区的法制经验，目的是走中国特色道路。完善我国西部开发的经济立法，既是对人类文明成果的继承，又是市场经济客观规律的要求，也有利于加快我国西部大开发健康发展。

## 四、WTO规则对我国民营企业的影响及对策

民营企业是我国改革开放的产物，民营企业已成为我国国民经济的重要组成部分，对促进国民经济持续、快速、健康发展起到越来越重要的作用。加入WTO后，对民营企业来说，既迎来了难得的发展机遇，同时也面临着严重的冲击和挑战。如何改善民营企业的生存和发展环境，依法促进民营企业的发展壮大，是我们当前面临的重大而紧迫的课题。

### （一）WTO规则的影响

我国加入WTO后，意味着我国经济运行的基本规则与国际经济体系直接衔接，我国企业将以世界市场为舞台与各国企业展开全方位竞争与合作。同国内其他企业一样，经济全球化和WTO规则对民营企业既是机遇，也是挑战。所谓机遇，主要体现在可以利用WTO关于贸易和投资自由化的规则，克服贸易保护主义的障碍，分享WTO成员之间多边、稳定的无条件的最惠国待遇，为扩大产品的出口创造长期稳定的、制度性的环境和条件；所谓挑战，就是经济全球化和加入世贸组织使市场竞争日益加剧，呈现国际竞争国内化、国内竞争国际化的态势，特别是跨国公司的大举进入，对国内企业和产业造成了强烈的冲击。我国的民营企业普遍规模小而散，管理水平低，法律环境

不良，在国际竞争中处于十分不利的地位。不利于民营企业成长的不良法律环境主要表现在4个方面。

1. 市场准入的歧视

目前，我国在一些投资效益较高的领域，如金融、保险、证券、通信、石化、电力等行业几乎仍然由国有企业包揽，民营企业主要集中在消费品产业和第三产业中的一般性商业和服务业。另外，在民营企业对外经贸方面也有诸多限制："准入"开拓国际市场的只是一般国际贸易，至于服务贸易、技术贸易、引进外资等开拓国际市场的行为还严禁民营企业"准入"。所有这些禁止和限制的规定，有的可以说是似是而非，有的则是缺乏一个明确的适用标准，导致不同时候、不同地区、不同部门，对于某个市场或行业民营企业能不能进入，回答常常是不一致的。

2. 融资歧视

民营企业的融资难一直是民营企业发展过程中存在的头等问题。虽然自1998年中国人民银行发布《中国人民银行关于进一步改善对中小企业金融服务的意见》以来，我国陆续采取了一些措施改善中小企业的融资环境，但迄今为止中小企业信贷并没有得到实质性改善。民营企业很难从金融机构获得必要的资金，特别是长期信贷资金，而占民营企业绝大部分的小企业也许根本无法获得。民营企业的资金仍主要来自自筹，贷款所占额度通常仅为10%左右，这同我国的国有企业相比有较大的差距。① 我国民营企业在创业阶段几乎完全依靠自筹资金，90%以上的初始资金是由主要的业主、创业团队成员及其家庭提供的。在创业之后，扩张投资时，民营企业主要依靠内部渠道，企业留存收益和主要业主的投资占融资总额的比例较大。在外部融资渠道中，非正式渠道、信用合作社商业银行所占的比例大体相当；外部股权，包括公众股权及公众债权市场所起的作用不大。

3. 法律保护欠缺

2004年宪法修改后将事关民营企业发展的"私有财产保护"写入宪法，"国家保护一切合法的劳动收入和合法的非劳动收入"，但宪法统领下的法律法规尚未修改，制约民营企业发展的市场准入及"国民待遇"问题、产权明晰及保护与征收问题、"原罪"问题等均缺乏相应的法律规定。司法实践中也

① 黄勇民，张雪．民营企业上市的现状，趋势与对策分析[J]. 广西大学学报，2002（6）.

未充分体现“私有财产与公有财产一体保护”的原则，少数审判人员对民营企业的被侵害与其他主体被侵权实施“双重标准”，对民营企业的胜诉案件执行力度远低于国有企业（如国有商业银行）案件的执行强度。

4. 民营企业管理体制不顺

当前，民营企业管理体制不顺体现在两个层面上。从外部看，一些民营经济特别发达的地区仍然像全国其他地区一样，设置基本上一致的经济管理机构，如乡镇企业局管理乡镇企业，工商局管理个、私企业，发改委主管宏观规划和基础设施建设等，这种管理体制未必合理，容易形成“计划经济管理体制来管理市场经济”“苦乐不均”等弊端。从企业内部看，大多数民营企业采用了家族式的组织形式，实行业主式的管理模式并依靠业主“家长式”的统筹安排和个人权威实行企业运作，这种模式严重制约了企业的规模化发展。当然少数企业也采用了职业经理人管理模式，但由于业主控权、职责不明，职业经理人的积极性尚未得到有效发挥。一些职业经理人定位不明，急切希望为企业做出贡献后成为企业产权人，否则就消极履行职责。[①]

### （二）加入 WTO 后的发展机遇

从总体上看，加入 WTO 对民营企业的发展是政策“利好”。加入 WTO 将为民营企业在更高层次上的发展提供动力和空间。

其一，加入 WTO 有利于民营企业结构的调整和优化。市场机制的作用是经济结构调整和产业升级的根本动力。世贸组织的首项基本原则是市场经济原则。加入 WTO 后，优胜劣汰的市场机制将在资源配置中起基础性作用。民营企业从诞生之日起就是按市场规则运作的，民营企业与市场有着天然的联系。适应日趋激烈的市场竞争环境是民营企业的自然禀赋。市场法则顺昌逆亡。“入世”后，民营企业会不可避免地受到一定程度的冲击，但被市场所淘汰的只会是那些低水平重复建设、技术和管理落后的企业和产品，而那些技术先进、管理科学、创新能力强、发展前景好的民营企业将在竞争中更加健康地发展。另外，随着西方发达国家对我国的技术封锁和贸易保护被逐步打破，民营企业可以通过引进先进的技术、装备，实现技术进步和产业升级，通过参与国际竞争获取更多的市场份额。所有这些，将促使民营企业进行资

① 谭玲 . 民营企业法律保障初探 [J]. 现代法学，2004（2）.

产重组和自主创新，极大地促进民营企业提高整体素质，增强国际竞争力，从而实现经济结构的优化和升级。

其二，加入WTO有利于拓展民营企业的发展空间。国民待遇原则和非歧视性原则是世贸组织最重要的原则之一。加入WTO后，外国企业将被允许进入我国一些原来严加保护的经济领域，将享受到与国内企业同等的市场准入待遇。对外开放必先对内开放。对外企实行国民待遇，当然也要对民企实行国民待遇。可以预见，原来种种严格限制民营企业发展的歧视性政策规定将会做较大的调整，一些不合时宜的对民营企业设置的市场准入壁垒将被拆除，民营企业有可能被允许进入能源、水利、交通、信息网络、电信、外贸等领域，与国有企业、外资企业平等竞争。另外，民营企业将受到最惠国待遇的条件使出口渠道更畅通。我国长期被排斥在世界多边贸易体系之外，主要依靠双边磋商和协议来协调对外经济关系，导致我国企业和产品在进入国际市场时受到了许多歧视性或不公正的待遇。加入WTO将会使我国在135个WTO成员国和地区获得非歧视的贸易待遇，减少多边和双边贸易中的摩擦和压力。有条件的民营企业可发挥各自的比较优势进入国际市场，参与国际市场的竞争和分工，参与全球经济一体化，从而在国际市场上占有一席之地。

其三，加入WTO有利于消除国内影响民营企业发展的体制性障碍。我国体制改革正处于关键时期，深化改革的阻力和困难非常大。世贸组织的市场经济原则和政策透明原则对我国深化改革将产生巨大的外部推力。当前，计划经济体制下形成的高度集中的审批经济、资源配置方面的“唯成份论”以及涉及民企权益的歧视性规定是阻碍民营企业发展的最大障碍。“入世”后，随着我国的管理体制、运行机制和法律体系等方面与WTO规则和国际惯例接轨，影响和制约民营企业健康发展的体制、规定以及改革发展中的深层次问题有望得到解决，这将为民营企业发展提供更加宽松的法制环境。

### （三）几点思考

习近平总书记在主持召开民营企业座谈会时强调，“毫不动摇鼓励支持引导非公有制经济发展，支持民营企业发展并走向更广阔的舞台”①。

① 习近平：习近平在民营企业座谈会重要讲话 [N]. 江苏工人报，2018-11-2.

当前迫切需要调整相关的政策，改变对民营企业的歧视性法律和政策，给民营企业国民待遇，为企业创造公平竞争的政策、法律环境，使民营企业获得新的生长空间和支撑点，促进其发展壮大。这既是WTO规则的要求，更是民营经济健康发展的必要保证。

第一，修改或废除现行法律、法规对民营企业的歧视性规定，为民营企业创造公平竞争的市场环境。WTO的基本原则是最惠国待遇和国民待遇，通常又被称为非歧视原则。这一原则要求平等地对待各国经贸伙伴，平等地对待外国人与本国国民。这就要求我国在经济立法、执法中，平等地对待各类国内外市场经济主体，不以主体的性质不同而给不同的待遇，创造各类主体公平竞争的良好经济环境。加入WTO后，在接受WTO规则同时，WTO规则的基本原则也将成为我国经济法制建设的重要指导原则。遵守这些原则能够保证我国的经济法制建设与国际通行规则相符。

加入WTO后，伴随着国内市场的进一步开放，我国巨大的国内市场将吸引更多的跨国公司来我国投资，国内各行业的竞争将更加激烈。法律在创造一个公平有序的市场竞争环境的同时，还要积极推动我国企业的发展，增强其国际市场上的竞争能力。因此，应按照市场经济和世贸组织原则的要求，系统清理现行有关法律、行政法规、部门规章以及各级政府形形色色的“红头文件”，取消对民营企业的各种限制性、歧视性规定，落实多种所有制共同发展的方针，完善保护民营企业平等竞争地位的法律和政策，引导、推动、扶植民营企业的发展。

首先，必须拓宽民营企业市场准入范围，实行平等原则。当务之急是理顺国内民营企业和外商投资企业的关系，改变政策上的倒置现象，确立平等竞争地位。当然，外商对其既得的政策优惠是不肯轻易放弃的，这类政策调整需要谨慎，可以考虑有一个约定的缓冲期。但是，目标必须确定，外商既然享受了国民待遇，就不应再加上对国内民营企业实行不平等待遇的歧视性政策。而且，从国际经验看，引进外资的成功政策重在营造良好的投资环境，这种环境是相互匹配的诸多因素的综合，单纯政策优惠并非引进外资的良策。同时，要降低民营企业的产业门槛，简化工商登记手续，制止乱摊派、乱收费，破除地区分割、行业壁垒，取消在外贸出口自营权申请、社会保险金上缴标准、劳动用工收费等方面对民营企业的限制，使民营企业在项目立项、出国审批、劳动用工、社会保障、资质评定、项目用地等方面都享有与外资企业相同的待遇。

其次，应改革投融资体制，放宽民营企业投资领域的限制，切实解决民营企业贷款难、上市难、投资难的问题。当前改善民营企业的融资条件，消除所有制偏见，迅速、高效、低成本地将资金配置到民营企业，势必会在很大程度上提高全社会经济增长的动力。我们可以借鉴发达国家的一些做法。①建立民营企业贷款担保机制。民营企业从银行贷款难主要原因是民营企业的信用能力较弱，银行担心贷款无法按期收回。因此，如果能减少银行对于向民营企业贷款风险方面的担忧，就能够提高银行这方面的积极性，从而使中小企业通过银行间接融资的渠道更为畅通。②探索设立民营企业股权交易市场。民营企业因为受到各方面的限制，无法利用股票市场这一直接融资渠道。然而，直接融资渠道应该成为支持民营企业发展的重要途径，设立股权交易市场可以在一定程度上解决这一问题。同时要将实践中行之有效的改革经验上升为法律，使之法制化。③明晰民营企业产权关系、规范民营企业的内部管理制度。针对民营企业普遍存在的产权不明晰、两权未分离、家长式管理模式占主导地位的“人治”现象，应加强现代企业制度建设；应按照“谁投资、谁受益”的原则明晰产权；应当尊重所有者决策原则，尊重所有者选择经营方式和经营模式的权利。另外，应加强职业经理人制度建设，这一原则也符合世界趋势，美国公司治理的改革已由“经理人资本主义”向“投资人资本主义”转变。[①] 笔者认为不宜按身份专门为民营企业立法，职业经理人及其民营企业内部管理模式也应遵循《公司法》《合伙企业法》《个人独资企业法》《合同法》等法律的规定，同时应完善聘用契约制度、激励制度、解雇制度，为民营企业走出家族局限创造外部环境。

第二，加快完善扶持中小企业发展的法律法规体系，为民营企业的发展提供良好的法律环境。民营企业以乡镇企业为主体，由于是在特殊环境下创立和发展起来的，多数企业先天不足，在竞争中处于弱势地位。加入 WTO 后，民营企业与外资企业的竞争明显缺乏后劲，信用等级低、融资能力差、技术力量薄弱、发展能力不足、人才资源匮乏等问题，严重制约其发展和功

① 李亚 . 民营企业公司治理 [M]. 北京：中国方正出版社，2003：42.

能的发挥。这些问题，靠中小企业自行发展并不能彻底解决，急需国家在政策和法律上的扶持。近几年来为了鼓励民营企业，促进中小企业的发展，国家制定了一系列有关政策，如为了解决个体私营企业的双重征税问题，国务院发布了《关于个人独资企业和合伙企业所得税问题的通知》，为了改善中小企业的政策、融资、经营的环境，国家出台了《鼓励和促进中小企业发展的若干政策意见》和“一放三改”政策。从客观上来说，这些政策本身具有多变性、约束力不强等特点，使得政策的实施在一定程度上打了折扣。应将《中小企业促进法》予以完善，在此框架上，修订完善《证券法》《公司法》《会计法》等，为民营企业的发展加强主体制度建设、融资市场建设、信用制度建设等提供平等的法律保障。

## 五、加盟 WTO 与地方政府依法行政

就法律内容而言，WTO 协议和规则包含众多的民商法和争讼法的规范，但我们也应看到 WTO 协议和规范的行政法性质，WTO 的目的、内容有许多是规范成员国政府行为或政府行为所产生的各种关系的。如《建立世界贸易组织协定》第十六条第4款规定，每个成员国具有保证其法律、规章及行政程序符合协议规定的义务。也正是在这个意义上，我们说加入 WTO 是“政府入世”。加盟 WTO 对于我国提升政府治理能力、规范政府行为方式、调整政企关系、增加行政发展动力、提高依法行政水平具有十分重要的现实和长远意义。

### （一）WTO 规则对行政法的发展

1. 规则的统一性

规则的统一性包括规则制定的统一和实施的统一。WTO 规则要求成员国政府采取一切可能的“合理措施”对世界贸易组织规则进行统一实施，而不管成员国国家结构是什么类型。

按照我国的对外承诺，我国加入 WTO 后，应保持立法的统一性。地方和部委制定和实施的有关对外经济贸易的法规、规章、决定和行政措施等，都必须与国家的法律、法规保持一致。

WTO 强调各成员方应将其经贸法律法规制度统一适用其管辖领域，目的

在于建立公平统一的市场经济体系。1994年全国人大常委会通过的《中华人民共和国对外贸易法》已经确立了实行统一的外贸制度的原则。据此，我们承诺在整个中国关税领土内统一实施对外贸易政策。对中国政府而言，法律、法规适用的统一性还意味着必须注意并致力解决一些地方通过地方立法、执法和司法表现出来的严重的地方保护主义问题。现在有些地方通过地方法规和规章并运用行政、经济和法律的手段对外地产品（如汽车）加以歧视（如征收较高的税，或干脆不给上牌照）；执法、司法也往往偏向本地企业。这不仅破坏了法律的统一性，也是对外来产品的一种歧视。较为典型的是汽车市场的开放问题。当前，我国汽车工业正迎接“入世”挑战，但部分地区汽车市场仍壁垒森严，地方保护有加剧之势。中国加入WTO后，会有更多的外国企业、外国产品进入中国市场，如果地方保护主义仍不解决，对外国产品与企业给予的国民待遇原则就会受到破坏，有可能引发国家间的贸易争端。

2. 行政公开（透明度原则）

透明度是WTO的又一基本原则。根据这一原则，各成员必须公布并以统一、公正和合理的方式实施其有关外经贸的法律、行政法规和政策措施。它的主要功能是防止和消除成员方不公开法律、法规、规章或政策措施而造成的歧视待遇和由此给国际贸易带来的障碍，监督成员方执行WTO各项规定。实际上，我国从1991年开始已逐步做到了对外公布有关外经贸的法律、行政法规和政策措施，但仍有值得注意的问题。长期以来，在经济贸易改革政策方面，我们习惯颁布“内部红头文件”，虽然近年来有了很大改变，但在涉外税收、外汇管制、加工贸易等方面的某些政策调整仍存在问题。一些政策制定程序、法律体系和一些经济贸易、金融政策制度有时还缺乏透明度。例如，一些政策的出台，事先未向企业披露，事后也缺少信息渠道，外商投资企业直到在经营中遇到了问题才得知有关政策、法规已经改变。此外，有些法规和政策在各地执行时不统一，也给投资者造成疑虑。加入WTO后，政府各有关部门都应清理现行的各种政策法规，包括涉及贸易政策的内部文件，该废止的要废止，与WTO规则相悖的要修改。根据WTO的要求，对外经贸政策法规都必须在指定的公开的刊物上发布，使企业和个人可以容易地获得这些出版物，并明确实施这些政策的机构和执行程序。除涉及国家安全和其他WTO规则允许的外，新的外经贸法规和措施公布前，要允许各方面提出意见，给予做出评论的时间，然后才能正式实施。

必须注意的是，WTO 对司法决定和判决也有透明度的要求。GATT 1994 第十条规定，与贸易有关的各项法律、规章、政策、决定包括司法判决，“均应迅速公布，以便使各成员方政府和商人充分了解”。

长期以来，由于各种原因，我们不注意公布判决文书，在国际交往中经常出现外国同行或有关组织索要判决文书，但我们不能提供的情况。最高法院向全国法院提出逐步公开全部裁决文书的要求，无疑是向透明度要求迈出了可喜的一步。当然，WTO 对透明度原则规定了例外，即并不要求成员方公开那些会妨碍法律实施、会违反公共利益或会损害企业正常商业利益的机密资料。

3. 依法行政和司法救济

WTO 要求各成员在实施有关外经贸的法律、行政法规、司法判决和行政决定方面，为当事人提供申请复议、提起诉讼的机会。除了世贸组织反倾销协定规定了对进口方当局反倾销裁决提供司法审查，TRIPs 协定中规定了知识产权保护的执法程序外，GATT 第十条规定，各成员方应保留或尽快建立司法的、仲裁的或行政的裁判或程序，以便能够对有关海关事项的行政行为迅速进行检查和纠正。WTO 上述几个重要协定，对各国司法审查制度都提出了要求：一是必须建立司法审查机构和规定司法审查程序；二是应赋予受到行政行为影响的当事人提出司法审查和司法救济的权利；三是该司法审查程序应当具有客观公正的性质。

司法审查制度是现代法治国家普遍采纳的一项重要法律制度。长期以来，重视行政权、忽视司法救济是发展中国家中较为普遍的问题。因此，对多数发展中国家而言，进一步加强、完善司法救济、司法审查机制至关重要。《中华人民共和国行政诉讼法》《中华人民共和国行政复议法》的颁布，标志着我国司法审查制度的正式确立，这是一个巨大的历史进步。总的说来，中国行政诉讼、司法审查制度基本符合 WTO 协定的要求，没有必要做很大的调整。当然，我们还必须看到，我们有关法律、法规对司法审查虽有规定，但还不完善。一是我国司法审查范围较小。就对行政的审查而言，只有对“具体行政行为”的审查，而无对“抽象行政行为”的审查。我国《行政诉讼法》第十二条规定：人民法院不受理公民、法人或其他组织对行政法规、规章或者行政机关制定、发布的具有普遍约束力的决定、命令而提起的诉讼。二是司法审查的权能不足。司法审查的大量依据是行政法规和行政规章，且行政法规、规章的解释权在行政机关。WTO 明确提出了对不符合 WTO 规则的行政法规、规章和措施进行司法审查的要求。如何在 WTO 规则下，根据我国法律进一步建立和完善中国的司法审查制度，已成为十分重要而紧迫的课题。对实践中一些地方政府假借行政指导之名，实则实行地方保护主义的行政规章，可考虑当事人请求和实际情况，逐步纳入司法审查的范围。要按照《立法法》的规定，逐步建立和完善提请全国人大常委会对与宪法、法律相抵触的行政立法进行审查的制度和程序。

### （二）加盟 WTO 后地方政府的应对策略

中国加入 WTO，对政府作用提出了一系列新的要求和挑战，甚至在某些方面规定了政府改革的时间表，这就大大增强了加快政府改革的紧迫性。地方政府责无旁贷，应主动融入改革进程，适应 WTO 规则的要求。实际上，当我们叩响 WTO 大门的时候，习惯性的“对错”“利弊”的分析模式已经没有太大的实质意义。中国加入 WTO 是祸是福，取决于我们如何应对，在 WTO 的游戏规则面前，我们更需要技术性思维，更有赖于充分把握直至灵活利用 WTO 游戏规则，以最大限度地谋取国家利益、企业利益。

第一，按照加入 WTO 所做的承诺，全面清理现行法律、法规、政策，政府依据公开、统一的法律、法规而不是内部文件行使管理经济的职能，不断完善投资环境。

地方政府加强管理的习惯性方式——“红头文件”不得与 WTO 规则的“统一性”原则和“公开性”原则相冲突，地方政府在国家加入 WTO 后不是无所作为，而是责任更大。WTO 规则的引入扩大了我国依法行政中“法”的范畴，扩大了政府执法的范围，扩大了执法的影响力，渗入了国际评价因素。地方政府应加强学习 WTO 规则，顺应“入世”潮流，克服先天不足，加快推进依法治国进程。

第二，以放松或取消进入限制为重点，营造国内各类合法经济主体公平竞争的环境。

WTO 最基本的一项规则是非歧视原则，在成员国内对所有企业实行“国民待遇”。外资企业的超国民待遇问题、国有企业与非国有企业的差别待遇问题必须解决。"合法"的歧视待遇"入世"后靠国家修改法律以实现；不合法的地方政府优惠要一律取消，这是地方政府遵守 WTO 规则的必然要求。

第三，依法行政，依法管理经济文化事业。

"入世"后依法行政渗入了国际评价因素，地方政府是否真正依法行政，关系到中国政府作为缔约方的履行义务职责问题，各级地方政府切不可掉以轻心。"入世"后政府依法行政不仅实体要合法、程序要合法，而且要考虑到 WTO 规则的国内适用。如农业方面，抓农业结构调整，不要干预农民承包经营权。地方政府一刀切要求农民种植桑树、桃树、西瓜、养殖特种水产等行为是违反市场规律的政府坑农行为，是侵犯农民承包经营权的违法行为。中国人民大学教授史际春要求建立"责任政府"，"责任政府的要求是，任何国家机关及其工作人员，在管理、从事经济活动时应当具有可问责性。如果其行为违反公司、证券、合同、竞争、土地、环境等调整相关经济关系的实体法，也应像公民、法人一样依法承担责任，包括民事责任"（《人民法院报》2002年1月9日B版）。地方政府寻求"入世"后农业发展对策的心情可以理解，但不应忘记依法行政，应借鉴美、日、欧盟等的做法，尽快制定《农业改进及改革法》《农业、农村基本法》等法律，结合 WTO《农产品协议》，改进传统的农业运行机制，依法规范治理农业，更好地与国际规则接轨。再比如，税收征管方面也应贯彻依法征管。农村某些乡镇违法收取结婚保证金、保险金，重复收取农业税，违法收取农村特产税问题应当杜绝。"入世"后，整体关税税率将从22.1%降至17%，农产品关税将降至15%，政府将不能再利用高关税和非关税手段削弱外国产品的质量优势，国内产品也将失去这方面的保护。地方政府不应"杀鸡取卵"，而应"放水养鱼"，广开财源。一方面要依法征税，坚决遏制"杀鸡取卵"行为，另一方面要充分利用 WTO 规定（对出口产品退税是合法的），大力宣传增值税的优势，充分用足、用好出口退税规定，促进本国产品出口，同时严厉打击各类走私活动，做经济改革的保驾护航者。

# 第十章　金融监管法制主要问题研究

## 一、论我国金融监管法律制度的变革与完善

金融是现代经济的核心。真正发挥金融的核心作用，一方面应尊重市场主体的投资和筹资的自主权，防止“金融压抑”，让金融机构回归金融服务的中介本质；另一方面应加强金融监管，防范和化解金融风险，保护存款人、投资者及金融市场其他参与者的合法权益。放松监管的实践往往带来金融不稳定，过于强调金融安全、片面加强监管则使金融效率受到侵蚀。金融业发展史正是金融效率与安全的矛盾发展史，某种程度上也反映了金融监管法的编年史。自银行业出现以来，金融监管经历了从无到有、从简单监管到专业监管、从监管岗位出现到专业监管机构形成、从各国监管当局的“各行其是”到监管标准国际化，逐步走向成熟。随着金融全球化和自由化，金融创新和技术转移等都进一步触发了风险的一体化，监管一体化成为新的发展趋势。监管一体化反映在金融监管模式的选择上就是将过去的机构监管方式改为功能监管方式。我国金融业正从分业经营向混业经营过渡。我国可借鉴金融发达国家的经验。走出一条中国特色的混业经营、功能监管的金融改革之路。

### （一）我国金融监管制度问题分析

我国自1984年中国人民银行专门行使中央银行职能后，有了金融宏观调控概念，逐渐形成金融监管概念。1993年，中国证券监督管理委员会（简称“证监会”）成立，证券业监管从央行分离；1998年，中国保险监督管理委员会（简称“保监会”）成立，保险业监管再次从央行分离；2003年，中国银行

业监督管理委员会（简称“银监会”）成立；2018年，中国银行保险监督管理委员会成立，整合了银监会和保监会的职责。从我国金融监管体制的演变来看，它也是为了适应不同阶段和不同时期我国金融业发展的情况而做出的适时选择，对维护金融安全、保护消费者利益起到了相应的作用。与监管架构相连的法律法规也先后出台。我国已颁布了《中国人民银行法》《商业银行法》《银行业监督管理法》《证券法》《保险法》《信托法》《投资基金法》《公司法》《国家金融突发事件应急预案》等众多法律法规，但这些法律架构起来的法律法规体系与美国等西方发达国家相比还有很大差距，甚至可以说尚不能为混业经营提供良好的法律保障。面对金融业的综合经营趋势，现行监管制度问题凸显。

第一，金融监管法规不健全。我国虽已颁布了一些关于金融业分业监管的法律，但层次低、操作性不强。监管目标、监管主体、监管内容、监管措施、监管责任等均无法可依，对金融机构的市场准入、治理模式、信息披露、防火墙制度、市场退出等缺乏平等有效的统一制度安排。我国金融监管立法的主要问题是：重政府监管立法，轻行业自律监管、中介组织监管等多元化监管立法；重规范管理立法，轻规范治理立法；重金融安全立法，轻金融效率立法。

第二，机构监管模式微量吸收功能性监管要素不能适应金融业的发展。机构监管模式是指监管当局对金融业内不同机构实施监管的制度安排。机构监管模式还有助于明确监管职责，避免机构之间的推诿卸责。学术界比较一致的认识是，单一机构监管模式适用于金融发展水平比较低、金融品种相对简单、金融业务量相对较小、金融风险控制相对较易的金融环境。在金融业发展水平较高、每个单业内金融品种较多、金融风险控制难度较大时，传统的机构型监管已很难做出及时的反应，以致出现监管混乱，甚至出现混业经营趋势下的监管真空。功能监管关注金融产品与服务的基本功能，并据此设立相应监管机构和规则。试图通过对机构监管模式的修补来解决金融监管的协调问题往往无助于问题的解决，而依据金融本身功能制定的监管规则则会稳定地发挥作用。

第三，缺乏金融监管国际合作。随着金融业国际化和自由化趋势日益明显，金融风险的范围也超越了地域限制，逐渐变成了一种全球性的风险，单靠一国控制金融风险已力不从心。正是在此形势下，加强银行业监管国际合作的呼声日益高涨。特别是1995年国际金融市场风波频起以后，各国和各种国际金融机构纷纷采取监管新举措，如国际货币基金组织宣布加大国际金融监管力度，巴塞尔银行监管委员会、国际证券交易所联合会、国际保险监督官协会三大国际金融监管组织于1999年制定了《对金融控股公司的监管原则》等。反观我国的情况，总体上是重金融市场国内性监管立法，轻金融市场国际性监管合作立法，如在与外资金融机构母国监管当局分享信息、跨国证券违法活动监管等方面还存在不少问题，其关键在于没有与有关国家就金融机构监管合作建立双边或多边制度。

### （二）完善中国金融监管法制的思考

沃克尔列举了有益于金融自由化顺利进行和金融体系稳健运作的市场经济法律体系的10个指导性原则，这些原则对于发展中国家在金融自由化过程中健全法律框架有很好的借鉴意义。①市场经济的法律体系建立在公共利益来自市场中的个人决策的假定之上。②法律规则应该认识到私人产权的重要性并对界定清晰的产权进行保护。③法律规则应该在人类对于自由和秩序这两种基本欲望之间做有效平衡。④法律、规则、行为规范，应该基于透明性和开放性，应该鼓励和有益于经济交易。⑤政府对市场的干预要求以必要的可信任度为基础，防止专断和不公平行为。⑥应该在社会中逐渐培育支持法律规则和反对腐败的法律文化。⑦法律规则应该反映一个社会独特的文化、历史和人口状况，法律规则改革的意愿应该来自一个社会的内部。⑧法律规范应该培育一种奖贤任能的社会氛围。⑨金融法律框架为参与者提供了稳定的交易媒介、可信任的金融机构、公平诚实的资本市场和有效的支付体系与清算结算体系。⑩法律规则应该支持和鼓励创新和竞争，同时应该为市场经济带来合作和信心。这些原则也是制定金融监管法律框架的基本参照原则。改革就是制度变迁，文化习俗是不成文的制度，法律是成熟规则的文字表述。我们应加强金融监管法制的变革与完善。

其一，金融监管立法应确立功能监管的理念，以功能监管替代机构监管。

针对混业经营问题，英美国家对功能型监管理念的实现途径截然不同。与英国统一监管体制不同的是，美国在监管体系的建立方面所采取的具体措施是对传统的机构型监管机构进行整合，并增加了美联储对金融控股公司监管职能。英美国家的金融改革实践表明，世界上并不存在一种绝对优势的金融监管模式。根据国外的经验，在金融各业务部门交叉越来越明显的情况下，金融监管应确立从分机构监管向功能监管过渡的原则。监管不等同于政府的监督管理，监管应是对金融市场的功能监管，应包括政府监管机构的监管、行业监管、中介组织监管。

为此，我国金融监管体制改革需要着力解决好3个方面的问题。一是打破按“条条管理”设置金融机构的监管架构，建立按业务归口监管的新构架；改变监管部门与金融机构之间所存在的上下级关系，切断二者在人事、利益和业务等方面的内在直接关联，有序地实现从按金融分产业监管向按金融分业务监管的转变。二是改变以“审批”为基点的监管方式，实行以“登记”为基点的监管方式；将监管部门的主要精力从审查有关申请资料和批准相关营业项目转向监管金融机构的业务活动和市场行为，给各类金融机构之间的业务竞争和市场竞争创造一个既有充分选择空间，又有严格行为监管的外部环境。三是改变运用政策手段和行政机制以直接调控金融市场走势的监管取向（如1997年海口城市信用社因挤兑出现支付困难，监管部门强制由海南发展银行托管乃至兼并，这一由行政策划的兼并重组并未能彻底清除金融风险），实行依法监管和依法行政，有效维护包括市场投资者在内的各类市场参与者的权益，积极维护金融安全，实现金融效率。

其二，加强金融监管“基本法”立法，以最大限度实现监管目标。

为了保证金融监管机构的监管效率，很多国家在对监管机构进行不断投资的基础上特别加强了法制建设，使监管机构在实施监管行为时有法可依，如美国制定了《金融服务现代化法》、英国制定了《金融服务与市场法》、澳大利亚制定了《金融服务改革法》等。我国亦应制定中国的《金融服务与市场法》。主要应规范以下几个方面：一是确立有效监管目标，即保护存款人、投资者及金融市场其他参与者的合法权益，维护金融业公平竞争，提高公众金融意识，减少金融犯罪。二是构建多元化的监管框架。政府监管应在银监会、保监会、证监会之上设立隶属于国务院的金融监督管理委员会，“三会”按各自功能行使监管职权，金融监督管理委员会统筹兼顾，实施跨产品、跨机构、跨市场协调的监管。金融行业自律管理已成为许多国家和地区金融监管体系的重要组成部分，这种地位和作用已得到了有关金融国际组织的认可，如证监会国际组织《证券监管目标与原则》第三部分的第七章第一节“自律的原则”中明确提出：“根据市场的规模和发达程度，监管体制应当允许自律组织在其胜任的领域承担一些直接监管的责任。”金融行业自律监管可借鉴美国《金融服务现代化法》对全美注册保险代理人和经纪人协会监管职责的规定对银行公会等自律组织的法律地位、职能等进行立法。另外，应对专门化的会计师事务所、资信评级机构等社会监督机构的监管职责进行立法，充分发挥其“经济警察”的作用。三是规定政府金融监管机构的权力，如制定规则、市场准入管理和强制信息报露方面的权力及调查权、处罚权、提起诉讼权等。

其三，加强金融机构“内部监管”立法。

相对于“外部监管”的被动性与消极性，内部监管具有主动、积极、迅速、有效等优势，是由“他律遵法”向“自律守法”的转化。但在金融安全与金融效率的矛盾作用下，并不是所有的金融机构都能将外在的他律性规范转化为内在的自律性规则，少数金融机构会规避监管以牟取暴利。为此必须摒弃“金融机构公司治理和内部控制属公司自治范畴”的传统观念，加强公司立法、强化内控机制。有学者概括出公司治理的四大模式：美英模式，德、日模式，亚洲家族模式，转型经济治理模式。但好的公司治理可以应当是适应国家发展、能够有效推动经济增长的公司治理，而这样的公司治理在发达经济里与在转轨经济里是不一样的，西方发达国家的治理经验并不能直接被移植。应结合新颁布的《公司法》对公司非货币出资、公司对外担保、公司关联交易、公司法人人格否认、公司清算与破产等涉及金融业的制度做出具体规制以增强操作性。另外植根于金融市场的非法律金融规则因其技术性、专业性强应上升为技术规范，形成专业监管法则。

其四，加强金融监管的国际合作。

由于金融的“同质性”，各国对金融监管的立法呈现趋同化，国际金融组织如巴塞尔银行监管委员会制定了大量的监管标准和指导原则，如《巴塞尔协议》《有效银行监管的核心原则》等。加强国际间金融监管合作是完善我国金融监管制度的一项重要措施，也是整个国际社会各国金融监管当局的共同愿望和努力的目标。中国已承诺实施《巴塞尔核心原则》，这更要求我国尽早探索出一条合适有效的监管路径，与国际监管标准接轨。英国金融服务管理局前主席、中国银监会与中国证监会顾问霍华德·戴维斯曾说：“对于各国能在多大程度上满足国际上的具体监管标准，应该保持现实主义的态度——我在其他地方甚至说过，某些国际标准或许过于琐碎和复杂了，并不都适应新兴经济体的需要，更值得重视的是其中包含的原则。”我们应将适合中国国情的国际性指导原则转化为国内法律。另外，应在维护国家主权和国家利益的前提下，与外国金融监管当局和国际证券监管委员会（IOSCO）等国际监管机构就监管信息交流和制止内幕交易、追查跨境金融犯罪等非常事态的处理签订“谅解备忘录”、法律协助协议等法律文件，避免国内监管法律域外适用的冲突与尴尬。

总之，我们“应该把作为制度支撑的监管制度的创立当作基础设施改革整体不可或缺的一部分，而不是将其作为事后的思考”，我们应不断加强研究，加强监管立法，依法保障金融业的健康发展。当然，有效的监管制度不可能一蹴而就，诚如霍华德·戴维斯在《中国的金融改革》专题演讲中所指出的：“简单的是非回答并不能说明问题，更理想的总结是，未来还需要在各个方面付出努力，还要面对艰巨的困难，但改革的基本方向是正确的。”

## 二、WTO 规则与中国金融：挑战与法律对策

中国经过15年的艰辛努力和辩论谈判，终于“入世”。加入 WTO，意味着中国从此融入国际金融主流，意味着中国从此参与现代国际金融体系的大循环。中国金融业面临的挑战是严峻的，机会也是昭然的，我们应以积极的态度冷静面对中国的“入世”。在中国业已成为 WTO 成员之际，认真评估和判断加盟 WTO 对我国金融业的影响并提出相应法律对策是具有理论和现实意义的。

### （一）加入 WTO 对中国金融业的挑战

中国加入 WTO 是对中国金融业发展的一个重要挑战，这一挑战不仅表现在对我国金融相关业务冲击的浅层次上，而且体现在对我国金融体系重新构建的深层次上。

1. 对银行业的挑战

根据中国在加入 WTO 谈判中所做的承诺，中国将在一定时候取消设立外

资银行的地域限制，允许更多的外资银行开办人民币业务和进一步开拓人民币业务的范围，这将对中资银行金融经营市场份额构成冲击。发达国家“金融百货公司”——银行进入中国后可以凭借雄厚的资金实力、良好的国际信誉、灵活的经营机制和完善的结算方式来赢得客户。如花旗集团的资产就达7000亿美元以上，相当于我国四大国有商业银行资产的总和；美国商业银行目前的不良资产比率为0.67%，而我国的银行无论以哪个口径计算都在它的30倍以上；外资银行作业方法遵循国际惯例，是真正的商业银行，我国的商业银行经营受地方政府干预较多，符合市场需要的管理制度仍在形成完善之中。我国银行的上述缺陷使我们在竞争中处于不利地位，从而造成客户部分流失；另外人才的外流现象和外资银行成熟金融工具的冲击也将十分明显。

2. 对保险业的挑战

中国保险业目前只批准过3个许可证，允许开设一家合资企业；在获得完备的经营许可证之前，有3年等候期，外资股份不得超过49%。“入世”后，外国财产和人寿保险公司可立即在中国全国范围内进行高风险项目的保险业务，并在5年内取消所有地域限制；5年内逐步扩大外国保险商的业务范围，使之包括占保险费总额85%的集体、医疗和退休金方面的保险业务；只在咨询原则的基础上发放保险营业牌照，在发牌数量上没有经济审查或资格限制；外商可拥有50%的所有权，取消对外国人寿保险公司合资企业的烦琐要求，并逐步取消在国内设立分支机构的限制。外国人寿保险商可选择合伙人。在非人寿保险方面，中国将在两年内允许外国保险商扩大业务或合资拥有51%的所有权和建立独资附属机构。再保险业务经同意即可完全开放。因此，“入世”对保险业的冲击是明显的，国外保险公司会利用其先进的经营技术和管理手段抢夺国内保险市场；保险市场管理难度加大，我国保险市场缺乏管理外资保险公司的法规和经验，除《保险法》之外，有关保单、条款、费率等方面的制度仍未形成；国内保险人才队伍不稳定，外资保险公司介入后，人才流动将更为频繁。

3. 对证券业的挑战

迄今为止，中国的证券市场只有10年历史，发展很不充分。1997年中国发行的政府债券、企业债券和股票占国民生产总值的比重为5.4%，贷款、资金拆借仍是主要业务。在各种金融资产中，1988年美国股票、企业债券、政府债券占国民生产总值的比重分别为49%、17%、53%，日本分别为54%、17%、47%，而我国1996年分别为14.57%、0.85%、6.16%。我国证券市场的现状及经济发展的整体水平，决定了我国还不具备开放证券市场的条件，特别是不具备开放资本市场的条件。因此，我国政府对证券市场的开放持相当谨慎的态度。在中美关于中国加入WTO的协议中，关于证券市场的开放是金融服务业开放中最宽松的部分。按照协议，中国部分开放证券业，少数合资证券公司可从事基金管理业务、证券发行业务、以外汇计价的证券交易；合资基金管理公司最初成立时，外资可拥有为33%的股权，5年后可增加到49%；从事承销业务的合资证券公司股权限定为33%。可见，加入WTO对证券市场的影响既小且间接，最多就是外资通过证券投资基金进入A股市场，增加一部分资金来源。但证券市场本身不是一个独立的不受外界影响的系统，中国加入WTO所产生的各行各业的影响都会通过各种途径传导到证券市场上来。从长远看，影响将是全方位的，最明显的影响是：竞争将加剧证券市场的“优胜劣汰”，促进中国证券市场健康发展。

4. 对金融监管的挑战

中国加入WTO所引致的金融开放以及金融业进入全球化过程，最重大的问题还是在于开放进程中的整体安全问题，而非中资金融机构的竞争力问题。即使中资金融机构在竞争中不占据优势，也不代表中国的金融体系会发生大的动荡，因为这二者之间没有直接的因果关系。重要的是，中国金融监管当局能否有效应对开放条件下的金融监管，能否有效地防止中资或外资金融机构危及整个金融体系安全的不良行为。因此，金融开放对中国金融当局的挑战比对银行、保险公司或证券公司等金融机构的挑战要大得多。外资银行的进入使我国的金融监管面临更大挑战，外资银行的违规经营、不正当竞争、对风险低的中间业务的片面追求、对经济建设急需资金支持项目的不屑一顾等行为一定程度上将风险转嫁给了内资银行；外资银行经营失误亦可能扰乱金融秩序。凡此种种，都增加了我国金融业的风险，中央银行的监管能力亟待提高。另外，金融开放加速了国际金融业新出现的混业经营趋势向我国的延伸和渗透速度，使我国现有的“分业经营、分业管理”的金融监管体系也面临着新的挑战。

### （二）变革与完善的思考

加入 WTO 会对中国的金融体制及安全带来一些问题，但是，这些问题主要不是加入 WTO 本身所带来的，而是中国金融由于其自身原因长期积累下来的。加入 WTO 只是使这些问题更为迫切地摆在我们面前而已。我们应冷静面对，抓住机遇，积极参与国际竞争，通过开放市场，推动中国金融改革向市场化、国际化方面发展，尽快实现金融体制市场化、金融手段现代化、金融业务国际化。为达此目标，变革与完善金融法制乃当务之急。

1. 修订完善中央银行法

为适应加入 WTO 后金融进一步开放对中央银行宏观调控改革的迫切需求，应修订目前的《中国人民银行法》，中央银行要迅速改变目前调控手段单一的管理办法，大胆借鉴其他国家中央银行成熟的调控政策和经验，进行我国宏观货币政策的构造和操作，运用市场机制进行间接调控；中国人民银行应继续推进管理体制改革，防止分行受地方政府干预而影响中央银行货币改革目标和金融管理；同时，中央银行应在金融业的公平竞争、规范管理、操作等制度建设上发挥应有作用，有效遏制中资银行、外资银行的所有不正当竞争，真正做到趋利避害，公平竞争；此外，还应加强人民银行监管职能的研究和立法，防范金融风险，遏制金融腐败。

2. 修订完善商业银行法

一要进一步深化银行产权制度改革，让银行成为自主经营主体的同时又成为自担风险的主体。按现代企业制度对国有商业银行进行综合改革，一方面应积极推进股权结构变革，形成全国性大银行由国家控股或独资经营、众多中小商业银行股权多元化的中资商业银行组织体系；另一方面要考虑到与外资大银行相比，中资商业银行大都是小银行的现状，应适应国际上大银行相互合并的趋势，通过恰当的产权和治理结构安排，形成中资银行对内适当竞争、对外相互协作的集团银行体系，既反对垄断，又防止规模过小而在未来的国际竞争中被各个击破。二要把商业银行办成真正意义上的商业银行，使银行的政策性业务与经营性业务不再混为一体，使银行不再“顾此失彼”，使之成为真正的经营法人。三要加强商业银行的内部控制建设，如建立以利润为中心的经营管理目标责任制，健全符合市场机制要求的科学决策机制，建立对现代金融企业相适应的人事、用工和分配制度，建立和完善以统一法人管理为基础、授权授信制度、内部审计稽核制度为保障的内部控制制度，促进其自律机制的完善和金融监管微观基础的健全。四大国有独资商业银行在全社会货币资源的分配中占有绝大比重，只有这四大商业银行的面貌发生根本性变化，中国的银行体系才有可能适应开放条件下的银行业竞争。商业银行法应对此做出回应，商业银行法应在产权结构、技术创新、资产质量、制约和激励机制及服务的效率等方面制定出符合先进国家银行业的标准。

3. 制定完善涉外金融法

随着国外银行的渗入和我国金融国际化的发展，现有金融法规的约束范围已明显不足。为了创造更好的涉外金融法律环境，加速金融国际化和吸引更多、更大的外国资本，从而加快金融改革的步伐，我国涉外金融法规的制定完善必须注意几个方面：应努力使国内法规和国际法规相配套，特别是要注意使我国涉外金融法与我国缔结参加的国际条约在原则上保持一致，避免相互矛盾；应把握立法时机，逐步加强涉外金融法律的比重，加强法律的权威性和稳定性；应及时清理过时的金融法规，建立健全信息反馈机制，对行之有效的加以肯定，对有问题的加以废除，使之与涉外金融法规相互协调。

4. 加强金融监管立法

加入 WTO 后，大批的外资银行、保险公司、证券公司将会以合资或独资的方式介入我国金融领域，这些公司大多是“金融百货公司”，其业务涉及银行、保险、证券及信托投资等多个领域，其金融产品可以说是无所不包。如何有效监管金融业，确保金融体系的安全稳健运行是我们亟待研究的重大课题。我国金融管理在监管方法、监管内容、监管体制等方面应适应国际化要求。一要建立和完善体制内的金融监管系统，包括中央银行监管系统、金融机构自律监管系统。二要建立和完善体制外的金融监管系统，包括社会舆论监督系统和行政法制监督系统。三要变分业监管为混业监管，如 1997 年英国成立了“金融服务管理局”，全面对金融领域实行监管；美国联邦储备系统最近也进行了机构调整，成立了几个小组，集中负责对特大型银行的监管工作，我国可考虑由中国人民银行统一行使金融监管权，以适应混业经营和混业监管的国际金融发展趋势，合作、统一、高效地进行监管，切实维护金融安全。四要明确监管内容，防止法律规定过于宽泛，无法操作，无法监管。在加入

WTO后要适应WTO有关金融服务的协议规定，放弃歧视性规定，放弃单纯的业务限制监管，加强对资本充足率、地方政府干预、风险扩散、管理者任职资格、信息取得、金融结构等金融经营风险的监管。五要加强国际监管合作，我国应以《巴塞尔协议》《银行业有效银行监管的核心原则》《关于银行透明度的建议》等法规、文件准则为依据，加强对海外分支机构的监管，加强国际金融监管合作，防范区域性或全球性金融风险对我国金融市场的冲击。法制建设是保障金融监管工作的基础，加强我国金融监管的法制建设已成为当务之急，亟须制定一部统一的《金融监管法》，明确职责、责任，依法监管。

## 三、我国金融控股公司监管法制的完善

### （一）金融控股公司的发展及其对监管法的挑战

金融控股公司在国际与国内已具有诸多表现形式，它是20世纪末美国和日本金融业从分业经营向混业经营转换的主要形式。在我国，也存在光大集团、平安保险公司等实质意义上的金融控股公司。但到目前为止，对金融控股公司还没有一个统一的界定。由巴塞尔银行监管委员会、国际证券联合会、国际保险监管协会成立的金融集团联合论坛于1999年2月颁布了《对金融控股集团的监管》文件。该文件指出，金融控股公司是指在同一控制权下，完全或主要在银行业、证券业、保险业中，至少为两个不同的金融行业大规模提供服务的金融集团。至少两个不同的金融行业活动往往受两个以上行业监管当局监管，如果是跨国金融控股公司，还将受多个国家的监管当局监管。1999年11月4日，美国国会通过了《金融服务现代化法案》，该法案规定，金融控股公司的母公司可以是商业银行、证券公司及保险公司，并可以从事全方位的金融服务。有学者认为"金融控股公司是一种经营性控股公司，指母公司经营某类金融业务并通过控股兼营其他金融业务及工业、服务业等活动的控股公司[①]"，还有人认为金融控股公司是"在同一控制权下，完全或主要在银行业、证券业、保险业中，至少为两个不同的金融行业大规模提供服务

① 王婷婷. 金融控股公司基础理论之探析[J]. 五邑大学学报（社会科学版），2005，7（3）.

的只从事股权投资的金融集团”。

笔者认为，事物的概念是对事物的一个准确的描述，各国的金融背景、政府的监管水平以及对所设立的金融控股公司的要求各异，各国的金融控股公司并不完全相同，所以对金融控股公司的界定自然会有差异，但至少应包含以下几个要素。

首先，金融控股公司本身是一个企业法人，是独立的法律主体，但同时，它必须控制两个以上的不同金融行业机构。金融控股公司推行的是子公司涉及不同金融行业的多元化战略。控股公司拥有银行、证券、保险等金融业务子公司，各个子公司相对独立运作，由不同的子公司从事不同种类的金融业务，每一个子公司都是独立的法人，都有自己独立的资本金和管理机构等，但在管理与决策层面要以控股公司为中心，以提高整个金融集团的经营效益与竞争力，其主要特点是“集团混业，经营分业”。

其次，尽管金融控股公司的母、子公司均为独立的法人实体，可以各自独立地承担民事责任，享有民事权利，但事实上，由于母公司掌握了子公司的控股权，子公司的决策基本上由控股子公司董事会的母公司说了算，所以子公司的行为势必体现母公司的意志，接受母公司的规范。这样事实上金融控股集团公司必然形成一个整体，有集团的整体利益。因而，世界各国的大型集团公司都在不同程序上制定统一的发展战略，以整体优势参与竞争。

再次，必须明显从事银行、证券、保险、信托等两种以上金融业务领域。在这里，联合论坛对混业的界定有些狭小，除了银行、证券、保险外的其他金融业务，如信托、期货等亦应列入。

最后，金融控股公司的业务应完全或主要集中于金融领域，即金融业务是其核心或占主导地位。在控股公司合并报表中全部或主要是金融资产，而非专业资产。这一要求实际是限制了金融与产业的过度融合。若金融控股公司既大量控制金融业资产，同时又大量控制产业资产，就会极易诱发以金融控股公司为纽带的关联交易，进而诱发金融风险在金融业与产业的传递。巴塞尔委员也已提请各国监管局关注金融高度结合所隐含的风险。[①]

20世纪90年代以来，发达国家大型金融机构逐步实现了向金融控股公司

① 胡改蓉．论金融控股公理监管的立法完善[J]. 河南司法警官职业学院学报，2005（3）.

的组织形式的转变。同一时期，中国不同类型的企业集团、银行及非银行机构等也进行了诸如此类的尝试，出现了许多准金融控股公司。

按照控股模式的不同，我国国内现有的金融控股公司主要可以分为以下4种类型：非银行金融机构控股模式形式的金融控股公司、实业部门控股金融机构形成的金融控股公司或准金融控股公司、商业银行控股形成的金融控股公司、外国金融控股公司在国内参股形成的金融控股公司。

金融控股公司与交叉性金融业务的不断涌现，是在金融改革和金融开放程度不断加深的情况下，金融机构为提高金融市场竞争能力、优化金融资源配置效率、提升金融服务水平的一种内在要求。一方面它们在事实上对现行的金融分业经营体制进行了某些修正，并在客观上提高了我国的金融业效率。另一方面它们也对现行的分业监管体制提出了挑战。这种挑战主要表现在以下几点：一是在集团的各金融公司之间缺乏必要而有效的金融防火墙；二是非金融性企业参股或控股多家金融企业，但是却游离于金融监管之外，容易形成监管真空；三是各监管机构同时监管金融控股公司易形成监管重叠，如何协调监管成为亟待解决的又一问题；① 四是缺乏科学的监管理念，监管成本高，并会抑制金融创新，分业监管体制难以适应金融控股公司的发展。

### （二）我国金融控股公司监管法制的完善

既然金融控股公司是我国金融业向混业经营过渡的最佳选择，其法律地位理应得到确认。我国现有的法律法规、规章没有对金融控股公司做明确规定。然而现实生活中出现了形式各异的“金融控股公司”，它们是否坚持了分业经营的原则？各级独立法人的资金投入是否充实？由谁进行认真的核查？是否存在上级公司以负债或举债形式筹资入股公司现象？银行、证券、保险3个金融监管部门对各自部门的监管涉及其他部门监管对象间的信息，是否已做到相互沟通？这一系列问题迄今为止，并没有得到很好的重视和研究。目前，全局性的金融危机还不会骤然袭来，但是，近年来，问题券商、问题信托等“地雷”不时炸响，钱庄、农信社倒闭等事件时有发生。因此，研究、制定并颁布有关规范金融控股公司方面的法规、规章或制度迫在眉睫。

---

① 黎四奇．金融企业集团法律监管研究 [M]. 武汉：武汉大学出版社，2005：338.

1. 应明确金融控股公司的概念和法律地位

金融控股公司的概念可以参照金融集团联合论坛对金融控股公司所下的定义，即指在同一控制权下，完全或主要在银行业、证券业、保险业等金融业中，至少为两个不同的金融行业大规模提供服务的金融集团。在对金融控股公司进行界定后，再根据其母公司是否从事具体的经营业务，将其分为纯粹型金融控股公司和经营型金融控股公司。纯粹型金融控股公司，其母公司没有自己独特的事业领域，仅是该公司的经营战略决策部门。经营型金融控股公司，其母公司拥有自己的事业领域，而且还通过控有其他事业领域的子公司股份，支配、管理子公司的经营活动。在我国金融体制还不够完善，证券、保险还不够成熟的情况下，我国金融业应侧重于安全，因此，建立纯粹型金融控股公司是我国目前的最佳选择，但在我国金融体系相当成熟后，完全可以建立经营型金融控股公司。所以，有学者将金融控股公司界定为一种经营性控股公司是不妥的。

我国目前没有关于金融控股公司的法律法规或规章，为了我国金融控股公司的长远发展、为了控制金融控股公司带来的风险、为了实现我国金融业由分业向混业的转变和我国金融机构的自身发展，应当加快立法步伐，明确金融控股公司的法律地位。尽管我国已在法律上确立了银行、证券、保险分业经营、分业监管的格局，如《商业银行法》明确规定“商业银行在中华人民共和国境内不得从事信托投资和股票业务，不得投资于非自用不动产”“商业银行在中华人民共和国境内不得向非银行金融机构和企业投资”;《证券法》第三条明确规定“证券业和银行业、信托业分业经营、分业管理。证券公司与银行、信托、保险业务机构分别设立”，但是，现行法律并没有对金融控股公司做出明确的禁止性规定，且金融控股公司并不直接从事交叉金融业务，而是以各子公司作为业务平台，子公司之间仍然保持分业经营，与目前的金融法律没有抵触。所以，加快金融控股公司立法的步伐是切实可行的。2005年新修订的《公司法》删除了“公司的对外投资不能超过净资产的50%”的规定，不再限制公司对非公司制的企业投资，这都为金融控股公司的立法提供了法律准备。

鉴于此，我国可以制定《金融控股公司法》。2001年6月台湾地区制定了《金融控股公司法》。从3年多的实行效果来看，台湾地区的《金融控股公司法》实现了预定的立法目标，是一部成功的金融法案。但是，“台湾地区《金融控股公司法》的制定是沿着修订银行法、制定《金融机构合并法》、推出《金融控股公司法》、制定《金融监管管理委员会组织法》这样一条主线循序渐进展开的”，① 有人认为“未来大陆地区金融控股公司的制定也应当纳入构建现代金融法制体系的系统性思路，至少在类似金融机构合并法出台之前，还谈不到制定《金融控股公司法》的问题”。② 笔者认为，我国大陆地区在构建现代金融法制体系方面存在的一个主要缺陷就是反垄断法的缺失，而金融合并法的制定势必要建立在反垄断法的基础上，在这种情况下我国目前制定金融合并法是很难的。所以我国可以制定自己的《金融控股公司法》，并在其中规定反垄断问题，从而达到暂时完善我国金融法制体系的目的。待我国反垄断法真正出台并得到完善之后，再制定金融合并法。而到那时，《金融控股公司法》也许已经失去了其存在的价值，因为金融控股公司本来就是我国金融业向混业经营转变的过渡期内的产物。

2. 对金融控股公司市场准入制度的监管

金融市场准入制度是否完善直接决定了金融市场是否安全，科学的准入制度既不会将门槛设置太高造成市场竞争不足，也不会将门槛设置太低徒增市场风险。对金融控股公司的设立采取何种态度较为合理？是采取准则主义还是采取许可主义？虽然国际上对金融控股公司的市场准入一般都采取准则主义，即只要达到监管当局所规定的要求，都可成为金融控股公司，同时，笔者也认为从长远看，这种做法更为科学，理应是我们追求的目标，但是，在目前的金融市场状况下，采取许可主义更为合理。金融毕竟是一国的经济命脉，而我国的金融市场发展又相对幼稚，且以金融控股公司为主要形式的混业则刚崛起，风险防范能力较差，若立即采取较为自由的原则，可能反而会造成恶性竞争，不利于金融市场稳定。因此，目前金融控股公司的设立，应当与证券法、银行法、保险法等采取一致原则，即许可设立。③

3. 对金融控股公司的内部控制制度的监管

公司内部控制是公司为完成既定的工作目标和防范风险，对各职能部门

① 卫新江，阮品嘉．台湾《金融控股公司法》评述 [J]. 经济社会体制比较，2005（3）.

② 卫新江，阮品嘉．台湾《金融控股公司法》评述 [J]. 经济社会体制比较，2005（3）.

③ 胡改蓉．论金融控股公司监管的立法完善 [J]. 河南司法警管职业学院学报，2005（3）.

及其员工从事的业务活动进行风险控制、制度管理和相互制约的方法、措施和程序的总称。[①] 金融控股公司作为一个金融集团，母公司之下设有多个子公司，各子公司业务范围不同。为了实现整个金融控股公司集团的协同效应，防范风险扩大，内部控制对于金融控股公司就显得尤为重要。金融控股公司的内部控制制度具体包括金融控股公司母、子公司和母子公司内部控制制度等基本内容。

（1）加强内部控制法律法规建设。首先应当就金融控股公司的内部控制目标和原则、基本要求、主要内容及内部控制的监督与管理等内容进行立法；其次是在金融控股公司母子公司层面，加强其内部控制规范的可操作性和协调性，从而实现金融控股公司的协同效应，并达到防范风险的目的。

（2）建立一个良好的内部控制环境。可以从两个层面着手：第一，实行负责制。具体说来可以组建高效的董事会，这样才能保证内部控制制度的实行。第二，创建良好的企业文化精神。因为内部控制制度的全面实施主要是靠全体员工，特别是管理层和关键岗位员工的自觉执行。

（3）完善风险防范和控制制度。可以从两个方面着手：第一，建立风险预警机制、研究可能出现的风险，从而制定出防范方案。我国金融监管基本上还局限于事后监管，问题一旦发生，就会给我国的金融业带来无法挽回的损失。金融控股公司内的风险控制机构应当建立一套科学的风险识别和预警体系，从整体上对各子公司的经营状况和风险程度进行总体监控和系统性评估，并及时向子公司发出风险预警信号，并有针对性地采取防范和控制措施。第二，建立金融控股公司各子公司之间的“防火墙”。金融控股公司涉及多个金融领域，其风险会随着集团的内部交易而相互传递。一般防火墙是指从事不同金融业务经营的关联机构之间的信息流通、人事安排、业务联营以及资金融通的禁止或限制性制度，主要包括信息防火墙、人事防火墙、业务防火墙、资金防火墙等。防火墙的制度设计应在金融跨业经营的兴利与除弊之间寻求一种平衡，太严太厚的防火墙将无法实现多元化经营的效益，无异于金融分业体制，而太松太薄的防火墙则不能矫正金融跨业经营的弊端，形同虚设。[②]

① 孔令学．我国金融控股公司内部控制制度探析 [J]. 济南金融，2005（1）.

② 闫海．金融控股公司法律制度研究 [M]// 漆多俊．经济法论丛：第八卷．北京：中国方正出版社，2003：111–114.

### （三）树立科学监管理念，完善金融监管体制

我国金融监管当局应当做到树立以功能性监管为主的监管理念。混业经营的监管体制有统一监管和功能性监管两种。统一监管指一个监管部门对所有金融机构实施全面监管的一种制度安排；功能性金融监管是指依据金融体系的基本功能而设计的监管，由专业分工的监管专家和相应的管理程序对金融机构不同业务实行监管，它能够实施跨产品、跨机构、跨市场的协调，且更具连续性和一致性。显而易见，功能性监管更适合采取分业经营的我国。银监会、证监会、保监会3家监管机构应相互协调，共同促进我国金融体系的安全。设立金融监管委员会是我国金融业发展的必然。随着金融业的发展，金融混业经营已由初见苗头到快速发展，目前一些金融机构已成为全功能的金融机构。我国的金融监管必须适应经济金融的实际，分业监管已不适应我国国情。当前，设立金融监管委员会是必然的选择。在金融监管委员会内设立3个副部级的专业监管委员会，即银行业监管委员会、证券业监管委员会、保险业监管委员会，这样既能对商业银行进行分业监管，又能统筹兼顾，协调各业联合监管。

总之，我们“应该把作为制度支撑的监管制度的创立当作基础设施改革整体不可或缺的一部分，而不是将其作为事后的思考”。① 当然，有效的监管制度不可能一蹴而就，我们应不断加强研究。

## 四、商业银行退市法律制度比较研究②

在真正的市场经济中，无论国家采取何种保护措施，一定数量的银行破产都是不可避免的。正如世界银行在一份研究报告中所说：“银行监管当局的任务是保护整个银行体系，而非拯救每一个陷入困境的银行。如果当局采取逐一拯救的政策，将会降低银行破产的可预期的风险，刺激银行进行高风险经营，这样对整个银行体系的安全与稳定是极为不利的。”为维护公众信心和金融体系的安全稳健，世界大多数国家建立了银行市场退出的机制。

① Paul L. Joskow. 发展中国家基础设施部门改革的管制重点：世界银行发展经济学年会（ABCDE 1998）报告 [R].[S.L.：s.n.]，1998.

② 孟昕 . 论商业银行强制性退市的法律监管 [J]. 法制与社会，2016（1）.

### （一）商业银行退市的必要性与特殊性

1. 必要性

有市场进入必有市场退出，这是市场经济的基本要求。商业银行退市是市场经济优胜劣汰机制的一种表现，对于增强金融机构和投资者的风险意识，调整金融业结构具有积极作用。格林斯潘曾说："最好的银行市场淘汰率不是零。"①合理地安排陷入困境的银行退出市场十分必要，在以银行业为主导的庞大金融产业中，银行作为货币的集中者、货币和资本的购买者以及其他多项金融服务的提供者，对一个国家的国民经济发展起着极为重要的作用。银行对于每个公民来说，和水、能源一样都是须臾无法离开的必备品。正因为如此，监管当局必须及时发现问题，及时采取有效措施予以纠正，以有效维护存款人和债权人的利益，维护金融业的健康发展，维护金融体系的稳定和人民大众的信心。在健全的市场经济中，必须有一种机制能够使缺乏竞争力和存在问题的银行被淘汰出局，这也是《巴塞尔协议》所提倡的"市场约束"原则的基本要求。②

银行的退出是危机银行经营反映到市场的种种可能的结果，它全面体现了一个国家、一个制度对危机银行的救济与安排，从而最终改变破产银行的形态，是一个主观化的过程。面对不同程度的银行困境，在崇尚法律或有浓厚法律传统的国家，纷纷运用包括法律手段在内的各种手段对银行进行诊断及相应的破产制度安排就是按市场经济规律办事。纵观世界各国，越是市场经济成熟的国家，就越注重银行破产的法律制度的建立和完善，很多国家都有专门的银行破产立法，甚至有一整套银行破产法律制度。马克思认为，只有毫无历史知识的人才不知道：君主们在任何时候都不得不服从经济条件，并且从来不能向经济条件发号施令。无论是政治的立法或市民的立法，都只是表明和记载经济关系的要求而已。③从浪费资源和使人们痛苦的观点来看，任何企业破产都是坏事。但是破产对于保持经营效率，以及从那些资源使用不当的方面收回资源却是必要的。金融经济的发展已经提出了建立商业银行

① 史纪良．银行监管比较研究 [M]. 北京：中国金融出版社，2005：271–275.

② 周小川．保持金融稳定防范道德风险 [N]. 金融时报，2004–10–4.

③ 马克思，恩格斯．马克思恩格斯全集：第4卷 [M]. 北京：人民出版社，1972：121–122.

退市制度和要求。国际货币基金组织在《有序和有效的破产程序：重要问题》的报告中就指出："当前的经验已经表明，缺乏有序和有效的破产程序可能加重经济危机和金融危机。"①第二次世界大战后，日本一直奉行金融机构无破产的政策。但在"泡沫经济"破灭之后，金融业不良债权直线上升，不会破产的神话难以再续。1995年8月30日，日本津和、兵库两家最大的地方信用社，首开第二次世界大战后金融机构破产倒闭先例，不得不由日本银行、储蓄存款保险公司和一些商业银行联合出资对其债务进行清算。理论和实践均已证明，固守银行不能破产的观念是违反金融业运行规律的。

2. 特殊性

必须指出的是，在普通破产法下，"支付不能"是启动破产程序的前提，但该含义不适用于银行破产程序。假如不能避免银行破产的话，为了使债权人的损失降到最低程度，从广义的银行失败含义出发，银行破产程序必须更早地启动，它通常要早于普通破产程序。基于公共利益的考虑，银行破产有两个例外：一是银行"太大不能倒"；二是银行倒闭可能造成支付体系的崩溃（系统性危机），危及金融业的稳定。

一家银行的规模有可能"大到其存款人无法承受破产带来的损失""大到存款保险基金无法承受赔付要求""大到其破产的影响无法被承受"的程度。早在1873年，沃尔特·白哲特就说过："在一家银行倒下去拖累一大片的疯狂年代，阻止连锁倒闭的最好办法就是阻止第一家银行倒下去。"②如果一家银行的资产负债表现为具有偿付能力，中央银行通常就会以最后贷款人身份提供流动资金支持。在大多数国家，当一家大型银行发生危机时，最后贷款人没有明确的职责，甚至依照什么法律采取措施也不明确。这一现象具有国际性，因为银行通常不要指望在紧急状况下获得政府的支持。当银行业出现系统性问题时，就需要有更全面的策略以使银行业恢复稳健。当银行经营失败影响到全国银行业存款总额的20%以上时，便被认为出现了银行业系统性问题。对银行业进行全系统范围改造包括：对导致系统性问题的多重潜在原因，从宏观经济角度进行分析，在微观经济方面进行努力，以改进银行监管；改正

① 托马斯，梅耶，等．货币、银行与经济[M].洪文津，译．上海：上海三联书店，1994：59.

② 艾娃·胡普凯斯．比较视野中的银行破产法律制度[M].季立刚，译，北京：法律出版社，2006：15-16.

法律、会计和监管体系方面的缺陷；使濒于破产的银行重获新生。如果大批银行受到影响，那么设立一个集中的机构来处置经营失败银行的资产就是个好办法，例如，为应对20世纪80年代美国银行业的危机，美国国会设立了资产处置信托公司，负责处置经营失败的存贷机构的资产。

### （二）商业银行退市法律措施比较分析

从世界各国对问题银行的处理方式看，处置程序安排大体上是一致的，即开始尽力拯救，拯救无效的情况下再考虑退出。处理方式包括接管、购并和关闭。

接管就是通过整顿和改组，对被接管银行的经营管理、组织结构进行必要的调整，使被接管银行在接管期限内，改善财务状况，渡过危机。被接管银行的债权债务关系不因接管而变化。从各国的情况来看，实施接管主要有两种类型。一是由监管当局接管。许多国家的银行法都规定，当银行面临严峻的信用危机时，金融监管当局接管该银行。二是由存款保险机构接管，如美国、加拿大的存款保险公司有权对经营失败的金融机构实行接管和清理。

购并包括收购和合并。一般说来，收购是指一家健康的银行采取现金或股票的方式购买陷入困境的金融机构的全部或大多数股权。合并一般是指一家健康的银行与陷入困境的银行将它们的全部资产负债合并在一起，如日本大和银行由于在美国国债交易中受挫而与住友银行合并。

关闭意味着清算破产，即对无偿债能力的金融机构进行接管，实行管制性管理，禁止挤兑，金融机构的股东将交出他们的股本，附属债务的持有人也将交出一部分或全部资金，投了保的储户存款将予偿还，对金融机构的任何剩余资产将通过拍卖来偿还所欠债务。

不管什么退市方式，都需要对公司进行清算。而有关清算的法规应该包含完整规范的退市清算操作的法律步骤、完善的清算法规、健全而规范的清算组织及其职责和合理的清算方案；还要包括以什么会计方式进行审计，以什么模式对资产和负债进行评估，对债权和债务的确认和处理的原则和方式等。

金融机构退市的清算过程，将产生很多矛盾和不确定性，可能对债权债务双方和监管机构都产生较大影响。所以在退市之前，监管机构之间应加强信息交流，债权人、股东以及银行管理部门之间应加强信息沟通。因为相关清算的法规将影响监管方式；不同清算规则将影响存款人与其他债权人收益，影响存款保险安排；清算人之间的合作将影响债权人在清算中的收益，并受监管机构在清算中所发挥作用的影响。

目前，我国对危机处置和退市后的损失承担尚无法律予以明确规定。在已有金融机构退市案例中，政府是最主要的损失承担者。政府往往倾向于由以国家信用为支持的国有商业银行托管风险金融机构。现有11起危机处置和退市案中，有10起债务清偿由国家承担。如工行接管海南发展银行；建行接管“中农信”；广信7.8亿自然人存款由广东省政府财政厅垫出资金，委托中行广东省分行向自然人支付存款本息，然后，中行将取得这些自然人对广信债权的代位求偿权，作为普通债权人与其他债权人一起受偿。这是中国特色的做法，也参考了国际惯例。由此，国家就成为风险损失的最后承担者，结果加剧了国家风险的积聚。① 虽然股东、存款人以外的债权人必须承担部分损失，但无论从国际惯例还是从国情来看，中国不可能在金融机构退市时让存款人特别是小额存款人承担全部损失。过去的情况说明，我国金融体系并不缺乏“公共安全网”，相反倒存在“隐性的行政性安全保护网”，即使发达国家也没有达到我国对存款人甚至对金融机构这种保护程度。但我国尚未建立起一个适当合理的金融风险转移机制，所以，长期以来，每当出现问题或金融风波时，作为金融机构的最后贷款人，总是监管机构和政府承担了本应由投资者、债权人、经营者甚至存款人所应承担的全部责任。政府承担过多责任，保护“过宽”，反而导致逆向选择和道德风险，从而产生两种负面效应：一是基础货币大量投放导致通胀；二是道德风险的发生严重削弱了市场的惩戒作用。所以，有必要用法律来规范商业银行退市行为。

### （三）我国商业银行退市立法构想

#### 1. 坚持清算主义为主、重建主义为辅的立法理念

破产法起源于古罗马，长期以来人们一直坚守这样一个观念：破产就是倒闭清算。从古时的“砸凳子”到现在的“摘牌子”，都意味着无力偿债者丧失经营资格，而只能坐视债权人瓜分其财产。破产清算是一种死亡的机制，

① 杨帆. 金融危机处置与退市法律保障 [M]. 北京：中国社会科学出版社，2003：132.

是一种优胜劣汰的机制，是在司法程序之下，为清偿债务而提供的文明有序的制度安排。20世纪以来，特别是70年代以后，从各国立法情况看，重视重整制度已成为国际破产法发展的重要趋势。这种破产立法价值重心的迁徙，为再建主义在银行破产立法中的实现提供了契机。[①]巴塞尔银行监管委员会制定的《有效银行监管核心原则》将信用机构的重组、重整或改组作为问题银行的纠正措施。亚洲开发银行也曾提出建议，当某家银行的偿付能力出现困难时，应先由银行监管的重组部门来管理。银行重组战略的主要目标是使各银行和整个银行体系恢复盈利和清偿能力，包含扶持有生存能力的银行，改善所有银行经营环境，并处理那些资不抵债、没有生存能力的银行。

在这种立法理念的启发之下，实践中我国对于金融机构市场退出方式主要采用重整、行政性关闭而不是市场化的破产清算方式就不值得奇怪了。我国目前对于危机银行的处置，通常采取的是接管、关闭和撤销3种方式。

当今破产法改革的趋势是强调再建主义，但并不能因此否定清算主义。各国在再建程序和清算程序的适用顺序问题上，就有前置主义和并列主义两种体例分类。前置主义将再建程序置于优先适用的地位，法国1985年的《困境企业司法重整及清算法》是前置主义的代表。但当前多数国家的破产立法实行并列主义，允许当事人自行选择优先适用再建程序或清算程序。世界银行和国际货币基金组织制定的《应对银行破产的法律、组织和监管框架》第6章就有专门的银行清算，就各国建立和完善银行破产清算立法提出了建议。《信用机构重组与清算指令》同时指出，信用机构重组、接管等并不意味着能避免破产的命运，若被接管对象的财务状况恶化，接管重组后仍然有可能被清算或宣告破产。实践已证明，试图想在两种主义中划出清晰的界线或者采取任何一种极端的做法都是困难和错误的。正确的做法应当是一方面看到两种主义的分歧，另一方面意识到机械地在两种主义中做出非此即彼的选择而带来的危害，以科学的态度去面对、平衡清算主义与再建主义二者之间的关系。

银行破产法立法中的清算主义与再建主义的争论与交锋，反映了银行立法中从破产清算到破产预防的法律价值取向，体现了银行破产法的功能从传统到现代的转变。而且，这种变化也深深影响了我国银行破产法的运动。正

① 赵万一，吴敏.我国商业银行破产法律制度构建的反思[J].现代法学，2006（3）.

如哈罗德·J. 伯尔曼所说，法律的发展被认为具有一种内在的逻辑：变化不仅是旧对新的适应，而且也是一种变化形式的一部分变化过程受某种规律的支配，并且至少事后认识到，这种过程反映一种内在的需要。①

2. 立法原则

第一，安全稳定原则。危机之中保障安全是首要目标。金融的特殊性决定了退市是两难选择。退市旨在化解风险，但又不可避免会在一定范围、区域引发不同程度的社会和经济振荡。所以，只有以坚持风险最小化为根本原则，才能维持金融体系稳健，将危机、风险的负面影响降至最低（其次才能权衡用最小成本带来最大效益的目标）。这是危机处置和退市决策必须重视之精要。内部控制、审慎监督和市场力量是构成金融稳健的三大支柱。

第二，保障客户合法权益和维护公众信心原则。公平和效率也是危机处置和退市决策必须权衡的难题。金融业是将分散的存款人或投资人的流动性债务转化为对借款人资金需求的非流动性债权的金融活动，因此具有很高的资产负债比率，完全依赖外部公众的信任。所以各国《商业银行法》《保险法》《证券法》规定，在商业银行、保险公司清算时，应优先保护存款人、投保人和投资人的合法权益。在建立危机处置和退市法律保障时，也应该制定相关的法律制度明确保护存款人、投保人的利益，以维护公众对金融体系的信心。

第三，审慎性原则。危机处置和退市决策还需要注重审慎性原则，应该在严密审慎的法律框架之下，通过充分的、透明的、有效的方式，向社会公众准确表达金融退市的原因、危机处置的方式及稳定公众对银行信心的相关措施和安排。金融业是经营货币信用的特殊企业，充足的资本金仅是安全的基础，而维护安全更重要的因素还是信用。经营风险和危机处置的失败将直接动摇公众对金融机构的信心。因此，在建立金融机构退市法制时，应制定高于一般工商企业退市的审慎标准。

第四，保护主义原则。保护主义是国家主权原则的体现。它主要是以我国经济发展为出发点，重点保护我国金融业免受外来干扰和控制，从而对外资金融机构施以严格监管，不允许外国势力过多渗透和控制。它要求对外资金融机构的外币存款和外币保险应设立更严格的保护机制；对外资金融机构

① 哈罗德·J. 伯尔曼 . 法律与革命 [M]. 贺卫方，译 . 北京：中国大百科全书出版社，1993：11.

退市的监管应把握更严格的标准。1970年《安第斯共同市场外国投资法》、葡萄牙1975年《银行法》和美国1978年《国际银行法》明显采取保护主义原则。乌拉圭回合后，各国金融业开放的障碍大为减少。但多数国家并没有放弃而是调整政策，倾向于灵活而有限度的保护主义做法。我国危机处置和退市决策及其立法也应参照这种灵活的做法，以有效保护国内债权人的权益。

3. 具体建议

为了防止金融机构过度风险扩张，促进社会和谐和经济稳定，应该对现行金融机构市场退出法律、法规进行普遍清理，消除各层次法律规范之间存在的法律冲突，以及各部法律法规之间的矛盾。对涉及金融机构市场退出的法律内容进行补充完善，使之形成一个内容完善、效力层次分明、逻辑体系清晰的法律体系。

目前我国金融机构市场退出缺乏系统的法律、法规，对金融机构市场退出的方式、方法、标准、范围和程序等内容都没有做出明确的规定。因此，应该加紧制定相关单行法规。①制定《金融机构接管条例》。主要应规定接管的定义、接管的目的、接管的主体、接管的期限、接管的终止。②制定《金融机构破产条例》。主要内容包括立法宗旨、适用范围、破产原因、破产申请的提出和受理、破产宣告和破产清算、破产责任。③制定《金融机构并购条例》。主要内容包括立法宗旨、并购的主体、并购的条件、并购程序、并购的法律后果、并购责任。④制定《存款保险法》，建立我国存款保险制度。我国的存款保险制度宜采用强制型存款保险，对存款人员实行有限赔付，覆盖的范围应是境内所有依法设立的金融机构，受保护范围也应该包括多类存款。

在制定完善这些法律法规的时候，尤其应注意以下几个问题。第一，对于金融机构市场退出法律制度的适用对象要谨慎把握，并非有问题的金融机构就必须适用市场退出。金融机构的问题大致可以表现为两类：一类是系统性问题，存在这类问题的金融机构资产质量低劣，财务上出现严重亏损，从根本上丧失了偿付到期债务的能力，一般应采取果断措施让其退出市场；另一类是临时性问题，一般是金融机构出现一时的流动性风险，主要表现在临时性的支付困难或财务亏损以及短期性的资产质量下降，使资产流动性出现问题，出现这类问题的金融机构不可轻言退出。第二，在金融机构市场退出方式的选择上应该更多地选择购并等主动型方式，尽量避免使用破产等被动型方式。这不仅是保护存款人和其他债权人的利益免受个别金融机构倒闭而造成的损失，更重要的是有利于尽可能地降低金融震荡的程度，防止金融危机的发生。西方国家的实践证明了这一点，如在德国，联邦金融管理局对金融机构的市场退出就很少采用关闭措施，对破产的司法程序要求也很严，尽量避免关闭、破产情况的发生。而且对不同性质的银行采取了不同的退出方式，如对国有银行就不适用破产程序，其债务由国家偿还；对私营股份制银行，在出现严重问题时，先由联邦金融管理公司实行关闭，如有其他金融机构愿意接收的不适用破产程序，如无其他金融机构接收，其又资不抵债的，才必须适用破产程序；对于信用合作银行一般由同业协会接管和兼并。再如美国，在市场退出方式的选择上，首要的是设法使面临倒闭的银行和一家稳健的机构在无第三者帮助的情况下合并，这种方式使买方银行承担兑付倒闭银行存款的责任并接受其损失，不动用存款保险基金。在不能安排这种无须外来帮助的合并时，才由存款保险基金介入，或者补偿买方所承担的损失，或者给予买方某种形式的担保。在上述两种安排都难以付诸实施的情况下，再由存款保险机构对倒闭银行或直接注资，或对其进行接管，或直接将其关闭。[①] 第三，建立健全金融机构市场退出法律责任追究制度。金融机构市场退出很多是由金融机构的管理人员的管理不善及道德风险造成的，如果不追究对金融机构市场退出负有直接责任的人员的法律责任，显然会放纵道德风险的继续，无疑对整个金融业的稳定是不利的。

## 五、外国金融监管法制经验及其对我国的启示

金融监管意即金融监管机构依据监管法律或其他规范，利用其职权对监管对象（包括被监管机构和被监管行为）进行的管理和监督，促使其依法稳健运行的一系列活动的总称。一般来说，金融监管的实施局限于主权国家的金融市场，是主权国家政治法律与经济活动相结合的产物。各国社会条件和经济环境的差别决定了其各自金融监管模式的差异，包容所有主权国家金融监管事实的理论方法尚未出现，因此金融发达国家的监管实践成为有代表性的研究对象。本节将对金融发达国家的监管经验做初步探索，以期推进我国

① 周辉斌 .WTO 与我国银行监管法制完善研究 [M]. 北京：中国方正出版社，2003：227.

金融监管法制建设。

### （一）外国金融监管法制经验

随着金融全球化和自由化，日新月异的金融创新以及金融控股公司等金融跨业组织形态的产生和发展不仅改变了一些国家或地区的金融经营体制，而且推动了世界范围内金融监管法制的变革，监管原则、监管方式、监管标准、监管程序等都发生了变革。

第一，确立了金融效率优先的监管原则。霍华德·戴维斯说过，某些国际标准或许过于琐碎和复杂了，并不都适应新兴经济体的需要，更值得重视的是其中包含的原则。吴志攀教授在为《美国金融服务现代化法》译本所做的序言中，将金融业分为3个发展阶段，它们分别是本地金融市场阶段、本地金融市场让位于国际金融市场阶段及国际金融市场让位于全球化的无疆界市场、国际金融中心交易让位于无时空限制的全球交易阶段。金融监管原则也因此而发生了变化。监管最初是为了安全，然后发展到监管是为了提高资源配置的效率，现在又发展到为了增强本国金融机构在全球的竞争力而监管。《美国金融服务现代化法》正是在第三种原则基础上出台的。对现代金融监管原则可以理解为，它是摒弃了单纯为金融安全而监管，选择以金融安全与金融效率并重或为增强本国金融机构的竞争力而实施监管作为金融监管的既定目标或根本行为准则。笔者赞同曾彼清博士的观点，金融安全是金融效率的基础，金融安全的最终目的是为了实现金融效率；纯粹为了安全而安全，并因此牺牲金融效率的立法观念，最终会因为金融业的无效率而成为空中楼阁，使不能持久的金融安全最终化为乌有。

第二，统一监管机构，使监管与监管对象结构相一致。正如格林斯潘指出的：监管必须与监管对象结构相一致。设立单独的监管机构有助于形成与能够集聚大量金融资源的金融控股公司等大型组织相抗衡的强大力量，从而保障社会安全和公共利益。世界许多国家正在进行金融监管体制由分散的多层次的管理体系向综合性的管理体系过渡，如英国、日本、挪威、韩国和澳大利亚等国。统一监管模式不仅可以节约监管成本，而且可明确监管职责，避免机构之间的推诿卸责。

第三，改革监管方式，从机构型监管过渡到功能型监管。霍华德·戴维斯指出："我认为监管者的主要作用应该是监督和保护市场的发展，而不要总是试图去领导市场的走向。"随着全球金融业从分业经营向混业经营转变，金融监管也从传统的机构型监管模式向功能型监管模式过渡。功能性监管则是根据金融体系基本功能而设计的一种能够实施跨产品、跨机构、跨市场协调的金融监管体制，即一个给定的金融活动由同一个监管者进行监管，而不论这个活动由谁来从事，金融监管部门关注的重点是金融机构的业务活动及其所能够发挥的基本功能，而不再是金融机构本身。所谓机构型监管是按照金融机构的类型设立监管机构，不同监管机构分别管理各自的金融机构，但某一金融机构类别的监管主体无权干涉其他类别金融机构的业务活动。混业经营与分业经营孰优孰劣本书不做评论，但实行混业经营并不一定比实行分业经营产生更多的风险，某种经营体制是否与一国金融环境、法律环境等因素相适应才是考虑评判该体制优劣的标准。各金融发达国家面对金融业的新发展纷纷转变监管思路，功能性监管理念应运而生，功能性监管模式的优势不容忽视。

第四，在监管的标准上，从资本监管发展到全面性的风险监管。传统的监管标准主要是资本，即以资本充足率为标准，这种标准主要是针对信贷风险的，但金融创新使金融机构面临其他各种风险，仅仅对信贷风险进行管理，难以实现有效监管的要求，对诸如信用风险、利率风险、市场风险、流动性风险、法律风险等各种风险实施全面风险管理，已成为各国及国际监管制度发展的一个重要趋势。

### （二）借鉴他国成功经验，完善中国金融监管法制

一国金融监管模式的构建与该国特定的经济发展水平、历史文化背景、法制传统、政治体制等因素密切相连，因此并不存在一个普遍适合于各国金融业的金融监管体制。各国应从本国金融市场实际出发，借鉴他国成功经验，稳步推进金融监管体制改革。我国金融监管仍存在不少问题，如金融监管法规不健全、对风险性监管不够、监管方式粗放等。我国金融监管法制应着重完善以下几个方面。

首先，以统一监管替代分立监管。针对混业经营问题，英美国家对功能型监管理念的实现途径截然不同。与英国统一监管体制不同的是，美国在监管体系的建立方面所采取的具体措施是对传统的机构型监管机构进行整合，

并增加了美联储对金融控股公司的监管职能。但这种分立监管设计，并不表明美国从未思考过金融监管一元化的可能性，应该说，美国对这种监管体制的选择与其金融体系本身的弹性与灵活性是相一致的，正是这种自发的灵活性特征，使得即便处于分散庞杂的监管体系中，美国仍然能够渡过多次金融危机。英美国家的金融改革实践表明，世界上并不存在一种绝对优势的金融监管模式，但相对于分立监管而言，统一监管在一定程度上可以节约行政成本，减少不同监管主体之间的协调成本。根据国外的经验，在金融各业务部门交叉越来越明显的情况下，监管部门应考虑从分立监管向统一监管过渡的问题。在提高监管效率的所有方法中，最关键的是要存在强有力的独立的监管主体（监管者）。亚洲金融危机的教训表明，保持金融监管机构在政策操作上的独立性是非常重要的，监管者应该具有脱离于政府和其他政治力量的强制性的权威，在对金融机构发放许可证、实施日常监管、惩罚不正当交易行为和在金融动荡时采取迅速果断的矫正措施方面，应该具有独立的职能和实施权力。监管者的独立性应该以法律手段进行明确，这样才能在投资者中确立监管者的权威和可信任度，使得监管者可以保护公民免受官僚行政机构不当行为的影响，保护监管者不被既得利益集团所骚扰。要使监管者的独立性不受侵害，应该在人事任免上独立于行政体系，监管机构超脱于政府之外，不受政府机构人事更迭和政府领导人个人好恶的影响，同时，要维持监管者的独立性，就必须保证监管机构的预算和财务来源不受制于政府。另外，国际机构在促进各国金融监管机构独立性方面也有重大影响，巴塞尔银行监管委员会、国际保险监管者协会、国际证券业委员会组织、国际货币基金以及世界银行都在其中起到重要作用，它们的政策倾向和在监管手段方面的建议，深刻影响了发展中国家的金融监管机构的行为。

其次，应调整金融监管重心，从机构型监管转向功能型监管。金融产品虽然名目繁多，但从功能的角度看却是同质的，并且在长时间内是相对稳定的，因此，从功能的角度从事监管更加稳定和富有成效。为此，我国金融监管体制改革需要着力解决好3个方面的问题：一是打破按条条管理设置金融机构的监管架构，建立按业务归口监管的新构架；改变监管部门与金融机构之间所存在的上下级关系，切断二者在人事、利益和业务等方面的内在直接关联，有序地实现从按金融分产业监管向按金融分业务监管的转变。二是改变以审批为基点的监管方式，实行以登记为基点的监管方式；将监管部门的主要精力从审查有关申请资料和批准相关营业项目转向监管金融机构的业务活动和市场行为，给各类金融机构之间的业务竞争和市场竞争创造一个既有充分选择空间又有严格行为监管的外部环境。三是改变运用政策手段和行政机制以直接调控金融市场走势的监管取向，实行依法监管和依法行政，有效维护包括市场投资者在内的各类市场参与者的权益，积极维护金融市场的正常运行秩序，坚决打击和取缔各种违法违规行为。

最后，加强金融监管措施的制度化建设，以最大限度实现监管目标。金融监管机构实施有效金融监管的另一个必要条件是监管者必须拥有足够的资源以达成其监管目标。金融监管是一项成本很高的政府行为，它需要严格的风险防范措施、拥有高度专业知识和技术的监管人员以及高超的信息技术手段和协作顺畅的监管体系。所有这些都需要法制保障和资金投入。但是在现实经济中，监管机构往往是金融部门中的一个小机构，缺乏足够的资金和法制保障，难以完成复杂的艰巨的金融监管。所以，为了保证金融监管机构的监管效率，各国必须在对监管机构进行不断的投资基础上特别加强法制建设，使其实施监管行为有法可依。监管者必须对银行经营业务、融资技术、风险管理和市场趋势有透彻的了解，对金融机构的金融创新及其风险有迅速的反应。监管者还必须收集和分析那些最新的有意义的信息，不能仅仅依赖银行的财务报告，而要基于严格的程序对银行经营进行密切关注；监管机构还必须吸引和留住那些经过良好训练的专业人员，并使他们有避免腐败的内在激励。政府、金融机构和国际金融组织都应该统筹考虑监管机构的法制保障问题，以保证监管机构实现监管目标。

从全书综观分析来看，我国金融业混业经营的雏形已经具备，如光大集团、中信集团等，与之相对应的金融监管制度也在发生变革，学术界对金融改革的关注也是众说纷纭。正如戴维斯所指出的那样，“简单的是非回答并不能说明问题，更理想的总结是，未来还需要在各个方面付出努力，还要面对很多艰巨的困难，但改革的基本方向是正确的”。保留以往模式的有利之处，借鉴他国经验，寻求一条效率与稳定的中间道路，无疑是我们应当继续加以研究的课题。

## 六、论互联网金融中的风险及其法律规制[①]

目前，我国互联网金融的业态以P2P网络借贷、众筹融资和第三方支付等为主要代表，实现了对传统金融有形概念、时间概念、国家主权和货币主权概念、资源配置效力、现有竞争格局、行业限制的重大突破，但与此同时，我们也应清醒地认识互联网金融，其本质是金融，而金融的本质是信用，信用则意味着不可避免的风险。直面风险，我们需要严加监管，但诚然如邓小平同志所言，搞监管，“管”只是手段，“活”才是目的，因而得监管适度。相较于传统金融的风险，互联网金融具有除因其金融本质而当然固有的传统金融风险外，还因其互联网与金融的双重属性而使得风险更为复杂化，挑战着我国金融体系的稳定，受到了越来越多来自学界、司法实务界的关注。

2015年7月，经党中央、国务院同意，中国人民银行等十部委发布了《关于促进互联网金融健康发展的指导意见》（以下简称《指导意见》），确定了我国互联网金融法治建设的总体部署和顶层设计，它实际上就是我国互联网金融法治建设的一个立法纲要。基于“鼓励创新、防范风险、趋利避害、健康发展”的总体要求，鼓励和规范互联网金融发展，并建立了互联网金融管理基本框架。在未来的监管实践中，应该采用分类管理，注重金融属性，在鼓励互联网金融创新发展的同时，积极防范潜在的风险，特别是跨界风险。目前，网络借贷的监管框架尚未建立，需要在准入条件、资金托管、风险拨备、信息披露和纠纷机制等方面进行针对性监管。

### （一）当前互联网金融风险的主要类型

1.P2P网络借贷的风险

P2P网络借贷平台作为一种新型金融信息中介，旨在在互联网上对借贷双方进行撮合，是正规金融体系的有益补充，体现着普惠金融的特质，应回归小额、分散、小微的功能定位。但很多P2P平台为了确保投资者资金安全，纷纷开辟线上线下并行运营的O2O方式，切割传统纯信用平台业务，将风险剥离到第三方担保公司等专业机构。P2P行业过度依赖担保，就将自身放在与银行等传统金融机构竞争的地位上，又没有传统金融机构具备的各种优势，必然在

① 石天宇，任蕾．互联网金融的风险及其法律规制研究201510323043X[P].2015.

竞争中处于劣势，为了生存，必然会滑向违法违规经营甚至金融犯罪的深渊。

比如，开展线下营销，向不特定对象劝诱销售；非法建立资金池；以自融为目的建立伪 P2P 平台；默许借款人甚至自行制造假借贷标的；采用借新还旧的庞氏骗局模式，为平台母公司或其关联企业进行融资等。上述非法行为，严重损害了投资者利益，造成了巨大风险隐患，增加了社会不稳定因素。

2. 股权众筹的风险规制

股权众筹对于我国金融市场来说，目前最大的价值作用，在于帮助打破刚性兑付和过度依赖担保。相对于初创企业在前期背负负债而言，以股权方式进行投资更适合初创企业的融资需要。同时，股权众筹为初创企业也带来了各种资源，无论是先进的管理经验还是市场渠道，都是企业极为需要的。股权众筹中的投资者比起在 P2P 业态中能够更了解投资项目。在目前众多互联网非公开股权融资实践中，有以身边的小店为主要投资对象的平台，投资者既是股东也是消费者，投资者对投资项目的监督也十分便利，形成了非常良性的投资—消费生态圈。

股权众筹同样存在一些乱象，主要是违反相关法律法规，公开向社会宣传，向不特定对象募集资金；存在虚假或夸大项目，违规宣传保本、高收益；平台涉及混合经营，同时从事股权投资、P2P 网贷、众筹等业务，有些平台甚至没有任何互联网金融相关牌照，通过复杂的操作对自身加以伪装，在外观上与金融无关，但实质上从事互联网金融业务等。

3. 信息安全风险

随着互联网技术的发展，信息披露的载体从最初的纸质载体到网络载体，不再局限于文字，使得表达方式更加丰富，但是却不可避免地存在易篡改形式的安全漏洞。传统的信息披露方式通过纸质版文件进行，除非做出相应的说明，否则不能对其内容进行任意的删减或修改。但在网络环境下的信息披露，由于追求信息的时效性而更多表现为信息的暂时性，不但信息更新的速度惊人，更重要的，部分具有错误导向甚至违法的信息也由于当事人对法律的巧妙规避而以迅雷不及掩耳之势将其删除，导致后期的责任追究难以调取收集相关的证据材料，责任无法坐实。

4. 互联网金融另一个值得关注的领域

互联网金融另一个值得关注的领域是第三方支付领域，该领域存在的主要问题和风险是：以支付为名，行非法揽储之实；账户安全性不高；存在洗钱可能；备付金管理薄弱，存在备付金挪用可能；部分机构无证经营等。

### （二）应对我国互联网金融风险的法律规制建议

1. 深化互联网金融监管的基本思路

《指导意见》从鼓励创新、分类指导、健全制度3个方面构建了国家层面的互联网金融监管体系，为鼓励和规范互联网金融可持续发展奠定了制度基础。但是，互联网金融发展迅猛，各种业务模式亦动态变化，互联网金融监管的前瞻性研究、应急反应机制和完善的监管体系建设等都亟须完善。为了互联网金融协调发展，应该具有系统的监管思路。

一是注重分类监管。基于分类监管原则，不同的互联网金融业务模式适用不同的监管政策。分类监管原则分为两个层面：对不同的业务模式，采用不同的监管体系，明确互联网金融的监管主体、监管对象和监管范围，采取具有差异性的监管规范，以匹配原则性监管、限制性监管或功能性监管；对同一个业务模式下不同的子业务，应采用有区别的监管政策。比如，捐助类众筹与股权类众筹应有差异性监管政策。

二是注重金融属性。根据互联网金融业务是否具有金融属性而判定是否要进行监管，有所为有所不为。假定网络借贷平台仅是一个信息中介，而没有相关的主体性和实质性金融业务，金融监管部门可采用一般性监管原则进行监管，甚至可以不纳入监管范畴，以防止监管过度。但是，一旦网络借贷平台涉及信用、期限及相关的风险转换问题甚至资金池业务，就应当适用规范性监管原则。金融监管部门要注重信用中介的本性，出台相关的针对性政策进行监管。

三是注重监管协调。互联网金融风险具有明显的外溢效应。由于互联网金融存在跨界性，其风险外溢效应在混业经营趋势强化和分业监管模式的错配中将更加凸显。在现有的分业监管体系下进行分类监管，使得跨界风险难以有效应对。为此，应建立互联网金融监管协调机制，注重功能监管和综合监管。未来在央行《指导意见》的基础上，互联网金融监管框架的底线仍然是杜绝任何可能导致混业风险的漏洞。

四是注重系统性风险防范。互联网金融特有的操作风险、技术风险、法律风险以及监管失效等需重点关注和防范，其信用和流动性风险更值得警惕。通过各种渠道和机制，互联网金融实现了利率、期限和风险的重构，但本质上并没有消除风险，而更多是转移风险，同时还创造新的风险，甚至是系统性风险。鉴于此，要严防互联网金融风险引燃时间维度的系统性风险和空间维度的传染性，从而引发更大的风险。

五是注重金融消费者保护。互联网金融具有普惠性，在国内已经成为金融抑制下微观主体参与金融市场及其相关业务的重要渠道。但是，互联网金融存在着信息不透明、虚拟账号、委托代理等信息不对称问题，具有严重道德风险。同时，互联网金融具有典型的零售性，涉及的消费者或投资者众多，容易引发群体性事件。因此，强制性信息披露机制和金融消费者保护机制是监管部门强化互联网金融监管的重大任务之一。

2. 完善网络借贷监管的法律举措

为强化对网络借贷平台及其相关业务的监管，应该构建完善的网络借贷监管法律框架。监管主体应该明确职能、统一行动、各尽其职，健全网络借贷的监管规范框架，及时出台网络借贷行为的规范指引细则，以夯实网络借贷长期规范发展的法律基础。具体的监管举措应该包括以下内容。

一是严格市场准入标准，特别是最低资本要求。资本金是市场准入的核心要件。以英国为例，其监管部门对P2P进行规范性监管最为核心的内容就是设置了最低资本要求，以防范网络平台公司出现偿付风险，并防止网络借贷平台以“信息中介”为名没有任何成本和安全保障就从事“信用中介”业务。以此为鉴，国内监管部门要进一步明确网络借贷平台的从业人员资质、资本金以及技术门槛等具体要求。

二是建立资金托管制度，明确资金托管主体。网络借贷的资金流通可以通过第三方支付平台进行，第三方支付平台也可以成为资金托管方，但从安全的角度出发，资金托管主体更为合适的是银行。《指导意见》已经明确客户资金第三方存管制度，认定银行业金融机构为第三方资金存管机构。监管机构应该鼓励银行建立网络借贷的资金存管技术系统，促使政策可以有效落地。

三是建立风险准备金制度。网络借贷平台的违约将是市场化的表现，采用风险准备金制度是应对违约的基础保障。监管部门应该规定，每笔借贷根据其借款规模、利率及期限等提取一定比例的资金作为风险准备金，且风险准备金账户在监管部门认定的机构进行第三方托管，一旦发生逾期或违约则由风险准备金进行偿付。

四是建立信息披露及报告制度。网络借贷平台应该用通俗易懂的语言告知消费者其从事的业务，在与存款利率对比进行销售宣传时，必须要公平、明确、无误导；在平台上任何投资建议被视为金融销售行为，必须遵守金融销售的相关规定；定期向监管部门报告相关审计和财务数据、客户资金、客户投诉情况、上一季度贷款信息及客户违约信息等。

五是建立争议处置机制。一旦出现投资争议，投资者可以向网络借贷平台机构投诉。监管部门或行业协会应建立流程大致相似的投诉机制。投资者在向网络借贷平台投诉无法获得解决时，可通过监管部门或行业协议设立的网络借贷平台投诉中心解决纠纷。一旦被投诉中心认定是维权，监管部门可以据此对网络借贷平台施加相关的惩罚并责令其赔偿投资者。

# 第十一章　竞争法主要问题研究

## 一、加盟 WTO 与中国竞争法律制度的变革完善

随着世界经济日益一体化、全球化，竞争行为、竞争政策的性质正在发生变化：不受政府支持的纯粹私人商业竞争行为向受政府某种支持的商业竞争行为转化，在以跨国公司、各级政府和多边经济组织等全球各种力量的共同驾驭推动下，竞争政策的国别界限日趋模糊。在这种情况下，国际社会要求在多边框架下谈判达成 WTO 下的与贸易有关的竞争政策协议，以有效管制多边贸易体制中的不公平竞争行为的呼声日渐高涨。WTO 的基本法律文件（《1994 关贸总协定》）和三大协议（TRIMs《与贸易有关的投资措施》、TRIPs《与贸易有关的知识产权协议》及 GATs《服务贸易总协定》，均含有与竞争政策有关的条款。我国已经加入 WTO，应认真研究 WTO 规则，密切关注国际社会关于竞争政策的发展，制定、修改、完善我国相应的竞争法律法规，履行条约义务，迎接国际竞争。

### （一）GATT 或 WTO 中的竞争规则

从 GATT 到 WTO，这是一个历史性的发展，但 WTO 不是对 GATT 的简单继承，是在充分吸纳 GATT 成果基础上的扬弃、发展。因此，我们研究中国加入 WTO 后的法律应对，不应局限于 WTO 规则本身，应看到 WTO 规则的由来、发展，从中得到启迪，以发展的眼光变革中国竞争法律制度，而不是被动适应 WTO 竞争规则。

世界贸易组织的前身是 1947 年 10 月 30 日在日内瓦签订的关于调整各国在

国际贸易政策方面的相互权利与义务的一项多边条约，即关税及贸易总协定（General Agreement on Tariffs and Trade，GATT），其直接目的虽然不是调整竞争关系，但关贸总协定还是通过调整国家与国家之间在经贸方面的竞争关系，制止和消除国家之间的经济贸易竞争中违背诚实商业惯例的行为，以实现各缔约国缔结关贸总协定的基本目的——多边贸易自由化。关贸总协定规定的无歧视待遇原则、国民待遇原则、反倾销原则等，便是为了逐步消除国际贸易领域中竞争的各种限制和障碍，创造一个国际性的公平竞争的环境。关贸总协定规定的反倾销措施、反补贴措施、对国营贸易的限制措施、贸易保护条款等具体制度则将国家作为调控主体纳入竞争法体系。因此，关贸总协定实质上是国际经济领域中引导公平竞争、反对不公平竞争的一部调整竞争关系的法则。

1993年12月达成的乌拉圭回合多边贸易协议，对原关贸总协定的许多条款，尤其是有关竞争关系的条款，做了重大的修改和补充，并在三大协议（TRIMs、TRIPs、GATs）中对竞争政策和限制性商业行为做了具体规定，构成了WTO的竞争规则，使国际贸易的公平竞争条件得到进一步改善。

其一，对反倾销与反补贴做了更为具体的规定。针对出口国赖以进行不公平竞争的主要手段——倾销和补贴，《GATT1994》和《反倾销协议》(《关于实施关贸总协定1994年第六条的协议》)、《补贴与反补贴协议》对反倾销、反补贴做了更加具体的规定。在反倾销方面，对“低于成本销售”“累积评估”“最佳获得资料”“日落条款”“休克条款”“司法审查”“实质损害威胁的判断标准”等做了明确规定，[①] 扩大了反倾销措施的适用范围、放宽了倾销构成条件、强化了被控倾销方举证应诉及与进口国当局配合的法律义务。在补贴方面，新协议除了对补贴的认定做了更为明确的界定外，还对禁止使用的补贴、可申诉的补贴、不可申诉的补贴做出具体的规定，[②] 为各成员方的反补贴立法提供了样板，使世界上绝大多数国家和地区对补贴有了较为一致的认识，有助于限制某些缔约方将反补贴调查转化为一种非关税措施。

其二，针对进口国不公平竞争的主要手段——进口数量限制，GATT第十一条、第十三条等许多条款做了更为严厉的规定。实行数量限制就是采用行政手段限制外国产品与本国产品进行竞争，因而被《GATT1994》所禁止。

① 史纪良.银行监管比较研究[M].北京：中国金融出版社，2005：271-275.

② 史纪良.银行监管比较研究[M].北京：中国金融出版社，2005：271-275.

在某些例外情况下，也允许实施数量限制，但须遵守非歧视原则。[①] 乌拉圭回合的《保障协定》进一步澄清与补充了关贸总协定第十九条的规则，要求在该协定生效半年后，各方拿出一个取消“灰色区”措施的时间表，限定在WTO运作的4年内取消所有“灰色区域”措施。

其三，WTO的三大协议也直接规定了竞争政策。如《与贸易有关的投资措施协议》第九条（TRIMs）规定：货物贸易理事会应在WTO协议生效5年内审查该协议的运行情况，并提出相应的修改意见。审查过程中，应充分考虑将来在这一领域制定竞争规则的可能性。[②]《与贸易有关的知识产权协议》（TRIPs）第四十条允许各政府采取措施管理在合同许可中出现的，对贸易有负面影响并可能阻碍技术的转让与传播的反竞争行为。[③]《服务贸易总协定》（GATs）第八条规定，一成员国内的垄断服务提供者在有关市场提供垄断服务时，其行为不能损害其他成员的服务提供者按最惠国待遇、市场准入、国民待遇规定所享有的权利。[④]

### （二）完善我国竞争法律制度

面对WTO竞争规则的发展变化，面对我国加入WTO的新的竞争问题，我们应当在现行法律基础上根据WTO的竞争规则，吸收成员国先进的立法经验，尽快完善我国竞争法制度。

1. 制定市场竞争规则核心法律——《反垄断法》[⑤]

加入WTO后，我国市场除了要面对国内企业在市场运行过程中出现的各种反竞争的垄断问题，还要面临强大的外国企业。跨国企业竞争者进入市场发生了滥用优势地位、掠夺性售价、国际卡特尔等垄断问题，因此，我国正在草拟的《反垄断法》应尽快出台。

笔者认为我国《反垄断法》应摒弃传统的结构主义，贯彻效益优先原则，将制裁重点放在滥用优势限制竞争造成效益低下的垄断行为上，并适应“入世”后的新形势将反对国际垄断涵盖其中。在规制范围上，包括对行政垄断

① 史纪良．银行监管比较研究[M]. 北京：中国金融出版社，2005：271-275.

② 史纪良．银行监管比较研究[M]. 北京：中国金融出版社，2005：271-275.

③ 周小川．保持金融稳定防范道德风险[N]. 金融时报，2004-10-4.

④ 马克思，恩格斯．马克思恩格斯全集：第4卷[M]. 北京：人民出版社，1972：121-122.

⑤ 写作本书时尚未出台《反垄断法》，收入本书时尊重学术史。

和经济垄断的规制两大部分。首先应将反垄断法之垄断界定为违法行为，以区别于合法垄断行为，[①] 行政垄断应界定为政府及其部门滥用行政权力限制竞争的行为，主要表现为行业垄断和地区垄断。为了使禁止行政垄断成为可操作的法律规范，反垄断法应当列举行政垄断的主要表现。如乌克兰1992年《禁止垄断和企业活动中不正当竞争行为法》第六条将行政性限制竞争行为列为6种：①出于限制竞争的目的，禁止某个经济领域建立新企业，限制某种活动或某种产品的生产；②强迫企业加入联合体，或者强迫它们订立优惠合同，向某些消费集团提供价格便宜的商品；③做出可导致市场垄断地位的由中央分配商品的决议；④向个别企业提供税收或其他方面的减免，由此取得优势地位，导致垄断化；⑤限制企业购买或销售商品的权利；⑥对个别企业或企业集团发布禁令或限制。[②] 这些规定对我国规制行政性垄断行为有一定的参考价值，同时，我国反垄断法应与 WTO 竞争规则对政府的规范要求相衔接。如政府不应阻止国营贸易企业根据非歧视原则开展商业活动；[③] 政府可以实施不可诉补贴，不得实施禁止性补贴；[④] 政府可采取保障措施等[⑤]。经济垄断是市场竞争主体依靠其本身的市场支配力，在经济活动中实施的排斥和限制竞争的行为。其表现形式主要有滥用市场支配力、企业间限制竞争的卡特尔协议、大型企业兼并中的垄断行为等。我国反垄断法也应对上述行为进行有效的规制。需要指出的是，我国反垄断立法既要反对国内垄断，也要反对国际垄断，对“入世”后已经出让的或可能出现的掠夺性销售、低价促销、价格国际、跨国并购、共谋分割市场等国际市场垄断行为应按照国民待遇原则平等规制，禁止跨国公司滥用市场支配地位、禁止影响国内市场的国际卡特尔、限制跨国公司的外部扩张。同时应借鉴美国联盟的做法赋予《反垄断法》域外效力，将打响我国国内市场竞争的域外垄断行为纳入我国反垄断法规制范围。另外，

① 托马斯，梅耶，等. 货币、银行与经济 [M]. 洪文津，译. 上海：上海三联书店，1994：59.

② 艾娃·胡普凯斯. 比较视野中的银行破产法律制度 [M]. 季立刚，译. 北京：法律出版社，2006：15.

③ 艾娃·胡普凯斯. 比较视野中的银行破产法律制度 [M]. 季立刚，译. 北京：法律出版社，2006：15.

④ 艾娃·胡普凯斯. 比较视野中的银行破产法律制度 [M]. 季立刚，译. 北京：法律出版社，2006：15.

⑤ 艾娃·胡普凯斯. 比较视野中的银行破产法律制度 [M]. 季立刚，译. 北京：法律出版社，2006：15.

我国反垄断立法对除外制度、实施机制、法律责任也应科学界定、认真设计，以适应“入世”后WTO竞争规则的要求和反垄断国际合作的需要。

2. 修改完善《反不正当竞争法》

“国家经济政策的第一个目标就是确保竞争”[①]，而确保竞争的根本手段是法律手段，因此，体现竞争政策的竞争法自然成为主要法律。为适应“入世”后竞争形势的变化，反映我国的相应竞争政策，修改完善《反不正当竞争法》成为当务之急。

首先应增加对新的不正当竞争行为的界定。随着市场经济的发展，一些新型不正当竞争行为大量出现，对竞争秩序造成了危害，需要及时纳入《反不正当竞争法》中去。结合WTO的相关竞争规则和WIPO《反不正当竞争示范条款》规定的五种典型不正当竞争行为（第二条至第六条分别界定了混同、损害他人商誉或声誉、误导分众、诋毁他人企业或其活动、关于秘密信息的不正当竞争），笔者认为可借鉴《示范条款》的立法体例[②]，对每一不正当竞争行为条款分设基本原则之款和行为示例之款，实现法律原则的确定性和范例型操作性的最佳结合。参照《示范条款》的具体规定，将我国目前反不正当竞争法未涉及行为逐一收进去。如将假冒未注册商标、商业标识、商品外形、产品或服务的表征以及名人或角色商品化权等归类于“混同”；规定“误导行为”判断标准；对不当利用他人成果行为（淡化标记显著性、利用他人声誉、盲从模仿、寄生行为等）做出规则，界定比较广告、传销等其他不公平竞争行为等。另外竞争规则中的反倾销、反补贴也应写入我国竞争法。

其次应对损害救济做出重大改进。如借鉴《反不正当竞争防止法》从适当减轻原告的举证责任着手，增加损害赔偿额的推定依据，加重对不正当竞争行为的制裁，日本新修订的不正当竞争防止法将原50万日元的法人罚款上限提高到1亿日元，对个人最高可处300万日元罚款，情节严重的可处3年以下有期徒刑；该法还扩充采用恢复信用请求权的民事救济措施，规定对于因故意或过失进行不正当竞争而侵害他人商业信用的，法院可依受害人的请求，命令侵权者采取措施恢复受害人的商业信用或者在损害赔偿的同时采取恢复商业信用的必要措施。我国反不正当竞争法若增加减轻原告举证责任，加大

① 赵万一，吴敏．我国商业银行破产法律制度构建的反思 [J]. 现代法学，2006（3）：83-90.

② 哈罗德・J. 伯尔曼．法律与革命 [M]. 贺卫方，译．北京：中国大百科全书出版社，1993：11.

处罚力度，责令采取罚金，恢复受害人商业信用等措施的条款将大大有利于保护诉讼权实现，有效制止不正当竞争。

3.加快相关法律中竞争条款的修订完善

检视我国现行法制，特别是与WTO规则相关的法制领域，我们就会发现，它们与世贸组织的规则和原则还有很大的距离。WTO体制中蕴含法的自由、公平等要求我们修改现行法律妨碍自由竞争的条款。在企业法方面我国有《公司法》《全民所有制工业企业法》《乡镇企业法》《中外合资经营企业法》《中外合作经营企业法》《外资企业法》等多部法律，企业名称不同，性质不同，法律地位和待遇差别也很大，与WTO要求的“国民待遇”原则不相一致，极大地妨碍了不同类型市场主体的平等竞争，应变按所有制形式立法为按企业的责任形式立法，废除在投资、用地、税收、贷款、公司上市、市场准入及其他资源配置方面的“唯成分论”，按市场经济和WTO的原则构建企业法律体系。在税法体系中，我国税法对外资企业在税种、税率、税基、减免税方面不同于“四资”企业的优惠规定以及不分规模、不分技术档次、不分行业市场甚至慷国家之慨，随意给予优惠的做法，不符合税收法定原则，不符合WTO的透明原则和非歧视原则，容易被归入TRIMs协议所禁止的投资措施和《补贴与反补贴措施协议》所禁止的补贴的行列，从而引发贸易争端，所以应取消对外资企业税收的超国民待遇。另外，应根据WTO关税减让原则及《中国加入世界贸易组织议定书》修改完善《关税条例》，将国际上通行的从量税、季节税、特殊关税等措施吸收进来，包括WTO认可的反倾销税、反补贴税等，进一步建立符合市场经济要求有利于公平竞争的关税法律制度。在知识产权保护方面，我国已基本建立起以《商标法》《专利法》《著作权法》《计算机软件保护条例》等为主的法律体系，但与WTO规则中《与贸易有关的知识产权协议》（TRIPs协议）的规定还有一定距离，如对地理标志的保护尚未纳入《商标法》的调整范围、对未披露过的信息的界定尚需完善。因此，我国“入世”后应加快《商业秘密保护法》《科技成果转化法》《集成电路保护条例》等法律法规立法工作，该出台的出台，该修订完善的及时修订完善。在对外贸易立法方面，现行《对外贸易法》对保障措施、竞争政策等都缺少详细规定。国际贸易交易繁杂，涉及环节多，如进出口管制、海关、商检、卫检、外汇、税收、运输保险等，因此“法出多门”，这些法律规范之间缺少有机联系，没有统一的协调机制。因此变革《对外贸易法》并制定配套法律及实施细则，既是对我国加入 WTO 庄严承诺的履行，也是创造相对公平的竞争环境、建立透明的对外贸易秩序的必然要求。依据我国政府的对外承诺，我国在加入 WTO 后3年取消外贸许可制，除指定经营的产品外，所有在中国依法注册登记的企业都可以享有外贸经营权。国营贸易将不再作为国家控制进出口的主要措施。中国政府将开放银行、保险、商业、教育、服务行业。同时我国政府承诺逐步取消产品的非关税措施。因此应遵循 QATS 的有关规定，加强服务贸易立法，尽快制定《国际服务贸易法》《商业组织法》《旅游法》《电信法》《来华服务人员条例》等法律法规，同时要修订完善《对外贸易法》这一基本法，细化对外贸易登记制实施条款，借鉴 WTO 保障措施的规定强化我国保障条款的操作性，为保护竞争主体的正当权益做好法律准备。

## 二、论一般条款

我国《反不正当竞争法》第二条第2款（以下简称《定义条款》）规定："本法所称的不正当竞争，是指经营者违反本法规定，损害其他经营者的合法权益，扰乱社会经济秩序的行为。"很显然，这是我国《反不正当竞争法》中对"不正当竞争行为"所下的定义。然而，围绕这一条款规定是否还具有一般性条款的性质，目前，还存在着争议。笔者拟结合外国法的规定与实践，对我国竞争法一般条款的设立及法律适用类型做初步探讨。

学者基于对新出现的不正当竞争行为调控的考虑，并借鉴德国、瑞士等国家的立法经验，赞成把《反不正当竞争法》第二条第2款，即"本法所称的不正当竞争，是指经营者违反本法规定，损害其他经营者的合法权益，扰乱社会秩序的行为"，认定为一般条款。而参与《反不正当竞争法》立法的立法者介绍，"违反本法规定"几个字当时有着特殊的立法意图——专指违反第二章第五至第十五条关于不正当竞争行为的规定。倘若立法者有意承认法条列举的不正当竞争行为以外的行为，就会写上一个在其他立法中经常采用的诸如"其他不正当竞争行为"的弹性条款，因为立法者考虑到不正当竞争行为具有不确定性，是否属于不正当竞争行为不易判断，而且法官素质参差不齐，如让低素质的法官对需要根据经济形势进行判断的不正当竞争行为进行认定是无法想象的事，所以反对《反不正当竞争法》应该具有一般条款也反对认定第二条第2款对不正当竞争定义的规定具有一般条款的性质。笔者认为参与立法的立法者的解释不应等同于立法解释，也未必反映了立法宗旨，是否具有一般条款性质应从定性出发而不是从是否能实施来反推，本末倒置。另外一种观点认为：从形式上说，我国《反不正当竞争法》第二条第1款对基本原则的规定以及第2款对不正当竞争定义的规定，具有一般条款的性质。据立法者介绍，《反不正当竞争法》只调整第二章所规定的不正当竞争行为，不允许执法机关根据原则规定和不正当竞争定义认定新的不正当竞争行为。按照这种理解，《反不正当竞争法》第二条不能作为据以认定新的不正当竞争行为的一般条款。从行政执法实际来看，由于看第二条没有对应的行政处罚条款，监督检查部门无从据此认定新的不正当竞争行为；但从司法实践来看，不正当竞争行为主要是一种侵权行为，即使第二章没有规定的不正当竞争行为，法院也可以予以认定，并追究民事责任，许多法院事实上已经这样做了，因而对法院而言，第二条实际上是一般条款。

笔者赞同孔祥俊的观点，不应因噎废食，社会生活的迅速发展，市场竞争行为的多样化，需要《反不正当竞争法》具有一般条款。《反不正当竞争法》需要一般条款，或许就是不正当竞争行为的这种属性所决定的。《反不正当竞争法》为什么需要一个具有高度概括性的一般条款？世界知识产权组织前总干事鲍格胥博士指出，“一般说来，反不正当竞争是《知识产权法》最困难的领域之一，这源于该项工作的复杂性。在此项工作中，立法者需针对阻碍竞争环境正常发挥作用以及在此环境下保护消费者的工商业行为，找到一种既包罗万象同时又十分恰当的表达方法”。“立法者可以求助于一个全面综合的定义，比如《保护知识产权巴黎公约》中所使用的，‘违背诚实惯例的任何竞争行为，构成不正当竞争行为’。这样一个一般性的定义有它的优点：一是外延很广，能够包括所有的有害行为；二是具有灵活性，能够长期适应市场规律的变化。但是，它也有其不足，即对于判断哪些具体行为构成不正当竞争，只提供了有限的指导，这样，在这个一般性适应过程中，就可以出现不同的司法解释”。“除规定一个全面的不正当竞争的定义外，立法者不可以只列举哪些行为应被视为不正当竞争行为。这个方法在《保护工业产权巴黎公约》中也采用了，但它并未完全列举出哪些具体行为被视为不正当竞争行为。尽管采取了列举具体的不正当竞争行为的方法，但立法者的意图可能受挫，因为不诚实的商人凭借其才智又发明新的不正当竞争方法，而这些方法没有被列入禁止的具体行为之列。因而，许多人认为，尽管有些具体的不正当竞争行为被禁止，但它们仅应被视为例子”。《反不正当竞争法》的一般条款就是此种据以认定不正当竞争行为的原则规定或者法律定义。《反不正当竞争法》的一般条款是法院认定不正当竞争行为的重要依据，法院根据一般条款认定了大量的法律没有列举的不正当竞争行为，在调节竞争关系中发挥了至关重要的作用。

纵观世界上已经建立起反不正当竞争法制度的各国相应的反不正当竞争法，各国对“不正当竞争行为”所采取的定义方式，大体上可以分为以下3种。①仅做一般性的定义。也称概括式，即在法律条款中对不正当竞争行为只做一般性的法律定义，以此作为判定内在不正当竞争行为的法定标准，如瑞士等。②作限定性的列举。也称列举式，即不直接定义什么是不正当竞争行为，而是有限定地列举数种类型化的不正当竞争行为，以此作为类比和判定不正当竞争行为的法定标准，如日本、韩国等。③综合定义。也称折中式，即在法律条款中既对不正当竞争行为做出一般性的定义，同时又有限定地列举出数种类型化的不正当竞争行为，如德国、前南斯拉夫等。《公约》也是属于这一种。应该说从形式上看，我国的《反不正当竞争法》基本上属于第三种。

所谓类型化，是按照一定的标准，根据对象的共同点和差异点，将对象划分为不同类型的逻辑方法。《反不正当竞争法》在一般条款司法具体化中的类型化的具体体现是案例群。

一般条款是一种包罗万象的“白纸型规定”，其内容如何纯粹是一个法官的解释问题。长期以来，一些国家立法和司法上对一般条款下定义、定标准并没有取得理想的效果。鉴于此，各国学者开始重视研究案例并建立案例类型的方法，将依一般条款而具体化的个案进行分析整理及归类，建立不同类型，确立不同类型案件法律适用的一般标准，并斟酌各种典型事态厘定构成要件及法律效果，形成类型化的个别制度规定，以期作为其他正待处理案例之比较基础，充分利用司法共同体内的智慧资源，最大限度地保证一般条款具体化的客观性和正确性。法官在审理具体的案件时，一看这个案件是什么类型，就按什么样的规则来处理。在日本，有学者对公序良俗进行了全面的研究，对相关判例进行整理和归类，其研究方法一直被日本民法学界沿袭。在美国，1980年12月联邦贸易委员会应国会的要求拟订了有关“不公平”适用范围的“政策声明”，确立了《联邦贸易委员会法》第5条“不公平行为或做法”的认定标准，对援引加以限制。在我国台湾地区，有学者将依诚信原则而形成的各类案例进行基本类型的归类和再分类，每个类型各有其构成要件及指导原则，对于具体案件，可依其类型进行认定，不必直接诉诸抽象的诚信原则，以减少思考的负担，促进法律适用的安定，实践“同等情形同等对待”的原则。

德国法院在一般条款司法具体化中，形成了四大带有指导性规则标准的案例群。

（1）妨碍顾客购买决定自由。如误导顾客，以利害相威胁、利用政府官员的“权威性”影响等强制顾客，以不受欢迎的代理人访售、违背住宅所有者明确的意思表示向其信箱中投递广告资料等烦扰顾客，利用赌兴的有奖游戏、免费抽奖和有奖竞赛的刺激手段过度招引顾客，与所供商品的性能、制造方法或质量没有实际联系但为自身目的利用有社会责任感的广告对象的感情的环保广告，利用人际关系和邻里关系的外行推销等。

（2）阻碍竞争。一个竞争者妨碍、损害或排挤竞争对手的每种手段并非阻碍竞争的手段。妨害、损害或者排挤可能是经济竞争的天然结果。经济竞争的意义与目的在于闯入竞争对手的顾客圈内，通过其业绩的优质夺走顾客。唯当一种竞争手段使竞争对手的业绩在市场上不能或者不能完全发挥作用，由此使竞争对手不能依其自由意志进行真正的业绩比较时，方存在法律意义上的阻碍。这种阻碍包括个别阻碍和普遍阻碍。前者针对一个或多个竞争对手，使之难以或不能将其业绩供顾客比较，如囤购竞争对手在市场上的商品、在顾客中贬低竞争对手、批评性比较广告、批评性援引。后者利用没有客观合理依据的过分夸张手段，使顾客不能再进行真正的业绩比较，危及全体竞争对手和公众利益，如免费大量分发原始产品、持续进行低于进价的销售。

（3）榨取他人成果。如销售仿制品、攀附他人声誉。

（4）违法占先。竞争行为违法是否也构成违背善良风俗，取决于违背非竞争法规是否影响到竞争，从而造成竞争上的优势。如果竞争行为违反保护重要的公共利益或者保护公民健康的法规，如药品法、药品广告法和食品法等，即违背了善良风俗。如果经营者违反以旨在实施行政管理政策的法律，如营业法、运输法、纺织品标签法，并不公正地领先于其守法的竞争对手时，也违背了善良风俗。

按照什么标准把无数个案类型化为案例群？对于同一对象，我们可以采取不同的标准对其进行类型化，划分为不同的类型。就不正当竞争案例而言，理论上完全可以根据不同的标准进行类型化。但笔者认为，根据法益进行类型化具有以下两方面的重大意义。第一，法益作为一切法的保护对象，也是《反不正当竞争法》一般条款的保护对象。不正当竞争行为的违法性在于它侵犯了某种法益，处理不正当竞争行为引发的纠纷实质上是处理不同利益的冲突。第二，邻近法的启示，反不正当竞争法与刑法具有某种邻近性，都是以规制违法行为即不正当竞争行为和犯罪行为为主的法律，二者只是违法的程度有差异。这明显不同于民法以规定权利为主的特性。在刑法上，法益具有作为罪犯分类标准的机能。近代国家的刑法，一般根据犯罪所侵犯的法益内容对犯罪进行分类。

根据法益主体分类，最常见的是法益分为国家法益、社会法益与个人法益。不正当竞争行为侵害社会法益，但社会法益最终应还原为个人法益。个人法益在竞争中可细分为竞争者的法益、消费者的法益和其他市场参与者的法益等。因此，根据法益主体分类，在德国反不正当竞争法一般条款具体化形成的案例群中，妨碍顾客决定自由实质上侵害了消费者利益，阻碍自由竞争和诈取他人成果侵害了竞争者利益。当然，一般条款的适用也不能泛化。有具体规则不适用，而向一般条款逃避会导致道德取代法律，法律规则形同虚设；一般条款的适用是因为行为人违反了自愿、公平、诚实信用和商业道德，对行为人行为的界定与法官的价值判断紧密相连。

## 三、竞业限制与商业秘密研究

在知识资本日益升值的市场经济中商业秘密在一定程度上已经成为企业挤占市场份额的关键。随着人才流动的日益频繁，雇主的商业秘密保护十分迫切。比较各种商业秘密的保护方法，竞业限制无疑是一种行之有效的保护方法。但是，我国对于商业秘密的保护还不够，竞业限制的相关制度还有待完善。加入 WTO 以后，进一步加强相关制度建设已成为现实的需要。笔者拟对此做一初步探讨，提出立法建议，以期推进商业秘密保护法制建设。

### （一）竞业保护商业秘密的探讨

竞业限制又称竞业禁止、竞业避让、不竞争，其实质是禁止本单位职工在职期间与离职后本单位同业竞争。这项制度最早萌芽于民法中的代理人制度，如德国《联邦最高法院民事判例汇编》“商业代理人在代理契约的有效期内不得代表其委托人的竞争对手进行活动”。后来这项制度逐渐演化成了最高代理形式，即董事的忠实义务。

竞业限制做法包括在职竞业限制和离职后的竞业限制。对于前者，大多数人都能表示认同，甚至认为是一种“默示义务”。因此，我们所称的竞业限制多为后者，也就是离职后的竞业限制。

虽然大多数国家都已经采用竞业限制来保护商业秘密，但是对于其合理性的争议却一直没有停息。主要表现在以下几个方面。

（1）从保护人权角度来看：认为劳动者享有自由择业权，实施竞业限制会限制劳动者的就业。

（2）从自由竞争角度来看：认为竞业限制会导致垄断。因为其限制了竞争的高度自由，有违民法的自由平等的原则。

（3）从企业自身的角度来看：认为竞业限制会挫伤员工的积极性，不利于企业的科技创新，也会有碍新员工的加盟。

笔者认为以上论点片面地理解了竞业限制的含义。从立法的目的来看，立法所提倡的应该是一种“置于合理边界条件”下的限制。竞业限制是针对必要的人、必要的商业秘密，在必要的范围内制定的。从目前的商业秘密保护情况来看，竞业限制的存在还是十分必要的。从根本上讲，人才的流动与不正当竞争之间并无必然联系，但是，从各国的司法判例来看，企业雇员的跳槽行为又是商业秘密流失的重要渠道。究其原因，商业秘密是一种可以被重复记忆的信息，劳动者在职时掌握的技术、经营信息并不因为劳动者的离职而从大脑中消失，这就是商业秘密的“人格化”。当员工离职之后这种人格化的无形资产仍然会若有若无地起作用。而且，这种作用力又具有复杂性、隐蔽性的特点，使权利人发现和举证困难。因此只有通过对信息的载体加以限制，即竞业限制，通过劳动者离职后的择业来堵塞商业秘密流失的主渠道。

### （二）建立我国竞业限制制度的基本构想

竞业禁止的主要内容是特定时间内不得开设与原企业竞争的企业或从事竞争性行为。无论是在职竞业禁止，还是离职竞业禁止，都是在禁止行为人从事某一职业或经营某一行业的权利，即某项就业的权利。竞业禁止或竞业限制合同多订立于劳动合同、保密合同中或者是在劳动者离职时与业主约定，因此对上述基本权利的限制只有具备合理的前提时才可能产生法律效力。这种合理的因素应当包括以下几个方面。

1. 竞业限制应限定于特定人群

在一个企业中，根据员工不同的职务及工作岗位其接触企业秘密的机会也不同。一般来说，高级员工较普通员工更多接触商业秘密，同时也因为个体素质的不同，高级员工更容易掌握这些商业秘密（因为一些技术性的商业秘密普通员工不具备相应知识基础来掌握它）。因此，笔者认为应把竞业限制的人群限定于特殊人群。我国的《公司法》《合伙企业法》都相应地规定了董事、经理、合伙人的忠实义务，可见我国立法也倾向于如此规定，但是，我认为高级员工不应仅限于以上三类人。根据国外的普遍估法还应包括企业的关键技术工人、高层管理人员、核心技术人员、财务人员和市场销售人员。

2. 竞业限制的目标要明确

首先，根据《反不正当竞争法》的规定，商业秘密应是经权利人采取保密措施的信息。这一点应作为衡量权利人主张权利的关键。

其次，从公平、合理的角度来看，不应把限制针对全部的商业秘密，商业秘密有重要与一般之分。重要的商业秘密可能涉及国家的利益或企业的较高的经济效益，对于这类商业秘密，各国无一例外地认为应适应竞业限制，甚至采用“默示保密”主义。而对于一般的商业秘密，如果并不能给企业带来特殊的经济效益，应本着“有利于平衡雇员的一般劳动权和公司的财产经营权”的原则，尽量不列入限制的范围（当事人自行约定的除外）。

此外，还应区分两种准商业秘密。对于劳动者在职时的个人发明创造，如果这项发明主要是由个人完成，并且主要非依靠企业的条件，不应该列为限制的范畴，这符合我国《专利法》《合同法》中关于发明创造的归属的规定。

劳动者在职时的经验、技能的积累是一个长时间的过程，包括了劳动者的主动性即脑力、体力的综合，如果没有特定劳动者的加入，这种经验技能并不一定能形成。而且积累后的经验技能已融入劳动者的一般劳动力之中。员工在形成这种技能的过程中没有任何为私的目的。这一切都不同于处于特殊岗位上获得商业秘密的瞬间过程。因此，不应把它列入限制的范畴。正如美国《反不正当竞争法重述》的评论："离职雇员对于构成店员的一般技能、经验的信息，即使直接归因于雇主的投入，也不能被雇主主张为商业秘密。"日本法院在中部机械制作所设计师跳槽案中亦提出了类似观点："劳动者在就业中获得的业务知识、经验和技能，如果已成为劳动者人格财产的一部分，劳动者离职后如何利用是劳动者的自由，任何特别约定都不能拘束这种自由。"

3. 竞业限制的期限及地域范围应与商业秘密相一致

一般而言，竞业限制期限取决于商定秘密的竞争力、员工掌握该秘密的程度及一个国家保护商业秘密的水平高低。而任何商业秘密的竞争力及员工掌握的程度都是有限的，而且我国相关的失业保障机制还不健全，职工再就业压力大，因此从我国的国情来看，我国的限制期限不应高于国外。从国外来看，意大利规定了5年，日本规定了3年，我国台湾地区为2年。1997年国家科委《关于加强科技人员流动中技术秘密管理若干意见》规定"竞业限制的最长期限为三年"。核心科技人员是与商业秘密联系最为紧密的群体，相对于其他人员应略长些，另外还应结合行业实际和商业秘密状态综合考虑时间。

竞业限制地域范围应与商业秘密相关的产品的网络相一致，这种网络在一定的地区是有限的，因此竞业限制的范围应有限度。如美国各州就认为，如果笼统地约定在全国范围内予以限制，则该条款本身不合理。限制地域应与商业秘密优势所涉及区域对应。

4. 竞业限制应保障劳动者的就业权

劳动者的就业权是由宪法及法律所赋予的，因此与公司的财产经营权相比，"一般劳动权属于高价阶的权利"，理应采取强有力的保护，但是又不能以牺牲企业的合法权利为代价，这就需要在两者之间找一个平衡点，可以采取以下做法。

（1）企业在职工离职前对职工进行培训，增强职工适应不同岗位的能力，减少其同企业竞争的可能性。

（2）企业在职工培训期间应支付给职工相当于正常工作的薪金；离职后应支付给职工一定的补偿金，具体数额可以在国家的指导下由双方自行约定。

（3）职工离职后与企业建立正常联系机制，这样既可以使企业对原职工的实际履行保密义务情况进行监督，同时，如果原职工因竞业限制致使生活困难，也可要求企业给予补助。

5. 竞业限制的实施方式应合理

对于竞业限制的实施不外以下3种方式：第一种是由国家明确规定；第二种是由企业单方制定内部规章；第三种是由企业与员工以竞业限制合同形式约定。对于第一种方式，因为竞业限制在具体实施中情况会各不相同，要求国家做出具体实施方法不切实际，也浪费立法资源。国家立法只需对一些涉及国家利益、关系国计民生的行业做出具体规定，对于其他行业的竞业限制不宜规定过细，可以多一些原则性、概括性规定。

由企业以内部规章做出竞业限制，虽然方便明了，具体详细，但是企业会一味地考虑自身的利益，很难考虑到其他方面的利益，容易侵犯职工的权利。相比较而言，以签订竞业限制合同的方式实施是最可行的方式。美国、比利时、瑞士都在法律中确认了这一方式，双方平等协商、自愿达成协议，以书面形式做出竞业限制，既保证了双方利益，又便于将来万一发生诉讼的举证。

我国相关立法较晚，人们相应的法律意识不高，实践中许多方面还很不规范。因此，我国在制定《商业秘密保护法》时，可以考虑将竞业限制合同中的重要内容加以规定。美国的合同范本非常值得国内企业借鉴。如鉴于职工在职期间获得或制作的商业秘密对本企业在竞争中的巨大价值，在劳动合同关系存续期间和终止之后，职工均认同企业因投资、培训和提供创造机会而持有对这些商业秘密的所有权，因此，职工同意：在劳动合同终止后X年内，不得直接或间接地使用或帮助他人在与公司竞争的领域内使用商业秘密，合同会附有商业秘密的具体清单由公司留存。

# 第十二章 劳动法主要问题研究

## 一、签订劳动合同要注意“三期”

在签订合同过程中需要注意如下3个问题：书面劳动合同应在何时签订，对于试用期该如何约定，服务期约定在什么条件下有效，简称为“三期”，即书面合同的签订期、试用期和服务期。

### （一）书面合同签订期

根据《中华人民共和国劳动合同法》（简称《劳动合同法》）规定，建立劳动关系，应当订立书面劳动合同，已建立劳动关系，未同时订立书面劳动合同的，应当自用工之日起一个月内订立书面劳动合同。未订立的，根据《劳动合同法》第八十二条规定：用人单位自用工之日起超过一个月不满一年未与劳动者订立书面劳动合同的，应当向劳动者每月支付二倍的工资。而满一年仍未签订的，则视为与劳动者订立无固定期限劳动合同。

分析上述规定不难发现，企业与劳动者建立劳动关系，签订书面劳动合同的宽限期为一个月，也就是说在用工开始后的一个月内签订均不违法。《劳动合同法》自2008年1月1日起施行，那么，如果在2008年1月1日前已建立劳动关系，未订立书面劳动合同的，最晚可至2008年2月1日订立书面劳动合同，赔偿责任起算时间为2008年2月1日而不是2008年1月1日；在实践中，也有企业利用“用工开始”的起算点不同而逃避一些法律责任。但综观各类不签订书面合同的企业的情况，不愿意与劳动者签订书面劳动合同，无非是为避免承担工伤赔偿责任、缴纳社会保险等法律义务。但事实上，此种不规范操作可能反而会给企业带来更多不利因素。

（1）从证据角度讲，不少企业的用工开始或劳动关系的建立还是具有较明显特征的，如工资发放、打卡记录、工牌或进出厂房工作证件的发放等，即便不与劳动者签订书面劳动合同，劳动者仍然可以通过向劳动部门申请认定，根据上述所显示的证据确认事实劳动关系的存在。在这点上，企业是比较被动的，相关劳动保障义务和法律责任仍无法逃避。

（2）从违法成本的角度讲，用人单位为节省缴纳社会保险的开支，不与劳动者签订书面劳动合同，其实反而增加了企业承担各类工伤赔偿责任的风险，失去了来自社保机制的保障和补偿功能。反之，已参保人员可获工伤保险赔偿，相对还能减轻企业所承载意外风险的压力。当然，实践中也有劳动者不愿意与企业签订书面劳动合同的情况，其中很大部分是那些对企业来说比较紧缺、骨干和核心的高级管理或技术人才，他们具有特定的职场优势。企业想尽法子留住人才，劳动者却希望挣脱束缚。加之当今快节奏的都市生活方式，很多年轻人热衷跳槽，喜欢体验不同的工作环境，接受新的挑战，游走于各大城市的大中小企业之间，企业对他们来说可能只是个跳板而不是铁饭碗。如果企业遇到这样的问题，该如何处理呢？是否可以不与劳动者签订书面劳动合同，又不需要承担法律责任呢？

《劳动合同法》未明确规定劳动者不愿意签订劳动合同的情形，仅规定企业应该签订劳动合同的时间和未签订的法律后果。换言之，仅从《劳动合同法》第八十二条规定看，不论主观上谁想签谁不想签，只要一个月期满后没有签合同，企业就要承担支付每月二倍工资的赔偿责任。但《劳动合同法实施条例》第五条明确规定：自用工之日起一个月内，经用人单位书面通知后，劳动者不与用人单位订立书面劳动合同的，用人单位应当书面通知劳动者终止劳动关系，无须向劳动者支付经济补偿，但是应当依法向劳动者支付其实际工作时间的劳动报酬。笔者认为，这是对劳动者不愿意签订劳动合同的明确规定，增加了《劳动合同法》的可操作性。对保护企业利益有一定的积极意义，在一个月的宽限期届满的时候，企业完全有权因为劳动者不愿意签订书面劳动合同而提出终止劳动关系，并且不用支付赔偿金。但此处用到的是“应当书面通知终止劳动关系”，“应当”而不是“可以”，则说明如果逾期，超过这一个月的宽限期不进行书面通知终止劳动关系的，就仍须承担未签订书面劳动合同的责任。

## （二）依法约定试用期

### 1.试用期的概念及意义

试用期是用人单位对新招收的合同制职工进行思想品德、劳动态度、实际工作能力、身体情况等进行考察的期限。根据我国劳动法的规定，全日制用工劳动合同可以规定试用期，也可以不规定试用期，具体视各企业自身情况而定，其期限的长短可由企业根据不同工种的实际情况确定，但最长不得超过六个月。

试用期对用人单位与劳动者双方都有一定的保障，对双方来说均保留一定的考虑时间，有利于接下来劳动合同的更好履行，近似于保险合同的“反悔期”。只不过《劳动合同法》中对于用人单位的反悔是加以一定期限的，用人单位与劳动者反悔的条件是不对等的。例如，第三十九条第一项规定：在试用期间劳动者被证明不符合录用条件的，用人单位可以解除劳动合同。用人单位在试用期解除劳动合同的，还应当向劳动者说明理由。显然，只有劳动者被证明不符合录用条件的时候才能够提出，且需要说明理由，不是任意解除。而劳动者则只要提前三日通知用人单位就可以提出解除，且法律未对其赋予说明理由的义务。法律这样规定，是出于保护劳动者弱势群体的考虑，同时对一小部分不规范的试用期一满就解雇员工的企业起到一定的约束和规制作用，保障了劳动者的权利。但对员工在试用期随意向企业提出解除合同则没有相应措施，企业招聘成本的支出仍存在风险。

《劳动合同法》第十九条规定：劳动合同期限三个月以上不满一年的，试用期不得超过一个月；劳动合同期限一年以上不满三年的，试用期不得超过二个月；三年以上固定期限和无固定期限的劳动合同，试用期不得超过六个月。同一用人单位与同一劳动者只能约定一次试用期。以完成一定工作任务为期限的劳动合同或者劳动合同期限不满三个月的，不得约定试用期。试用期包含在劳动合同期限内。劳动合同仅约定试用期的，试用期不成立，该期限为劳动合同期限。

第二十一条规定：在试用期中，除劳动者有本法第三十九条和第四十条第一项、第二项规定的情形外，用人单位不得解除劳动合同。用人单位在试用期解除劳动合同的，应当向劳动者说明理由。

2. 试用期工资

很多企业对于试用期工资的理解存在一定的误区，将试用期工资等同于基本生活费或更低，甚至是无偿的。根据我国《劳动合同法》规定，劳动者在试用期的工资不得低于本单位同岗位最低档工资或者劳动合同约定工资的80%，并不得低于用人单位所在地的最低工资标准。试用期工资规定只要满足其中一个条件就可，但由于对80%相对应的概念又出现疑惑，很多企业对这条规定本身又有两种不同的理解：这80%仅是针对劳动合同约定工资的80%，还是也针对本单位同岗位最低档工资的80%。立法部门的倾向则包含了如下3个层次：第一，80%既指劳动合同约定工资的80%，也指本单位相同岗位最低档工资的80%；第二，试用期工资只要不低于两者中的一个标准就可以；第三，无论用人单位和劳动者在试用期选择适用哪一个标准，都不得低于用人单位所在地的最低工资标准。

## （三）附条件的服务期

服务期是指由于用人单位提供专项培训费用，对劳动者进行专业技术培训，用人单位与该劳动者在劳动合同中或者在服务期协议里约定的该劳动者应当为用人单位提供劳动的时间期限。在服务期内，劳动者如果提前离职，应当按照约定向用人单位支付相应的违约金。在实践中，企业往往考虑工作开展的稳定性，希望减少人事变动以及控制人才外流等原因会要求劳动者在本企业工作满一定年限才能离开，但对于服务期限的约定是选择性的，而不是劳动合同的必备条款，并且有效服务期约定是有前提条件的。

1. 设置服务期条款的积极意义

对于企业来说，对员工进行培训，可以提高员工整体素质，优化企业人力资源结构，有利于企业发展，同时通过服务期承诺的约定来稳定企业人力资源配置，在保障企业利益方面起到良好作用，这样一来也提高了企业对员工开展专项培训的积极性；对于员工来说，在获得工作的同时，业务技能也得到了提升，不需要额外支付费用便可提高自身素质，为在日后的劳动力市场中赢得更好的竞争优势奠定基础。这样一来在用工双方之间形成一个良性循环。

2. 约定服务期的前提条件

《劳动合同法》第二十二条第一款规定：用人单位为劳动者提供专项培

训费用，对其进行专业技术培训的，可以与该劳动者订立协议，约定服务期。可见，服务期的约定是有条件的，即用人单位提供了专业技术培训，并支付了专项费用，除此之外，服务期约定无效。

《劳动合同法》中对于“专业技术培训”未进一步明确，或许是考虑到实践中培训的复杂性和多样化的原因，所以实践中对于是否属于专业技术培训存在不同的理解，有人认为只要是专业技术培训且企业为其支出了专项培训费用，并不必然以脱产作为判断依据，因为可能很多培训都是在职期间进行的培训，也不以上岗前培训或基本日常培训等培训内容为区分标准，更不以培训开支的费用达到某一特定数额为满足条件。但也有人认为只有对“专业技术培训”进行狭义解释，才有利于保护劳动者权益，例如，将“专项”定义为是否专门委托专业机构进行培训，将日常培训认定为非专业技术培训而予以排除在外，并且各地高院、劳动执法部门对于专项培训的定义也有所区别，例如，浙江省高院民一庭《关于审理劳动争议案件若干问题的意见》（浙法民一（2009）3号）中规定：“专业技术培训是指为提高劳动者特定技能而提供的培训，不包括上岗前的培训和日常业务培训。”对于类似认定，建议企业及时获悉当地司法部门的政策倾向性意见，多了解执法部门的主流观点和发展动态，这样有利于企业精准控制风险。

培训费用包括直接费用和间接费用，即除了提供专项培训所花费的培训费以外，还应包括培训期间的差旅费和食宿费用等。浙江省高院对劳动争议案件还进一步明确了“培训费用”不包括劳动者接受专项培训期间的基本工资。

3. 服务期条款设计和实际运用

服务期可以在劳动合同条款中加以约定，也可单独订立培训协议或直接订立服务期协议。一般建议企业单独签订服务期协议，对该事项做出特别约定。比如：“李某确认A公司已为本人提供专业技术培训，并支出了专项培训费用X元，本人自愿承诺在该公司服务满5年，如未满5年提出离职，将承担Y元违约金作为赔偿。”但违约金的数额不宜超过用人单位提供的培训费用，若已履行部分服务期的，用人单位要求劳动者支付的违约金不宜超过服务期尚未履行部分所应分摊的培训费用。例如，公司对一个员工进行培训，花费了3000元，约定服务期为3年，则在满第2年的时候，如员工提出离职，其所需要承担的违约金就是未履行的1年服务期限相应金额1000元。为此，还建议企业收集费用发票等书面证据，在对员工进行专业技术培训时，制定培训考核表，由参加培训的员工签字确认，必要时也可要求员工对于企业已支出的专项培训费用加以确认，留存，作为服务期承诺为有效的证据。

4. 服务期与劳动合同期限不一致的处理

实践中偶尔也会出现服务期与劳动合同期限不一致的情况。在签订劳动合同，且合同履行一定期限后才进行专项培训，就有可能出现约定服务期截止时间晚于劳动合同截止时间的情形，针对这种服务期晚于劳动合同期限的情况，企业可变更劳动合同期限或续签劳动合同。如果企业顾虑原固定期限劳动合同的先决条件，则建议采用变更劳动合同期限的形式。一般情况下，服务期条款属于特别条款而优于普通条款的适用，但企业与员工自愿明确约定劳动合同优先适用的除外。

5. 解除服务期承诺的不同情形和不同法律后果

劳动合同的解除是否就意味着服务期承诺的自然解除，而无须承担违约责任？笔者认为应当区分情形加以对待。

（1）用人单位过错导致劳动者单方提出合同解除

根据《劳动合同法实施条例》第二十六条规定，当出现《劳动合同法》第三十八条的情形时，即用人单位未按照劳动合同约定提供劳动保护或者劳动条件的；未及时足额支付劳动报酬的；未依法为劳动者缴纳社会保险费的；用人单位的规章制度违反法律、法规的规定，损害劳动者权益的；以欺诈、胁迫的手段或者乘人之危，使劳动者在违背真实意思情况下订立或者变更劳动合同的情形致使劳动合同无效的；法律、行政法规规定劳动者可以解除劳动合同的其他情形以及用人单位以暴力、威胁或者非法限制人身自由的手段强迫劳动者劳动的，或者用人单位违章指挥、强令冒险作业危及劳动者人身安全的，劳动者可以立即解除劳动合同，不视为违反服务期的约定。在符合上述条件时，劳动者可解除服务期承诺并无须向企业支付违约金。

（2）劳动者故意迫使用人单位单方提出合同解除

在实践中，有些劳动者为了不再与用人单位保持劳动关系，故意违反用人单位规章制度、严重失职，同时与其他用人单位建立劳动关系给用人单位造成损失，迫使用人单位主动提出与其解除劳动合同，以该种手段规避应当支付给用人单位的违约金。事实上，《劳动合同法实施条例》已明确规定，劳动者严重违反用人单位的规章制度的：劳动者严重失职，营私舞弊，给用人单位造成重大损害的；劳动者同时与其他用人单位建立劳动关系，对完成本单位的工作任务造成严重影响，或者经用人单位提出，拒不改正的；劳动者以欺诈、胁迫的手段或者乘人之危，使用人单位在违背真实意思的情况下订立或者变更劳动合同的；劳动者被依法追究刑事责任的，用人单位提出解除劳动合同的，劳动者仍须向用人单位支付违约金。也就是说，对于劳动者故意违反规章制度，严重失职故意迫使单位提出解除劳动合同的，单位仍有权向其主张违约金。

## 二、扣押“三金”和“人事档案”不合法

### （一）关法律规定

根据《劳动合同法》第九条的规定，用人单位招用劳动者，不得扣押劳动者的居民身份证和其他证件，不得要求劳动者提供担保或者以其他名义向劳动者收取财物。所以，如果企业以各种名义收取押金、保证金或者随意设置违约金条款等均会因为违法而不受法律保护。

### （二）例外情形

1. 可设定担保的例外情形

劳动者占有用人单位价值较高的财产时，用人单位与劳动者约定设置担保的效力也并非绝对无效。根据《劳动合同法》第九条的规定，用人单位不得在招工时扣押劳动者身份证件、要求劳动者提供担保或收取劳动者财物。但在劳动合同履行过程中，对于劳动者占有用人单位价值较高的财物，用人单位为防止财物灭失或被轻易毁坏，与劳动者约定设置相应的合理担保，法律没有禁止的，可以认定为有效。但若该约定为流押、流质担保，或者名义上为财物“担保”实际上却是要求劳动者购买该财物的，该约定无效。

2. 可约定违约金的例外情形

（1）双方约定服务期承诺，企业已提供专项培训费用，对其进行专业技术培训的。

（2）双方约定保守用人单位的商业秘密和与知识产权相关的保密事项的。

（3）双方约定离职后劳动者负有竞业禁止义务，且从离职后起企业支付补偿金给员工的。

## 三、两类劳动合同的比较鉴别

企业和劳动者对于无固定期限劳动合同规定的权利义务存在一定误解。一方面，员工误解只要与企业签订了无固定期限劳动合同就等于捧到了铁饭碗；另一方面，企业认为只要与员工签订第2次固定期限合同，或一旦工作满10年的，就必须与员工签订无固定期限劳动合同，从此将承担对员工生老病死的终身义务。

针对上述误解，笔者觉得有必要对固定期限劳动合同和无固定期限劳动合同做一个详细的比较鉴别。企业主是否有理由觉得责任绵绵无绝期？固定期限劳动合同与无固定期限劳动合同的区别究竟在哪里，对企业来说利弊几何？新旧劳动法律之间存在怎样的差异？

### （一）“固定”与“无固定”的概念

固定期限劳动合同是指用人单位与劳动者约定合同终止时间的劳动合同；无固定期限劳动合同则是用人单位与劳动者约定无确定终止时间的劳动合同。这两种劳动合同与以完成一定工作任务为期限的劳动合同，共同构成了我国现行劳动合同的3种法定形式。简言之，例如：固定期限劳动合同需要在劳动合同中劳动期限一栏里填写工作期限为：X年X月X日起至X年X月X日止，而无固定期限劳动合同则不填写或直接填写无固定期限。

### （二）固定期限与无固定期限劳动合同的相同点

（1）固定期限劳动合同与无固定期限劳动合同的解除和终止适用的法定条件是一样的。

（2）用人单位在合法解除或终止劳动合同的时候都不需要承担赔偿金，而在违法解除劳动合同的时候都同样需要承担赔偿责任，即在合法解除或终止时，根据劳动者在本单位工作的年限，以每满一年支付一个月工资的标准向劳动者支付经济补偿。六个月以上不满一年的，按一年计算；不满六个月的，向劳动者支付半个月工资的经济补偿。而在违法解除或终止时，依照上述规定的经济补偿标准的二倍进行赔偿。

### （三）固定期限与无固定期限劳动合同的区别

（1）终止期限：两种劳动合同的区别就在当企业不想继续留用该劳动者的时候处理不同，决定一个员工的去留的自主权方面所受限制不同。固定期限劳动合同有劳动合同期限，届满时自然终止，只要等到合同期满就符合法定终止条件，企业自然不必大花心思去应对；而无固定期限劳动合同既然是没有期限的，就没有自然终止一说。若非出现法定情形，合同就得一直履行下去。

（2）留用优先权：对劳动者而言，在企业进行经济性裁员的时候，无固定期限劳动合同的员工具有优先于短期固定期限劳动合同员工被企业留用的权利（长期固定期限劳动合同员工也同样享有优先留用权）。并且，在企业裁员后六个月内如果需要重新招用人员的，应当通知被裁减的人员，并在同等条件下优先招用已被裁减的这部分符合无固定期限和长期固定期限劳动合同的员工。

（3）违法成本：无固定期限劳动合同是没有期满自然终止的，如果不出现法律规定可以提前解除的情形，企业要单方面提前解除必定是违反法律规定的，需要比自然期限届满终止的劳动合同多支出一倍的经济补偿金。

## 四、劳动合同解除

### （一）企业单方面解除劳动合同

1. 解除劳动合同的法律依据

《劳动合同法实施条例》第十九条将用人单位解除劳动合同的情形分为：

（1）用人单位与劳动者协商一致的；

（2）劳动者在试用期间被证明不符合录用条件的；

（3）劳动者严重违反用人单位的规章制度的；

（4）劳动者严重失职，营私舞弊，给用人单位造成重大损害的；

（5）劳动者同时与其他用人单位建立劳动关系，对完成本单位的工作任务造成严重影响，或者经用人单位提出，拒不改正的；

（6）劳动者以欺诈、胁迫的手段或者乘人之危，使用人单位在违背真实意思的情况下订立或者变更劳动合同的；

（7）劳动者被依法追究刑事责任的；

（8）劳动者患病或者非因工负伤，在规定的医疗期满后不能从事原工作，也不能从事由用人单位另行安排的工作的；

（9）劳动者不能胜任工作，经过培训或者调整工作岗位，仍不能胜任工作的；

（10）劳动合同订立时所依据的客观情况发生重大变化，致使劳动合同无法履行，经用人单位与劳动者协商，未能就变更劳动合同内容达成协议的；

（11）用人单位依照企业破产法规定进行重整的；

（12）用人单位生产经营发生严重困难的；

（13）企业转产、重大技术革新或者经营方式调整，经变更劳动合同后，仍需裁减人员的；

（14）其他因劳动合同订立时所依据的客观经济情况发生重大变化，致使劳动合同无法履行的。

结合《劳动合同法》第三十九、第四十、第四十一条规定分析，用人单位提出解除劳动合同的主要依据可归纳为如下两种：①劳动者工作表现；②客观情况的变化。其中第三十九条针对的是劳动者的工作表现，而第四十条和第四十一条则可一同纳入客观情况的变化的范畴。

2. 对企业单方解除劳动合同的法律限制

其一，不得解除劳动合同的情形规定。

根据《劳动合同法》第四十二的规定，劳动者有下列情形之一的，用人单位不得依照本法第四十、第四十一条的规定解除劳动合同：

（1）从事接触职业病危害作业的劳动者未进行离岗前职业健康检查，或者疑似职业病病人在诊断或者医学观察期间的；

（2）在本单位患职业病或者因工负伤并被确认丧失或者部分丧失劳动能力的；

（3）患病或者非因工负伤，在规定的医疗期内的；

（4）女职工在孕期、产期、哺乳期的；

（5）在本单位连续工作满十五年，且距法定退休年龄不足五年的；

（6）法律、行政法规规定的其他情形。

其二，提前通知或支付“代通金”的规定。

“代通金”是指代替企业提前三十天通知所支付的额外的一个月工资，不同于经济补偿金。该一个月工资标准按照该职工上个月的工资标准确定。如上海高院《关于适用〈劳动合同法〉若干问题的意见》中提到，《劳动合同法实施条例》规定“代通金”的支付标准，应当以上个月的工资标准确定，但只以单月的工资为准，可能过高或过低，既有可能对用人单位不利，也有可能对劳动者不利，从整体上看不利于促进和形成和谐稳定的劳动关系。所以，结合《劳动法》和《劳动合同法》的立法精神，上个月的“工资标准”，应当是指劳动者的正常工资标准。如其上月工资不能反映正常工资水平的，可按解除劳动合同之前劳动者12个月的平均工资确认。

根据《劳动合同法》第四十条的规定，劳动者有下列情形之一的，用人单位提前三十日以书面形式通知劳动者本人或者额外支付劳动者一个月工资后，可以解除劳动合同：

（1）劳动者患病或者非因工负伤，在规定的医疗期满后不能从事原工作，也不能从事由用人单位另行安排的工作的；

（2）劳动者不能胜任工作，经过培训或者调整工作岗位，仍不能胜任工作的；

（3）劳动合同订立时所依据的客观情况发生重大变化，致使劳动合同无法履行，经用人单位与劳动者协商，未能就变更劳动合同内容达成协议的。

其三，通知工会程序。

根据《劳动合同法》第四十三条规定，用人单位单方解除劳动合同，应当事先将理由通知工会。用人单位违反法律、行政法规规定或者劳动合同约定的，工会有权要求用人单位纠正。用人单位应当研究工会的意见，并将处理结果书面通知工会。根据《工会法》第二十一条规定，企业、事业单位处分职工，工会认为不适当的，有权提出意见。企业单方面解除职工劳动合同时，应当事先将理由通知工会，工会认为企业违反法律、法规和有关合同，要求重新研究处理时，企业应当研究工会的意见，并将处理结果书面通知工会。

另外，《工会法》还明确了工会的法律地位，工会通过平等协商和集体合同制度，协调劳动关系，维护企业职工劳动权益。工会依照法律规定通过职工代表大会或者其他形式，组织职工参与本单位的民主决策、民主管理和民主监督。企业违反集体合同，侵犯职工劳动权益的，工会可以依法要求企业承担责任；因履行集体合同发生争议，经协商解决不成的，工会可以向劳动争议仲裁机构提请仲裁，仲裁机构不予受理或者对仲裁裁决不服的，可以向人民法院提起诉讼。可见，要使单方解除劳动合同程序完整就需要通知工会，但现阶段，不少中小企业还未建立工会，对怎样的企业符合建立工会的要求也不是十分清楚，因而在解除劳动合同的实务操作中程序并不完整。

### （二）企业经济性裁员的法律程序

1. 裁员的分类

企业的裁员是由于企业客观情形的变更造成的。包括结构性裁员和经济性裁员。但有时结构性裁员是伴随着经济性裁员发生的。结构性裁员是迎合企业发展需要的一种改进和优化，有时也跟劳动者方面的原因相结合，例如很多劳动者被裁的原因是不适合该工作岗位，有的则因为工作态度差，有的因为对企业贡献小，相对来说不被企业看好等，从而被列入结构性裁员的对象。企业为实现人力资源的最优化配置就会实施裁员。

2. 经济性裁员

经济性裁员是和企业本身的经营困难有关的。在金融危机影响下，不少企业纷纷进行经济性裁员，以缓解经济压力。根据《企业经济性裁减人员规定》第二条规定，用人单位生产经营发生严重困难，达到当地政府规定的严重困难企业标准，确需裁减人员的，可以裁员。《劳动合同法》第四十一条规定的经济性裁员情形有：①依照企业破产法规定进行重整的；②生产经营发生严重困难的；③企业转产、重大技术革新或者经营方式调整，经变更劳动合同后，仍需裁减人员的；④其他因劳动合同订立时所依据的客观经济情况发生重大变化，致使劳动合同无法履行的。

但企业要注意的是，上述四种情形的经济性裁员如果人数达20人以上或者裁减不足20人但占企业职工总数10%以上的，用人单位须提前30日向工会或者全体职工说明情况，听取工会或者职工的意见，裁减人员方案经向劳动行政部门报告后，才可以裁减人员。因此，企业若要实施经济性裁员必须完备经济性裁员的法定程序，按照法律程序和步骤进行劳动者意见征询、协商，向劳动主管机关报告方案，听取其意见，之后还要办理相关法律手续，并依法支付经济补偿金，最后还需要开具裁员证明。

3. 经济性裁员程序

企业如果需要进行经济性裁员，必须依据如下程序。

第一步：用人单位提前三十日向工会或全体职工说明情况，并提供有关生产经营状况的资料；

第二步：提出裁员方案，例如裁员名单、具体裁减时间、实施步骤、相关法律依据、经济补偿办法等；

第三步：将裁员方案征求工会或全体职工的意见：

第四步：向劳动保障部门报告裁员方案和工会或全体职工意见，听取劳动保障行政部门的意见；

第五步：公布裁员方案，与劳动者办理解除劳动合同手续，并支付经济补偿金；

第六步：出具解除劳动合同证明书。

4. 经济性裁员应注意的问题

（1）对企业员工优先留用的限制。为保障部分特殊劳动者的合法权利，对企业在裁员时设置了限制。《劳动合同法》第四十一条第二款规定了企业裁减人员时应优先留用的人员范围：①与本单位订立较长期限的固定期限劳动合同的；②与本单位订立无固定期限劳动合同的；③家庭无其他就业人员，有需要扶养的老人或者未成年人的。

（2）对重新招聘的限制。为了避免有的用人单位故意以经营状况严重困难为借口任意辞退员工的情形，《劳动合同法》第四十一条第三款还规定："用人单位依照本条第一款规定裁减人员，在六个月内重新招用人员的，应当通知被裁减的人员，并在同等条件下优先招用被裁减的人员。"因此，给企业在重新聘用人员时又设定了限制，企业重新招用人员的程序更加烦琐。

笔者认为上述限制只是针对经济性裁员的劳动者来说的，对于优化企业配置的结构性裁员不应在此列，如因企业员工自身原因造成的不符合企业发展岗位的要求。

### （三）员工单方面解除劳动合同

《劳动合同法实施条例》将劳动者可以与用人单位解除固定期限劳动合同、无固定期限劳动合同或者以完成一定工作任务为期限的劳动合同的情形分为以下13类：

（1）劳动者与用人单位协商一致的；

（2）劳动者提前三十日以书面形式通知用人单位的；

（3）劳动者在试用期内提前三日通知用人单位的；

（4）用人单位未按照劳动合同约定提供劳动保护或者劳动条件的；

（5）用人单位未及时足额支付劳动报酬的；

（6）用人单位未依法为劳动者缴纳社会保险费的；

（7）用人单位的规章制度违反法律、法规的规定，损害劳动者权益的；

（8）用人单位以欺诈、胁迫的手段或者乘人之危，使劳动者在违背真实意思的情况下订立或者变更劳动合同的；

（9）用人单位在劳动合同中免除自己的法定责任、排除劳动者权利的；

（10）用人单位违反法律、行政法规强制性规定的；

（11）用人单位以暴力、威胁或者非法限制人身自由的手段强迫劳动者劳动的；

（12）用人单位违章指挥、强令冒险作业危及劳动者人身安全的；

（13）法律、行政法规规定劳动者可以解除劳动合同的其他情形。

实际上，归结起来可以划分为以下三大类。

其一，经用人单位与劳动者协商一致的情形，即双方经过平等、自愿地协商，达成解除合同的一致意见。劳动者在存有合法劳动合同期间，尚未履行完毕之前，无论是哪一方首先提出，只要双方经过谈判、商议能够达成解除劳动合同的一致意见，双方不再提出异议，劳动合同就可以解除。有人认为谁先提出解除劳动合同谁就要承担关于经济补偿的相关损失。事实上不然，用人单位与劳动者协商解除劳动合同时，无论是哪一方提出，只要是自愿协商达成一致意见，给付经济补偿或自愿放弃经济补偿，法律都是允许的。

其二，解除劳动合同无须提前通知用人单位的情形，共有10种：

（1）用人单位未按照劳动合同约定提供劳动保护或者劳动条件的；

（2）用人单位未及时足额支付劳动报酬的；

（3）用人单位未依法为劳动者缴纳社会保险费的；

（4）用人单位的规章制度违反法律、法规的规定，损害劳动者权益的；

（5）用人单位以欺诈、胁迫的手段或者乘人之危，使劳动者在违背真实意思情况下订立或者变更劳动合同的；

（6）用人单位在劳动合同中免除自己的责任、排除劳动者权利的；

（7）用人单位违反法律、行政法规强制性规定的；

（8）法律、行政法规规定劳动者可以解除劳动合同的其他情形；

（9）用人单位以暴力、威胁或者非法限制人身自由的手段强迫劳动者劳动的；

（10）用人单位违章指挥、强令冒险作业危及劳动者人身安全的。

上述10种情形，都属于用人单位存在过错的情形，因此，立法重在保护劳动者合法的辞职权。

其三，解除劳动合同需要提前通知用人单位的情形。包括劳动者提前三十日以书面形式通知用人单位和劳动者在试用期内提前三日通知用人单位两种。

（1）劳动者提前三十日以书面形式通知：劳动者具有较多的自由支配权，但必须有个预告期，但只要预告了——提前30天书面通知了用人单位，不管用人单位是否愿意，劳动者都可以解除劳动合同。这也是借鉴国际上的通行做法，考虑劳动者相对的弱势地位而赋予其单方解除劳动合同的权利。但是，劳动者在行使解除劳动合同权利时，还必须遵守法定的程序，主要体现在以下两个方面。①遵守解除预告期：这样规定是为了方便用人单位及时安排其他工作人员接替其工作，保持劳动过程的连续性，确保正常的工作秩序，避免因解除劳动合同影响企业的生产经营活动，给用人单位造成不必要的损失。如因劳动者未履行提前告知义务而造成工作延误的，用人单位可以追究其相关法律责任。②以书面形式通知用人单位：无论是劳动者还是用人单位在解除劳动合同时，都必须以书面形式告知对方。因为这一时间的确定直接关系解除预告期的起算时间，也关系劳动者的劳动报酬等切身利益，所以必须采用书面的形式，企业须保留解除通知的依据。

（2）劳动者在试用期内提前三日通知：《劳动合同法》第三十条明确规定，劳动者提前三十日以书面形式通知用人单位，可以解除劳动合同。劳动者在试用期内提前三日通知用人单位，可以解除劳动合同。可见，对于试用期内提前三日通知并未规定一定需要以书面形式为要件，也就是说试用期劳动者只要提前三日通知了用人单位，不管是书面通知还是口头通知，劳动者就可以与用人单位解除劳动合同。试用期既是用人单位对新招收职工各方面的情况进行考察的期限，看劳动者是否符合录用条件；也是新招用职工用以考察用人单位的劳动条件、劳动报酬是否符合劳动合同的规定的一个选择期间。在试用期内，劳动者与用人单位的关系处于一种不太确定、也不太稳定的状态，其中，劳动者对是否愿意与用人单位建立更长期限的劳动合同具有选择权。为此，劳动者在试用期内，发现用人单位的实际情况与订立劳动合同时介绍的情况有出入时，或者发现自己不适合从事用人单位安排的工作岗位时，或者存在其他不能履行劳动合同的情况，劳动者无须提出理由，可以通知用人单位解除劳动合同。但是，和《中华人民共和国劳动法》的规定相比，劳动者应当提前三天通知用人单位，以便于用人单位利用这三天的时间找寻其他工作人员接替该劳动者的工作岗位。

## 五、劳动合同的终止

### （一）劳动合同终止的概念和情形

1. 劳动合同终止的概念

劳动合同终止是指劳动合同的法律效力依法被消灭，即劳动关系由于一定法律事实的出现而终结，劳动者与用人单位之间原有的权利义务不再存在。但是，并不是说劳动合同终止之前发生的权利义务关系消灭，而是说合同终止之后，双方不再执行原劳动合同中约定的事项，但用人单位在合同终止前拖欠劳动者劳动报酬的，劳动合同终止后劳动者仍可依法请求法律救济。

2. 劳动合同终止的9种法定情形

《劳动合同法》规定了5种终止固定期限劳动合同、无固定期限劳动合同和以完成一定工作任务为期限劳动合同的情形，加上一种劳动合同期限自然届满的情形，共6种劳动合同终止情形：

（1）劳动合同期满的；

（2）劳动者开始依法享受基本养老保险待遇的；

（3）劳动者死亡，或者被人民法院宣告死亡或者宣告失踪的；

（4）用人单位被依法宣告破产的；

（5）用人单位被吊销营业执照、责令关闭、撤销或者用人单位决定提前解散的；

（6）法律、行政法规规定的其他情形。

《劳动合同法实施条例》在《劳动合同法》的基础上还规定了3种劳动合同终止的情形。

（1）因劳动者自用工之日起一个月内拒不签订书面劳动合同用人单位终止劳动合同。

（2）因劳动者自用工之日起超过一个月不满一年拒不签订书面劳动合同用人单位终止劳动合同。

（3）因劳动者达到法定退休年龄终止劳动合同。根据有关政策和法律规定，职工达到退休年龄（男60岁，女50岁，女干部55岁）、工龄年限（连续工龄满10年）和身体健康状况的条件，即可以申请退休。从批准退休的第2个月开始，停发工资，按照工龄及其他条件支付个人工资一定比例的退休金，直至退休人员死亡。在达到退休标准的时候，可以终止劳动合同。

### （二）劳动合同终止的法律程序

1. 应延迟终止和不得终止的情形

《劳动合同法》对处于特殊困难阶段或者做出特殊贡献的劳动者，予以相应特殊保护。《劳动合同法》规定，有下列情形的，用人单位应当将劳动合同续延至下列情形消失时终止。①从事接触职业病危害作业的劳动者未进行离岗前职业健康检查，或者疑似职业病病人在诊断或者医学观察期间的。②劳动者在本单位患职业病或者因工负伤并被确认丧失或者部分丧失劳动能力的。③劳动者患病或者非因工负伤，在规定的医疗期内的。④女职工在孕期、产期、哺乳期的。⑤劳动者在本单位连续工作满十五年，且距法定退休年龄不足五年的。⑥基层工会专职主席、副主席或者委员自任职之日起，其劳动合同期限自动延长，延长期限相当于其任职期间；非专职主席、副主席或者委员自任职之日起，其尚未履行的劳动合同期限短于任期的，劳动合同期限自动延长至任期期满。⑦参与集体协商签订集体合同的职工协商代表在任期内，劳动合同期满的，企业原则上应当与其续签劳动合同至任期届满。职工代表的任期与当期集体合同的期限相同。

另外，针对工伤的情况法律还做了特别规定：伤残程度为1~6级的工伤职工，用人单位不得终止与其签订的劳动合同。伤残程度为5级或6级的，经工伤职工本人提出，该职工可以与用人单位解除或者终止劳动关系，由用人单位支付一次性工伤医疗补助金和伤残就业补助金。

2. 合同终止后事实劳动关系的处理

实践中，时常出现劳动合同期满后，劳动者仍在原用人单位工作，原用人单位未表示异议，既未办理终止手续也不续订劳动合同的情况。

（1）视为续订劳动合同。

1996年，劳动部《关于实行劳动合同制度若干问题的通知》规定，有固定期限的劳动合同期满后，因用人单位方面的原因未办理终止或续订手续而形成事实劳动关系的，视为续订劳动合同。用人单位应及时与劳动者协商合同期限，办理续订手续。由此给劳动者造成损失的，该用人单位应当依法承担赔偿责任。

最高人民法院《关于审理劳动争议案件适用法律若干问题的解释》规定，劳动合同期满后，劳动者仍在原用人单位工作，原用人单位未表示异议的，视为双方同意以原条件继续履行劳动合同。一方提出终止劳动关系的，人民法院应当支持。

劳动保障部发布的《关于对事实劳动关系解除是否应该支付经济补偿金问题的复函》规定：在上述情形下，终止是指劳动合同期满后，劳动者仍在原用人单位工作，用人单位未表示异议的，劳动者和用人单位之间存在的是一种事实的劳动关系，而不等于双方按照原劳动合同约定的期限续签了一个新的劳动合同。一方提出终止劳动关系的，应认定为终止事实上的劳动关系。按照《劳动合同法》的规定，劳动合同期满自然终止，原劳动合同消灭。如果劳动者仍在原用人单位工作，用人单位未表示异议的应视为一个新劳动合同的开始。考虑到用人单位续签劳动合同的实际情况，以及在这种情形下劳动者也有一定责任，所以可依照《劳动合同法》第十条的规定，在前一劳动合同终止之日后劳动者提供劳动的第一天起一个月内订立书面劳动合同，否则用人单位就要承担《劳动合同法》第十四条第四款、第八十一条的法律责任。至于后一劳动合同的内容除了期限应视为与原劳动合同一致。

（2）对逾期后又提出解除劳动合同的处理。

根据最高人民法院《关于审理劳动争议案件适用法律若干问题的解释》第十六条第一款的规定，企业逾期终止劳动合同，无须支付经济补偿金。但如果员工已经符合签订无固定期限劳动合同的条件，则企业不能逾期终止劳动合同。此前国家劳动部的有关规定与最高院的解释不同，当时有的地区的劳动仲裁机构在实践中采取这样的做法：如果劳动合同逾期后，企业发给劳动者的通知是“终止劳动合同”，则不需支付经济补偿金；但如果企业发给劳动者的通知写成“解除合同”，则按劳动部的办理，视为解除事实劳动关系，必须支付经济补偿金。

3. 违反法律规定终止劳动合同的法律责任

用人单位违反上述关于终止劳动合同的条件、程序和情形的规定解除劳动合同的就是违法解除劳动合同，劳动者要求继续履行劳动合同的，用人单位应当继续履行；劳动者不要求继续履行劳动合同或者劳动合同已经不能继续履行的，用人单位应当依照《劳动合同法》第八十七条规定支付赔偿金。《劳动合同法》第八十七条规定，用人单位违反本法规定解除或者终止劳动合同的，应当依照本法第四十七条规定的经济补偿标准的二倍向劳动者支付赔偿金。《劳动合同法实施条例》第二十五条规定，用人单位违反《劳动合同法》的规定解除或终止劳动合同，依法支付劳动者赔偿金，赔偿金的计算年限自用工之日起计算。用人单位依照《劳动合同法》的规定向劳动者支付了赔偿金的，不需要再向劳动者另行支付经济补偿。

### （三）约定合同终止条件的效力

1. 终止条件是法定的

劳动合同的终止是劳动合同所确定的权利义务关系终结的一种方式。《劳动合同法》第四十四条对劳动合同的终止情形做了具体的规定。“有下列情形之一的，劳动合同终止：（一）劳动合同期满的；（二）劳动者开始依法享受基本养老保险待遇的；（三）劳动者死亡，或者被人民法院宣告死亡或者宣告失踪的；（四）用人单位被依法宣告破产的；（五）用人单位被吊销营业执照、责令关闭、撤销或者用人单位决定提前解散的；（六）法律、行政法规规定的其他情形。”即《劳动合同法》一共规定了6种劳动合同的终止情形，加上《劳动合同法实施条例》中劳动合同的终止情形，目前的劳动合同终止情形9种。

根据《劳动合同法实施条例》相关内容理解，法律在规定上述终止劳动合同的情形之外双方不得约定其他劳动合同终止的情形。

2. 自行约定终止条件的效力问题

根据《劳动法》第十九条第一款规定，劳动合同应当具备以下条款："（一）劳动合同期限；（二）工作内容；（三）劳动保护和劳动条件；（四）劳动报酬；（五）劳动纪律；（六）劳动合同终止条件；（七）违反劳动合同的责任。"《劳动法》第二十三条规定，劳动合同期满或者当事人约定的劳动合同终止条件出现，劳动合同即行终止。由此可见，《劳动法》没有禁止用人单位和劳动者双方当事人约定劳动合同终止的条件。

《劳动合同法》第十七条第一款规定："劳动合同应当具备以下条款：（一）用人单位的名称、住所和法定代表人或者主要负责人；（二）劳动者的姓名、住址和居民身份证或者其他有效身份证件号码；（三）劳动合同期限；（四）工作内容和工作地点；（五）工作时间和休息休假；（六）劳动报酬；（七）社会保险；（八）劳动保护、劳动条件和职业危害防护；（九）法律、法规规定应当纳入劳动合同的其他事项。"

《劳动合同法》与《劳动法》相比，必备条款中增加了用人单位的名称、住所和法定代表人或者主要负责人、劳动者的姓名、住址和居民身份证或者其他有效身份证件号码、工作地点、工作时间和休息休假、社会保险、职业危害防护这些新内容，同时删除了劳动纪律、劳动合同终止的条件以及违反劳动合同的责任这3项条款。可见，劳动合同终止的条件已不属于应当具备的条款。有人理解说该立法本意是不允许劳动合同终止条件自行约定，立法时删除的意义就是不再将终止条件纳入可以约定的范围；但也有人认为，立法本意并未限制双方自行约定合同终止的条件，将立法本意理解为法律限制双方约定合同终止的条件是因为其过分侧重保护劳动者利益，实际上反而不能很好地体现双方意思表示和自愿协商的真实意愿。《劳动合同法实施条例》第十三条规定"用人单位与劳动者不得在劳动合同法第四十四条规定的劳动合同终止情形之外约定其他的劳动合同终止条件"。该条例将《劳动合同法》的立法精神及宗旨明确表述出来，有助于更好地维护劳动者权益。

# 第十三章　消费者权益保护法主要问题研究

## 一、消费者概念分析

王海是众多消费者熟悉的人物，1998年6月30日上午，王海在上海图书馆会议厅里和其他法律、宗教、文化、教育界的代表们一起，与前来我国访问的美国总统克林顿夫妇座谈“构筑二十一世纪的中国”，当王海介绍了自己向制售假冒伪劣者索赔，结果反而被称为“刁民”时，克林顿总统很理解地说，他从美国报纸上读到有关王海的报道，克林顿总统称王海为“消费者的保护者”。那么，王海是不是消费者呢？或者说，“王海们”知假买假是不是法律意义上的“消费者”呢？这关系到是否受到《消费者权益保护法》保护的问题。

对于知假买假是否仍是消费者，国内存在争论，司法实践中亦产生了同一性质的案件判决依据及判决结果不同的现象。如1996年11月王海在天津状告伊势丹有限公司销售无绳电话有欺诈行为并依据《消费者权益保护法》获得了加倍赔偿；而1998年10月，同样是在天津，同样是王海购买了无绳电话，另一家法院却驳回了王海的诉讼请求。前者法院认同王海知假买假索赔仍是消费者，并应得到《消费者权益保护法》的保护；后者法院却认定王海知假买假，其目的在于索赔，因而不在消费者之列，不能得到《消费者权益保护法》的保护。笔者认为分歧在于对《消费者权益保护法》的规定的理解。

《消费者权益保护法》规定：“消费者为生活消费需要购买、使用商品或者接受服务，其权益受本法保护；本法未作规定的，受其他有关法律、法规保护。”何为“为生活消费需要”成为争议的焦点。认为“王海们”不是消费者的理由是：“王海们”知假买假的目的不是为生活消费需要，而是大量购买假货以赚取惩罚性赔偿金，其主观目的是赢利，因而不是消费者。笔者认为对知假买假是否仍为消费者这一问题不应简单化，应具体问题具体分析。针对“否定论者”（即否认王海们是消费者的论者）的观点，笔者谈几点看法。

第一，“消费者”一词是相对于“经营者”而言的，任何与经营者进行交易的人，除了本身也是经营者外，都应当被看作消费者。至于购买动机，可能涉及道德问题，但不属于法律问题。只要消费者不违法，法院就不追究消费者的购买动机。

第二，不能以购买物品数量多少来区分是否为“消费者”。所谓生活消费是指人们在日常生活中消耗各种物质资料、精神产品及享受劳动等用以满足自身或家庭生活需要的一系列行为或者过程，主要包括人们的衣、食、住、行等活动。生活消费不应做教条主义的理解，购买一部电话是为生活消费，购买多部电话就一定不是生活消费？“为生活消费”既包括购买者本人直接消费，也包括其家庭甚至亲友的消费，甚或包括收藏性消费、奢侈性消费等多层次消费。因此，数量多少不能作为判定是否为生活消费的标准。

第三，不能以是否使用作为判断的唯一依据。国内贸易部一位官员对王海的做法做了评价，认为“以获利为目的购买假货再要求加倍赔偿的人不是现行立法范围内的真正‘消费者’”，在他的心目中，“买了东西并加以使用的才是消费者，买了不用则不是消费者”[①]。其实，“知假买假者不为消费者”的判断存在悖论，如果知假买假者不算消费者，他就没有依据《消费者权益保护法》请求退货的权利，那么他就只能使用它，而这样一来，他又成了一个不折不扣的消费者。

第四，知假买假若为企业经营行为则不适用《消费者权益保护法》。如王海成立了“北京大海商务顾问有限责任公司”，该公司成员（包括王海在内）以公司名义进行的打假是企业行为，无权获得《消费者权益保护法》规定的加倍赔偿，只能依照《反不正当竞争法机》《产品质量法》《合同法》等法律法规保护自身合法权益。

第五，坚持认为“知假买假者不为生活消费需要”、不是消费者的论者还面临举证责任问题，他们必须有合法的证据证明购买者不是为生活消费的目

① 梁云程．提醒上帝 [J]. 法律与生活，1996（3）：39.

的，而如果购买者不自己承认的话，任何人通过任何方法也证明不了。

因此，笔者认为，除为生产、经营需要而购买的购买者不属《消费者权益保护法》意义上的消费者外，一般知假买假者仍为消费者。

## 二、格式条款与消费者权益保护

《消费者权益保护法》第二十六条规定：“经营者不得以格式条款、通知、声明、店堂告示等方式做出排除或限制消费者权利、减轻或免除经营者责任、加重消费者等对消费者不公平、不合理的规定，不得利用格式条款并借助技术手段强制交易。格式条款、通知、声明、店堂告示等含有前款所列内容的，其内容无效。”《中华人民共和国合同法》（简称《合同法》）对格式条款进行了更加详细而明确的规定，加强了对消费者权益的保护。

### （一）格式条款分析

格式条款又称定型化合同或者标准合同。在消费领域中，格式条款是指经营者为与消费者达成交易而单方拟定的合同条款。例如，“商品出售，概不退换”就是消费者最为常见的格式合同条款，这种合同条款不论是贴在柜台上还是写进有关交易文书中，均属于格式条款的范畴。《合同法》第三十九条第二款规定：格式条款是当事人为了重复使用而预先拟定，并在订立合同时未与对方协商的条款。关于格式条款的概念，不同国家、地区的法律规定不同，但大都将其称为合同，如英国采用标准合同名称，而法国法、美国法、日本法称为附合合同、附意合同，葡萄牙法和澳门法使用加入合同的概念，我国台湾地区称其为定型化契约。当然，也有的使用条款名称，如德国使用的是一般契约（交易）条款，《国际商事合同通则》使用标准条款的概念。

我国《合同法》采用格式条款而不是格式合同的概念，无论在理论上还是实践中都具有极为重要的意义。因为从实践看，格式条款有时可能构成一个完整的独立的合同，有时也可能成为一个书面合同中的某一个或数个格式条款。格式条款纳入合同有多种不同表现形式：一是将格式条款以公告的形式张贴于码头、仓库等公共场所；也可能通过“价目表”“使用须知”“通知”“说明”等形式张贴于一定的营业场所；还可能通过简单的告示表现出来

（如货物出门概不退换的告示）。二是格式条款由有关行政主管部门制定，有关企业直接采用而纳入合同。三是格式条款由有关企业单独个别拟定而纳入合同。四是将格式条款印刷于一定的文件之上（如车船票、飞机票、电报稿、保险单）。但绝大多数格式条款是以一个书面合同中的某一条款或者数个格式条款的形式表现出来的。在这些情况下，格式条款大多只是作为整个合同（如买卖合同、运输合同、保险合同等）的组成部分，或作为这些合同的部分条款存在的。假如在法律上将格式条款称为格式合同，则很难说明这类一个合同中存在部分格式条款的现象。合同法适用格式条款概念，意味着一个合同中可以将所有的条款分为两类，即格式条款与非格式条款。即使不存在书面合同，那么对于已经纳入合同的和将要纳入合同的格式条款，也可以适用我国《合同法》第三十九、第四十、第四十一条的规定。

消费领域的格式条款具有以下几个特征：其一，制定格式条款的主体是经营者，其决定条款的内容并预先拟定，相对于消费者来讲占有优势地位；其二，消费者没有参与决定条款内容的机会，只有接受或不接受条款内容的自由，相对于经营者来讲处于劣势地位；其三，格式条款针对的是购买商品或者接受服务的众多消费者，并非单个的消费者，在适用对象上具有普遍性；其四，格式条款一经制订，一般要在一定的期限内使用，具有固定性和连续性。

从法律上来说，消费者与经营者之间发生的市场交易关系是一种合同关系，包括以书面合同或者口头合同的方式进行。消费活动大量发生，消费者不可能就日常生活中所需的每一种商品或者服务与经营者事先约定合同内容；经营者事先约定合同内容，经营者也不能面对众多的消费者而一一进行事先约定。于是，格式条款应运而生。格式条款在消费领域中是不可缺少的，使用它能够缩短交易过程，节约双方当事人的利益。但是，格式条款的弊端也很明显，最常见的是利用格式条款损害消费者的合法权益并逃避责任。

### （二）格式条款订立与消费者权益保护

经营者采用格式条款实现与消费者之间的交易行为，法律并不加以禁止；法律要禁止的是经营者利用格式条款来损害消费者的利益。为此，《消费者权益保护法》《合同法》对格式条款做了以下规定。结合消费者权益保护对《合同法》第三十九、第四十、第四十一条的规定做一简要评析。

1. 格式条款订入合同与消费者权益保护

《合同法》第三十九条第一款规定:“采用格式条款订立合同的，提供格式条款的一方应当遵循公平原则确定当事人之间的权利和义务，并采取合理的方式提请对方注意免除或者限制其责任的条款，按照对方的要求，对该条款予以说明。”这一规定表明，提供格式条款的一方当事人应当承担三项义务，以保护消费者权利。

第一，根据公平原则拟定条款的义务。格式条款中目前存在的主要问题就是合同双方当事人在权利义务方面存在严重的不对等。提供格式条款的一方，利用其业务方面的优势，加大自己的权利，减轻自己所承担的义务和责任，而对对方当事人应当享有的权利排除在合同条款之外，这就严重违反了合同法所规定的公平原则。因此，将遵循公平原则确定当事人之间的权利和义务作为提供格式条款一方当事人的义务十分必要。

第二，合理提请消费者注意的义务。由于格式条款是由一方预先拟定而未与对方当事人协商的条款，作为拟定条款的一方有义务提请对方注意这些条款，特别是免除或者限制其责任的条款。因为对拟定条款一方当事人责任的免除或者限制，意味着对方当事人相应的权利受到限制。所以，对于这些条款，拟定格式条款的一方必须提请消费者注意。

提请注意应采取合理的方式，这里的起码标准是能够引起对方当事人的注意。提请注意的方式是否合理，取决于提请注意的措施和免责条款的性质。一般认为，在提请注意包含在合同文件中的情况下，免责条款在该文件上面被醒目地标示或者指示出来，其提醒注意就是合理的。如果文件上没有提请注意的文字，或者提请注意的文字被邮戳掩盖而难以辨认，或者免责条款被一些广告所掩盖，那么，提请注意就是不合理的。关于免责条款的性质与提请注意是否合理之间的关系，一般认为，免责条款越特别，越不同寻常，越出人意料，那么，免责条款需要提请注意的程度就越高。关于提请注意是否合理的判断标准，笔者认为，应当采用主客观结合的标准，即原则上以理智正常的一般人的认识水平为标准，但兼顾智力欠缺、盲人、文盲等当事人的特殊情况。在这些特殊的当事人虽尽了最大的注意义务，但仍难以了解免责条款内容的情况下，免责条款就不能成为合同的组成部分。

第三，应消费者要求对条款予以说明的义务。作为合同另一方当事人，有权要求拟定格式条款的一方对格式条款的有关问题做出说明，以便对方当事人了解该条款的真实含义及订立该条款的目的等。对于消费者提出这类要求，提供格式条款的一方应当按照对方的要求，对格式条款做出说明。

2. 格式条款效力认定与消费者权益保护

《合同法》第四十条规定："格式条款具有本法第五十二条和第五十三条规定的情形，或者提供格式条款一方免除其责任、加重对方责任、排除对方主要权利的，该条款无效。"这表明国家既认识到格式条款的优越之处，又看到了格式条款之弊端，对不公平格式条款确认其无效，以减少对消费者权益的损害。根据该条款的规定，格式条款无效的情形主要有3种情形。

一是具有《合同法》第五十二条所规定的情形。《合同法》第五十二条规定，有下列情形之一的，合同无效：（1）一方以欺诈、胁迫的手段订立合同，损害国家利益的；（2）恶意串通，损害国家、集体或者第三人利益的；（3）以合法形式掩盖非法目的的；（4）损害社会公共利益的；（5）违反法律、行政法规强制性规定的。

二是具有《合同法》第五十三条所规定的情形。《合同法》第五十三条规定，合同中的下列免责条款无效：（1）造成对方人身伤害的；（2）因故意或者重大过失造成对方财产损失的。

三是提供格式条款一方免除其责任、加重对方责任、排除对方当事人主要权利的情形。这是因为通过格式条款免除提供格式条款一方当事人的主要义务、排除对方当事人的主要权利，已经严重违反了合同法所规定的公平原则。所以出现这种情形时，该格式条款无效。

3. 格式条款的解释与消费者权益保护

在现实经济生活中，会发生对格式条款理解上的争议和格式条款与非格式条款不一致的情况。在此情况下，如何解决理解上的争议和格式条款与非格式条款不一致的问题对切实保护消费者权益至关重要。《合同法》第四十一条确立了这样的规则："对格式条款的理解发生争议的，应当按照通常理解予以解释。对格式条款有两种以上解释的，应当做出不利于提供格式条款一方的解释，格式条款与非格式条款不一致的，应当采用非格式条款。"这一规定包含两方面的内容。

第一，格式条款的解释。格式条款有效之后，随之而来的则是免责条款的解释问题，由于有效的免责条款已成为合同的有效组成部分，因此，合同的解释原则也适用于免责条款的解释。关于合同解释的原则和规则，一般认为，包括不拘泥于文字的客观性原则、合法性原则、整体性原则、参照习惯或惯例的原则、符合合同目的性原则、诚实信用原则等。由于格式条款是由提供格式条款一方预先拟定而未与对方当事人协商的条款，所以它毕竟不同于其他一般合同条款，因此，有其特殊的解释原则和规则。

合同法在明确按照通常理解予以解释的同时，还确立了不利于格式条款提供方的解释原则。因为格式条款一般都是由提供方基于自己的意志所做出的有利于自己的条款，尤其在弱小当事人为一方的格式合同中，格式条款提供者从维持甚至强化其经济上的优势地位出发，将格式条款强加于对方当事人。为了体现公平，平衡当事人双方之间的利益关系，保护消费者的合法权益，当双方对格式条款的理解发生争议时，就应当做出不利于提供格式条款一方的解释，以保护对方当事人的合法权益。

第二，格式条款与非格式条款不一致时的处理。由于非格式条款是双方协商确定的，较好地体现了双方当事人的意思表示；而格式条款是由提供方预先拟定的，因此，当两者不一致时，应当采用非格式条款，即非格式条款优先。但要注意，如果非格式条款更不利于消费者，则应认真审查该格式条款是否存在无效或可撤销情形，若有这些原因存在，则应阻止该格式条款生效，以保护消费者的合法权益。

《合同法》关于格式条款的规定对于保护消费者利益是极为有利的。《合同法》在加强对格式条款的规范、充分保护消费者的利益方面，设立了三项重要规则：一是明确格式条款制订者采取合理方式，提请对方注意免除或者限制其责任的条款；二是禁止格式条款的制订者利用格式条款免除其责任、加重对方责任、排除对方主要权利；三是在解释格式条款时应当做出不利于提供格式条款一方的解释。这些规定不仅对处于弱者地位的消费的权利提供了有力的保障，而且也可以有效地防止和限制公司与企业滥用经济优势损害消费者的利益。合同法对格式条款的重要规定对消费者权益的保护具有十分重要的理论意义和实践意义。

## 三、产品责任法律制度问题研究

《中华人民共和国产品质量法》(以下简称《产品质量法》)以《产品责任法》和《产品质量管理法》合一的形式确立了我国的产品责任法律制度，明文规定了“产品”和“缺陷”的含义，规定了产品责任主体、产品责任损害赔偿范围和方法，产品责任纠纷基本做到了有法可依。但是，在《产品质量法》实施过程中，我们发现产品责任法律制度尚有若干问题需做进一步研究和界定，拟对“产品”的定义和外延、“缺陷”的定义和标准、产品责任归责原则等问题做一探讨，以进一步完善我国的产品责任法律制度。

### (一)产品的定义和外延

确定产品责任，首先必须明确什么是产品责任法意义上的“产品”，因为它是构成产品责任法体系和确立产品责任实际承担的基础。由于各国考虑问题的出发点不同，导致各国对产品的定义及范围很不一致。

美国商务部于1979年公布了供各州立法时参考的《美国统一产品责任示范法》(以下简称《示范法》)，该法第102条(C)规定产品是指真正有价值的，为进入市场而生产的能够作为组装整体或者作为部件、零件交付的物品，但人体组织、器官、血液组成成分除外。该定义从产品本身的性质及其在产品责任意义上的特点入手，用一种概括的方式界定了产品的内涵，又用排除法将某些特殊性质的物品从概括性定义中予以剔除。但这一定义过于空泛、抽象，何为“真正价值”在实践中较难把握。该定义所指产品不仅包括工业产品，而且包括农业产品(不论加工与否)。由于产品责任仅适用于出售产品而不适用于提供服务(提供服务通常涉及过失而不是严格责任的问题)，人血和血液产品的提供，人体组织、器官的提供及药物的提供被认为是提供服务的行为而非出售产品的行为，因而，人血或血液产品、人体组织、器官、药物等在美国被明确地排除在严格产品责任法的产品之外，英国则包括在内。

我国《产品质量法》第二条规定“本法所指产品是指经过加工、制作，用于销售的产品”。该规定采用的概括式规定的方法类似于美国《示范法》，其优点是适应性较强，但在理解和适用时容易产生困难。该条款同时又规定“建设工程不适用本法规定”。由此可见，我国《产品质量法》中产品一词的外延十分广泛，其特征有以下三点。

一是产品的有形性。产品必须是经过加工制作的有形的实物产品，因此把产品责任的产品与一般意义上的产品区别开来。一般所说的产品既可以是有形的，也可以是无形的。无形产品大部分以图纸为载体，通过线条、色彩的组合或搭配表现出人类的脑力劳动成果，尚未通过生产者的物化劳动形成可供社会消费的实物。图纸一般不会损害他人人身或财产权益，由于其无形这一特性，所以产品质量法将其排斥在外。

二是产品具有流通性。这是区分产品责任法意义上的产品与其他物品的又一重要特征。非为销售而加工、制作的物品被排除在产品之外。对于用于销售不应简单地理解为只有通过销售这种方式而交付的物品才是产品，在认识和理解产品这一定义时应注意只要产品是为了销售制作的，无论是企业为了营销目的无偿赠送或作为福利分发交付消费者，还是以有偿方式供他人使用，都应认为属于产品。建议该条将“用于销售”改为“投入流通”更为准确。因此，产品投放市场进入消费领域就属于产品责任法意义上的“产品”。

三是必须经过加工、制作。这就排除了未经加工的天然品（如原矿、原煤、天然气）以及初级农产品等。关于加工、制作的含义，我国有关部门的解释为工业加工、手工制作。未经加工的矿产品、农产品的质量具有特殊性，很难由生产者加以控制，不宜与工业产品在同一法律中加以规范。因此，未经加工制作的矿产品、初级农产品（如小麦、蔬菜、水果等）、初级畜禽产品、水产品等都不适用《产品质量法》的规定。

### （二）“缺陷”的定义及判断标准问题

“缺陷”是承担产品责任的基础要件，产品只有在缺陷的状态下造成他人损害，才发生产品责任问题，因此各国包括区域性或国际性的公约，均对此严格界定。因此，正确确认“缺陷”这一概念十分重要。产品责任上的缺陷，定义相当严格和清晰，从各国的立法可以看出这一点。如英国《1987年消费者保护法》第3条将缺陷定义为“依照本条下列规定，出于本条之宗旨，如果产品未达到人们一般有权期望的标准，该产品即为带有缺陷”。美国《第二次侵权法重述》第402条A款，对缺陷规定为“当产品对人身或财产而言，处于不合理的危险的缺陷状态并因此导致损害时，即产生责任”。《欧共体产品责任指令》规定，如果产品不能提供一般消费者有权期望得到的安全性，便认为该产品是有缺陷的产品。挪威和丹麦产品责任法认为产品不具备使用者或公众有理由要求的安全性即为有缺陷。可见，各国都把缺陷界定为产品对消费者具有不合理的危险性。

我国《产品质量法》亦有规定："本法所称缺陷，是指产品存在危及人身、他人财产安全的不合理的危险；产品有保障人体健康，人身、财产安全的国家标准、行业标准的，产品缺陷是指不符合该标准。"该条规定有两层含义：一是产品存在不合理危险，二是产品不符合有关国家标准和行业标准。

我国的定义实际上存在两个标准：一是是否存在不合理危险，二是是否符合国家强制性标准。这一定义容易产生歧义，影响对消费者的保护。在实践中某一强制性标准可能并未包含产品的全部安全性能指标，因而符合强制性标准的产品，并不意味着一定符合不合理危险标准，因为在强制性标准规定的范围之外，产品仍有可能具有不合理危险。另外，随着社会经济的不断发展和新产品的不断涌现，国家不可能在所有新产品投入流通之前，均制定相应的标准，尤其是涉及高新技术的新产品。这样会导致有些因使用具有不合理危险的产品而受害的消费者难以获得赔偿，这显然不利于保护消费者权益。建议标准统一，以"不合理危险"作为认定产品缺陷的基本标准。

在产品责任法上一般将缺陷分为设计上的缺陷、原材料的缺陷、制造装配上的缺陷、指标上的缺陷和当时科学技术水平尚不能发现的缺陷。由于对缺陷的认识与经济发展程度、消费者的意识变化有关，缺陷的判断标准因国家及时代的不同而异。西方国家在判断产品是否存在缺陷这一问题上有若干不同的标准，如消费者期待标准、成本效益标准、混合标准等。消费者期待标准是指根据一般消费者对产品的合理期待来判断缺陷，如果危险是一般消费者意识到并仍决定承担的，那么这种危险就在合理范围内，反之则属不合理危险；成本效益标准是指通过对产品的有用性与危险性的比较（在这种比较中有许多需要平衡的因素，如产品的有用性与必要性、危险规避可能性、消费者的危险预防可能性、制造时或预定使用时的技术水平、替代设计的可能性等）检查是否采取了安全确保措施，以判断产品是否存在缺陷。采用这一标准的目的是对越来越多受到产品责任诉讼困扰的生产者（尤其在设计领域）提供经济上合理的保护，以利于工业发展和技术进步，使产品责任法在保护消费者的同时，不至于影响经济的发展。实际操作中法院有时将两者结合使用，以克服消费者标准的主观性和成本效益分析方法的复杂性、难操作性，谓之混合标准。

从我国的实际情况来看，对于产品是否存在缺陷，应采用混合标准认定，着重从以下几个方面分析判断。

其一，对生产缺陷的判断。

司法实践中一般把设计缺陷、原材料缺陷和制造缺陷归为产品生产缺陷，由于生产环节、过程的繁杂，判断产品生产缺陷比判断指示缺陷要困难得多，特别是对那些涉及高科技、新材料的产品缺陷就更难判断。笔者认为应借鉴混合标准加以分析判断，不能也不应仅仅局限于法律法规或行业所定的标准，应把更多的精力、注意力放在具体产品的自身安全性状况上，既考虑产品的社会安全性与消费者的主观期望，又考虑其用途的特定性、目的适销性与生产时的技术发展水平，实事求是地认定。在掌握这一原则标准基础上还应注意区分合同法上的“合格产品”与责任法意义上的“缺陷产品”，对允许合同约定的质量标准，仅在合同双方当事人的合同责任范围内具有约束力，生产者不能以此对抗产品责任中的受害人。产品质量检查，产品交接时验收，产品出厂时出具合格证明，以及用户、消费者在收货后未提出质量异议，这些并不排除产品存在缺陷的可能。因为，对于大量生产或销售的产品，一般采用随机抽样方式检验，这样难免存在不合格产品被认为合格的可能性，这就需要区分合同责任与产品责任。

其二，对指示缺陷的判断。

指示缺陷是一种并非存在于产品自身的一种缺陷，是指未能对产品在其使用上以及危险的防止上应予注意的事项以适当（明确、易懂而且详细）的表示，以致消费者因误用而受损，或因未有警告而未能事先预防，以致损害发生。判断生产者是否提供了合理、有效适当的警示，应结合警示的时间、警示内容、警示方式等综合考虑。另外，生产者滥用警示不能免责，若产品自身有缺陷并不能因为有了警示而获补正，制造人的责任并不因此而免除。

### （三）产品责任归责原则

在各国产品责任的早期，产品责任一般建立在过失责任概念的基础上。

经过20世纪以来几十年的发展，大多数国家最终确立了严格责任。

这里有几个问题需要弄清楚。

其一，产品责任之定义。

何为产品责任？学术界存在分歧。一种观点认为产品责任是指因产品质量不合格，给他人人身、财产造成损害所应承担的法律责任；也有人认为产品责任就是指产品的生产者或销售者因产品的瑕疵而给消费者、使用者或其他人造成人身伤害或财产损害所应承担的民事责任；孔祥俊博士认为“产品责任是指产品的生产者、销售者因产品质量缺陷造成他人人身、财产损害而依法应当承担的法律责任”。笔者认为前两种观点不准确、不全面，第一种观点认为产品责任主体既包括产品制造者、销售者，又包括仓储者、运输者，第二种观点认为产品责任主体仅指生产者、销售者，且是一种民事责任，而第三种观点将应承担合同责任的仓储者、运输者明确排除出产品责任的主体，同时恢复了产品责任的应有含义，是科学的、全面的，本书采用此观点。

其二，产品责任是一种侵权责任而非合同责任。

产品责任是侵权责任或是合同责任，学术界主要有3种观点：合同责任说认为依合同法理论，出卖人对出卖物的质量有瑕疵担保义务，若其违背这一义务，则承担合同责任；侵权责任说主张产品责任是一种侵权责任，产品责任所要制裁的不是违反特定义务的违约行为，而是违反一般社会义务生产、销售缺陷产品，危害消费者利益的侵权行为；双重责任说认为产品责任既有合同责任，又有侵权责任，同时还有两种责任的竞合。当产品因质量缺陷致他人人身、财产损害时，若受害人是买卖合同的当事人，那么此时的产品责任既可以是合同责任又可以是侵权责任，从而产生竞合，缺陷产品制造者或销售者的行为就构成了合同法和侵权行为法上的双重违法行为。笔者认为将产品责任归为合同责任是不妥当的，主要有以下3个原因。

第一，产品责任往往涉及买卖合同关系，产品也大多通过买卖合同进入消费领域，但产品责任的产生并不是因为合同当事人交付缺陷产品而成立，而是因为缺陷产品造成了他人人身、财产损害的后果而确立的。仅仅因为缺陷产品的交付而此缺陷产品未造成损害后果，则产品责任不能成立，可见产品责任不属于合同责任。

第二，将产品责任界定为合同责任，司法实践中会产生一系列弊端，无合同关系的受害人无法起诉获赔，不利于保护消费者，因此我国《产品质量法》只规定了产品质量的侵权责任而排斥了双重责任说和责任竞合说。

第三，产品责任归责原则。合同责任一般适用过错推定原则，即在追究违反合同责任时，法律使违约人负证明义务，他向法庭举出充分证据，证明自己对于违反合同并无过错。若不能证明自己无过错，法庭即推定其有过错，并使之承担责任。而侵权责任的归责原则则是多层次的，既可适用过错责任原则，又可适用无过错责任原则，同时亦可适用严格责任原则。我国《产品质量法》对生产者的产品责任适用严格责任原则，对销售者适用过错责任原则和过错推定责任原则。

首先看一下我国《产品质量法》对生产者产品责任的规定。“因产品存在缺陷造成人身、缺陷产品以外的其他财产损害的，生产者应当承担赔偿责任。生产者能够证明有下列情形之一的，不承担赔偿责任：（一）未将产品投入流通的；（二）产品投入流通时引起损害缺陷尚不存在的；（三）将产品投入流通时技术水平尚不能发现缺陷存在的。”可见，我国采用的是严格责任。生产者承担产品责任，其主观上并非直接对损害事实有过错，而是因为其制造了缺陷产品，造成了损害。

严格责任要求生产者无论主观上是否有过错，都一律承担缺陷产品赔偿责任，法定免责事由除外。但严格责任不同于无过错责任，冯大同在其《国际商法》一书中认为二者相同，王利明等人则认为不同，无过错责任是一种绝对排除当事人主观过错的一种责任，即使受害人有过失，在追究责任时也不予考虑，“只有在不考虑两种过失的情况下，确定责任时才可称为无过失责任；若不考虑加害人的过失而要考虑受害人的过失，则并未超出过失责任的范围”。在严格责任下，并非表示加害人就其行为所生产的损害，在任何情况下均应负责，加害人可提出特定抗辩免责事由。严格责任表面上不考虑被告造成的损害是否出于故意或被告能否通过合理的注意避免损害，就可以确定被告的责任，实际上采取了过错推定的办法，这与无过失责任大不一样。

我国《产品质量法》对销售者承担产品责任亦做了具体规定，《产品质量法》规定：“售出的产品有下列情形之一的，销售者应当负责修理、更换、退货；给购买产品的用户、消费者造成损失的，销售者应当赔偿损失：（一）不具备产品应当具备的使用性能而事先未作说明的；（二）不符合明示担保标准的……”“由于销售者的过错使产品存在缺陷，造成人身、财产损害的，销售者应承担赔偿责任。销售者不能指明缺陷产品的生产者，也不能指明缺陷产品的供货者的，销售者应当承担赔偿责任。”此条表明销售者产品责任归责原则适用过错责任和过错推定原则。

## 四、缔约过失责任的理论基础及其适用

《中华人民共和国合同法》第四十二、第四十三、第五十八条分别规定："当事人在订立合同过程中有下列情形之一，给对方造成损失的应承担赔偿责任:（一）假借订立合同，恶意进行磋商;（二）有意隐瞒与订立合同有关的重要事实或者提供虚假情况;（三）有其他违背诚实信用原则的行为。”“当事人在订立合同过程中知悉的商业秘密，无论合同是否成立，不得泄露或者不正当地使用。泄露或者不正当地使用商业秘密给对方造成损失的，应当承担损害赔偿责任。”“合同无效或被撤销后因该合同取得的财产，应当予以返还；不能返还或者没有必要返还的应当折价补偿。有过错一方应当赔偿对方因此所受的损失，双方都有过错的，应当各自承担相应的责任。”

上述条款的共同之处是合同当事人，在违反上述合同条款给相对方造成损失时均不构成违约，不应该承担违约责任。同时都涉及了承担缔约过失责任的问题。

### （一）缔约过失责任的理论基础

在探究缔约过失责任理论基础前，有必要对缔约过失责任的内涵做出界定。缔约过失责任准确地应称之为“缔约过错责任”，耶林在创立这一理论时，使用了“缔约过失责任”的提法，并为后世众多学者沿用，本书使用大家约定俗成的“缔约过失责任”概念，但这里的“过失”不仅应包括当事人的过失，还应包括当事人的故意。所谓缔约过失责任是指当事人在合同的签订、撤销、无效等过程中因违反其依据诚实信用原则所应负的义务，造成相对方信赖利益的损失所应当承担的责任。据此概念，笔者认为：缔约过失责任是一种独立的民事责任，它与侵权责任、违约责任、不当得利责任、无因管理责任共同构成我国的民事责任体系。缔约过失责任的理论基础，概括起

来主要有4种观点：第一种观点是侵权行为说，该说主张除法定情形外，因缔约过失致生损害，系属侵权行为法规的范畴。[①]第二种观点为法律行为说，该说认为：当事人在缔约过程中的接触磋商行为，本质上已构成一项法律行为，尽管当事人意欲订立的契约后来并未成立，但该行为使得当事人“彼此间已形成了一种……准备之法律关系，此种关系具有类似契约之性质”，而缔约上过失责任不过是违反此法律关系的后果。因此，缔约上述过失行为本质上应视为违反约定的“先契约义务”之违约行为。[②]第三种观点为法律规定说，此种学说为布洛克所倡导，他认为，缔约过失责任的法律基础是法律的直接规定。[③]第四种观点为诚信原则说，目前，德国通说认为缔约过失在实体法上的基础是《德国民法典》第242条规定的诚实信用原则。基于此原则，从事缔约磋商的当事人，应善尽交易上必要的注意义务，维护相对人的利益，若有违反时，应就所造成的损害负赔偿责任。[④]比较以上4种观点，结合我国合同法的相关规定，我们认为采纳诚信原则说解释缔约过失责任的理论基础较为妥当。缔约过失责任在理论上的基础就是诚实信用作为一般义务在契约法中的确立，理由主要包括以下两个方面。

首先，承担缔约过失责任的法律依据是《合同法》，并非侵权法或其他的法律规范，侵权行为说混淆了侵权责任之“过错”构成要件，此过失非彼过失。缔约过失的含义重点应放在缔约的层面，无论是违反先合同义务还是无效、可撤销合同行为，都与缔约有直接的关系，而不能够狭隘地从过失角度来理解。缔约过失既然被确定在合同法中，其衡量的标准就不应该以侵权法中的过错为基础，而是应从诚实信用的角度衡量当事人是否尽到了特殊注意义务，即耶林所称的“缔约时须善尽必要的注意”[⑤]。侵权责任仅要求行为人尽一般注意义务——不得侵害他人财产和人身的一般义务，缔约过失责任要求缔约当事人基于诚实信用原则尽特殊注意义务——协力、告知、保护、照顾、

① 王泽鉴. 民法学说与判例研究：第1册 [M]. 北京：中国政法大学出版社，1998：80.

② 董安生. 民事法律行为 [M]. 北京：中国人民大学出版社，1994：158.

③ 叶建丰. 缔约过失制度研究 [M]// 梁慧星编. 民商法论丛：19. 香港：金桥文化出版（香港）有限公司，2001.

④ 叶建丰. 缔约过失制度研究 [M]// 梁慧星编. 民商法论丛：19. 香港：金桥文化出版（香港）有限公司，2001.

⑤ 王泽鉴. 民法学说与判例研究：第1册 [M]. 北京：中国政法大学出版社，1998：158.

保密等先合同义务。可见，在某些情况下，按侵权行为理论，行为人尚未构成过失，因而不构成侵权责任；若按缔约过失责任理论，行为人违反注意义务，已具有过失，则构成缔约过失责任。因此缔约过失责任之“过失”不同于侵权责任意义上的“过错”，是对诚实信用原则违反之过错。

其次，缔约过失是与合同、侵权、无因管理、不当得利并列的一种独立的债的发生原因。先合同义务的违反所应承担的缔约过失责任，不同于传统的四大民事责任。“法律规定说”一方面回避了“侵权行为说”与“法律行为说”关于缔约过失行为性质的争论，而将其归结为“法律的直接规定”，另一方面又主张以侵权法和合同法原有规则为基础解决缔约过失责任问题。因此也不能解决缔约过失责任这一新型民事责任，缔约过失责任既不是侵权责任，也不是合同责任[①]。传统的观点将无效合同责任归属于不当得利的返还责任，这种观点也是不妥的。因为不得当利是指没有合法根据，使他人受损失而自己获得利益，一方的得利与另一方受损是相等或相当的。而缔约过程中，缔约一方信赖利益的损失（如支出额外的缔约费用、准备履约费用）并不一定导致缔约另一方得利，或者得利与受损并不相当。不当得利与缔约过失可能会有交叉或竞合，但不当得利并不能取代缔约过失。无效的合同责任虽然是采取返还的原则，但与不当得利返还不同。①不当得利返还当事人之间不存在缔约关系，不存在诚实信用的信赖基础。合同无效的返还基于当事人的缔约过失行为。②不当得利侵权人占有相对当事人的财产是基于事件，而不是法律行为，且不当得利是以得到利益为前提。无效合同当事人占有相对方当事人财产，基于民事行为。③无效合同当事人占有相对方财产是否返还并非绝对。如当事人因可撤销的法律行为而取得对方财产的，则以相对方当事人是否行使撤销权为条件，或者撤销权是否超过诉讼时效为前提。如果当事人不行使撤销权或不能行使撤销权，则不构成返还的法律关系。④不当得利拒不返还的有可能构成侵占罪，无效合同当事人不能返还财产的，首先承担的是补偿责任，有过错的才承担民事赔偿责任。

通过以上分析，我们认为，缔约过失责任是以当事人在缔约契约过程中的过失为基础的，这个过失不是以侵权法来衡量，也不是出于法律的直接规

---

① 孟咸美，周广桂 . 合同责任略论 [J]. 扬州大学学报，2001（专辑）.

定，而是以契约法所要求的缔约过程中的诚信义务来衡量。缔约过失责任的理论核心实际上是诚实信用原则。诚信原则起源于罗马法中的诚信契约和诚信诉讼。在经历近代民法典的编纂运动以及民法法系的形成过程中，诚信原则终被立法者上升为民法上的一个法律条文，从而使它脱离了单纯道德规则，发展成为贯穿民法各个领域、立法司法等各个阶段的根本原则。诚信原则要求人们在市场活动中讲究信用、恪守诺言、诚实不欺，在不损害他人利益和社会利益的前提下追求自己的利益。①诚实信用原则更多的成分是道德方面，将诚实信用原则大笔墨地涂抹在新合同法中，作为缔约过失责任的理论基础，一方面反映我国在市场经济建立过程中，提高交易主体的道德素质，建立个人诚实信用制度的必要性，另一方面也是合同法发展、完善的必然结果。基于诚信原则的要求，缔约当事人之间负有协力、告知、保护、照顾、保密等义务，这些义务不是当事人的约定，而是诚信原则作为道德准则法律化，是一种法定义务。如果说古典契约法是以一纸合同书来确定当事人之间的权责关系的话，那么，现代契约法更倾向于由制度规范辅以法定的缔约过程中的诚信义务来确定双方的权责关系。在这种规定下，当合同关系中的一方违反了诚信义务并造成了相对方信赖利益损失时，即使合同尚未成立或无效、被撤销，该方也必须对另一方承担损害赔偿责任——缔约过失责任。

### （二）司法实践中若干疑难问题研究

司法实践中，关于如何正确认定和适用缔约过失责任，有以下几个问题值得注意和研究。

其一，缔约过失责任与其他责任的竞合问题，如缔约过失责任与侵权责任的竞合。在缔约过失责任中当事人因过错而造成他人损失的，应当承担赔偿责任。从承担赔偿责任的角度考虑，其与侵权责任在承担方式上有部分相同。那么，在案件的审理中是按照侵权法适用法律还是按照缔约过失责任适用法律呢？笔者认为应当按照缔约过失责任适用法律，理由有两个：①《合同法》明确规定了缔约过失责任的赔偿问题。虽然在赔偿方式上与侵权法上的赔偿方式竞合，但二者间的价值取向不同。在合同法中规定缔约过失的赔

① 刘晓红，周涛 . 论诚实信用原则及其在《合同法》中的适用 [J]. 扬州大学学报，2001（专辑）：64-66.

偿问题，是将侵权的赔偿责任引进合同法，是对侵害合同行为的加重惩罚。因此有针对性的适用缔约过失赔偿责任属于独立的赔偿责任。②适用缔约过失的赔偿针对的是当事人破坏的诚实信赖基础的救济。如果在赔偿问题上适用侵权法的规定，等于否定了当事人在合同的签订过程中的信赖关系，使缔约过失责任失去理论上的支撑。

其二，在审判实践中如何严格区分违约责任与缔约过失责任问题。缔约过失责任是以合同的不成立为前提的，违约责任是以合同的成立为标志。同时当事人违反义务应区分属于违反约定的合同义务，还是属于违反基于诚实信用原则的法定义务。前者应承担违约责任，后者应承担缔约过失责任。如果违反“预约”应承担违约（指预约）责任；若违反“预约”行为构成违反“本约”之先合同义务，则应承担“本约”不缔约之过错责任——缔约过失责任。

其三，“其他违背诚实信用原则的行为”的认定问题。合同法采取列举与概括相结合的办法界定了缔约过失责任的适用范围，但由于法律对于何谓有“其他违背诚实信用原则的行为”的具体情形并未做明确规定，因此，需要最高法院及时做出司法解释予以明确，以便于统一执法。根据《合同法》立法精神和诚实信用原则的内涵要求，所谓“其他违背诚实信用原则的行为”主要包括以下情形：①要约人违反有效要约，即违反《合同法》第十九条的规定，撤回要约；②缔约一方歪曲事实致使对方当事人违背自己的真实意愿而为缔约行为；③缔约一方未尽必要的告知、通知义务，致使对方当事人对合同性质或条款产生重大误解而被人民法院撤销；④一方违反缔约双方在意向书、备忘录等初步协议中规定的义务；⑤悬赏广告不成立或悬赏人撤销悬赏广告，致使相对人利益受到损害；⑥因一方缔约过失以致合同不具备法定的形式要件而被人民法院认定合同未成立或确认合同无效；⑦依法需经批准才能生效的合同成立后，因未被批准而使合同归于无效，无过错一方在合同成立后为准备履行而受到损失；⑧效力待定合同未获追认权人追认，致使相对人利益受到损害（所谓“未获追认”包括限制民事行为能力人签订的合同未被法定代理人追认，或者无权代理人的无权代理行为未获被代理人追认，或者无处分权的人处分他人财产而签订的合同未获权利人追认3种情形）；⑨在缔约磋商过程中，因一方的不作为行为致使对方当事人受到人身或财产损害；⑩有其他违反先合同义务致使相对人受到损害的行为。实践中，只要缔约一方在缔约过程中有上述情形之一的，即可认定属于有“其他违背诚实信用原则的行为”。如果因此而给对方当事人造成损失的，则应依法追究行为人的缔约过失责任。

其四，缔约过失责任的赔偿范围问题。缔约过失责任的赔偿范围应为信赖利益的损失，即无过错方在缔约过程中的实际损失（包括因合同无效、被变更或被撤销所造成的实际损失）、应增加的财产利益损失、因信赖合同有效成立而放弃的获利机会损失和因身体遭受伤害所蒙受的损失。信赖利益的损失包括直接损失和间接损失。其直接损失一般为：①缔约费用；②准备履约所支付的费用。如信赖合同成立而购买房屋、机器设备或雇工支付的费用，或者为运送标的物或受领对方给付所支出的合理费用；③因缔约过失导致合同无效、被变更或被撤销所造成的实际损失；④因身体受到伤害所支出的医疗费等合理费用；⑤因支出缔约费用或准备履约和实际履行支出费用所失去的利息。其间接损失主要包括：①因信赖合同有效成立而放弃的获利机会损失，亦即丧失与第三人另订合同机会所蒙受的损失；②利润损失，即无过错一方在现有条件下从事正常经营活动所获得的利润损失；③因身体受到伤害而减少的误工收入；④其他可得利益损失。实践中应注意的是，适用缔约过失责任判令缔约过失方赔偿损失，应实行完全赔偿原则，因缔约过失方的缔约过失行为使受损害人遭受的全部损失都应予全部赔偿。

## 五、合同解释制度的比较法研究

英国法官丹宁勋爵说：在法律的日常实践中，最重要的问题是对文件的解释。[①] 此所谓文件，表现在合同法实践中，包括法律文件和合同文件两种。可见，合同解释是合同法理论与实践中最具普遍意义的问题。合同解释是指根据有关的事实，按照一定的原则和方法，对合同的内容所做的说明。它有广义、狭义之分，广义的合同解释是指所有的合同关系人基于不同的目的对合同所做的解释；狭义的合同解释是指在解决合同争议过程中，仲裁机构和法院对合同所做的解释。本书主要探讨狭义合同解释。《合同法》第一次对合同解释做出规定，确立了合同解释制度。但和合同制度的其他部分相比，合

① 丹宁勋爵．法律的训诫 [M]. 杨百揆，等，译．北京：群众出版社，1985：31.

同解释制度稍嫌粗浅和零乱，因此有待进一步加强和完善。本书试图在对大陆法系和英美法系有关合同解释的理论、立法及原则进行比较研究的基础上，结合我国的实际情况，探讨我国合同解释规范化的若干问题，以裨益我国合同解释制度化的进程。

### （一）合同解释的对象

合同的解释首先必须明确对什么进行解释，这是合同解释的对象问题。各国学者对此都颇为重视，并形成了相应的合同解释理论。

关于合同解释的理论，历来有两种对立的观点。一种是“意思说”（Will Theory），又称“主观主义”（Subjective Theory），它以意思自治为核心，认为当事人的意思是产生、变更和消灭他们之间权利义务关系的根本因素，解释合同的目的是探求当事人的“真意”。解释的对象应是当事人的内心意思，在解释技术上注重当事人订约时的主观想法。[①] 另一种是“表示说”（Express Theory），又称“客观主义”（Objective Theory），它以维护法律秩序为出发点，认为当事人的内心意思非他人所能得知，只有表示出来的意思才能作为解释他们合同的依据。解释的对象应是当事人的表示意思，解释技术上注重从订约时或订约后的客观情况去推定，以相对人足以合理客观了解的表示内容为准，以保护相对人的信赖利益。[②] 传统上认为，大陆法系国家多采用意思说，英美法系国家多采用表示说。但随着世界经济的一体化和私法的国际趋同化，无论在大陆法系国家，还是在英美法系国家，合同解释的理论与制度都发生了很大变化。

大陆法系关于解释对象的理论，依据注重于内心意思或外在表示而有意思说与表示说的分歧。在这两种理论之间采取哪一种不是纯粹逻辑的问题，而是属于价值判断，这种价值判断视时代和法律发展状况而不同。19世纪初，资本主义进入自由竞争时期，民法中的形式主义逐渐失去存在基础，个人意志日益受到尊重。反映当时社会需求的《法国民法典》体现了意思自治理论，[③] 它在第1156条规定：“解释契约时，应探究缔约当事人的意思，而不拘于文字

① 郑玉波等．现代民法基本问题 [M]. 台北：汉林出版社，1981：21-24，4-5.

② 郑玉波等．现代民法基本问题 [M]. 台北：汉林出版社，1981：21-24，4-5.

③ 苏慧祥．中国当代合同法论 [M]. 长春：吉林大学出版社，1992：269，252.

的字面意思。”19世纪后期，大陆法系国家的经济经历了工业革命、城市化、公司人和垄断化等一系列变化，在此背景下，法律思想也发生了变迁，由个人本位转变为社会本位，法律的价值标准也从强调绝对自由和公平转向强调交易的安全和效益，并兼顾公平。于是，法官或仲裁员解释合同时逐步趋向表示说，往往不再费尽心思地去探求当事人的内心意思，而从理性人的角度探求当事人可能或应该具有的意思。《德国民法典》第157条规定，在探求当事人真意的基础上，强调“契约的解释应依诚实信用的原则及一般交易上的习惯解释之”。这在一定程度上体现了这种趋势。第二次世界大战后，发达国家进入现代化市场经济时期，社会关系更为复杂，因此，大陆法系各国关于合同解释的理论更趋于表示说，演化成以意思说为原则、以表示说为补充，或以表示说为原则、以意思说为补充的“折中说”解释倾向。[①]英美法系没有大陆法系演绎的精致的意思表示理论，但对于合同解释，英美法系国家一直非常重视，产生了精细的解释规则。与大陆法系关于解释对象的理论一样，英美法系经历了主观说（相当于意思说）、客观说（相当于表示说）和折中说3个阶段。19世纪中期以前，英美法系国家法院一直采用主观解释方法。主观解释论认为，合同成立是以意思一致为前提的，所以合同解释应探究当事人的内心意思，如果当事人赋予合同词句不同的含义，则合同不成立。1881年，霍姆斯批评主观理论，认为法院应在合同解释上采纳“外在理论”。威林斯顿在其主持的《合同法重述》第一版中提出了系统的客观解释理论，认为解释合同不能依赖当事人任何一方的主观意图，而应依照熟悉该事项情况的理智之人的标准进行解释。但是，这种客观说容易导致这样的结论，即合同语言可以被赋予当事人双方均未有过的意义，现代英美法系的合同解释已抛弃了极端的客观理论，采纳了折中的客观主义，《合同法重述》第二版就采纳了折中的客观主义。[②]

综上所述，无论大陆法系国家还是英美法系国家均采用客观为主、主观解释为辅的合同解释观点，合同解释的对象是当事人表示于外部的客观意思，而非藏于当事人内心的意思，但是当双方当事人均未赋予该表示意思或另一

① 苏慧祥．中国当代合同法论 [M]. 长春：吉林大学出版社，1992：269，252.

② 胡基．合同解释的理论与规则研究 [M]// 民商法论丛：第8卷．北京：法律出版社，1997：34–35，39，47.

方应知对方内心意思时，应以内心意思解释合同。

我国《合同法》第一百二十五条规定："当事人对合同条款的理解有争议时，应当按照合同所使用的词句、合同的有关条款、合同的目的、交易习惯以及诚实信用原则，确定该条款的真实意思。"这一规定表明我国的合同法以表示说为原则，以意思说为补充。

### （二）合同解释的规则

确定了合同解释对象后的重要问题便是合同解释规则。合同解释规则是指合同解释所应遵循的具体规则，亦即合同解释的方法。从各国的立法和司法实践看，两大法系可谓殊途同归。大陆法系的解释规则一般包括依当事人目的解释规则、依习惯解释规则、依任意性规范解释规则和依诚实信用原则解释规则四类；英美法系国家在司法实践中确立了精细的解释规则，其主要的解释规则与大陆法系类同，此处不再论及。[①] 现结合我国合同法的规定，对文义、整体、习惯、目的、公平、诚信等六种解释规则做一扼要评述。

1. 文义解释规则

文义解释是指依合同所用语言的字面含义进行解释。当事人在合同中的真意或目的要通过一定语言文字予以表达，并使合同内容固定化，所以依文义解释合同就成为最常用的解释方法。但由于语言文字的多义性，以及当事人借助语言文字进行表达的能力参差不齐，语言的表达可能与当事人真意不符，在适用该规则时应取词语通常含义解释。取词语通常含义解释是指除合同上下文、交易习惯等赋予的其他含义外，词语是一般用语的，取其一般含义；词语是专业用语的，则取其专业意义。在确定词语的通常含义时法院一般依词典含义确定词语的通常含义，如果词典含义有多项，如一项通常含义和一项特殊含义，则依文义解释规则取其通常含义，除非另有证据证明当事人取其特殊含义。

2. 整体解释规则

整体解释是将词语或条款放置在整个合同文体中进行解释，不应被割裂、

① 胡基．合同解释的理论与规则研究 [M]// 民商法论丛：第8卷．北京：法律出版社，1997：34–35，39，47.

孤立而断章取义。[①] 如《法国民法典》第1161条规定："契约的全部条款得相互解释之，以确定每一条款在全文整体上获得的意义。"整体解释要求合同的全部条款得互相解释，以确定每一条款在整个合同中的意义；特殊用语与一般用语矛盾的，应先按特殊用语解释；有印刷和书写两种条款时，应确认手写条款效力优于印刷条款效力。

3. 习惯解释规则

习惯解释是指当合同条款语句有疑义或疏漏，且当事人并未明示排斥习惯时，可依习惯进行解释，按照交易习惯确立合同条款的含义是国际贸易中普遍承认的原则，《联合国国际货物销售公约》和《国际商事合同通则》对此都有规定，我国《合同法》亦确认了这一规则。所谓习惯，是指当事人所知悉或实践的惯性表意方式。当事人对该习惯的存在负举证责任。该习惯亦不得违反强行法规定、国家政策和公序良俗。

4. 目的解释规则

目的解释是指依照当事人所欲达到的经济的或社会的效果而对合同进行解释。当事人签订合同所欲达到的目的是整个合同的出发点，也是进行合同解释的一个重要依据。合同所用语词有不同含义时，应按其中符合合同目的的含义进行解释。目的解释的困难在于如何发现当事人的目的及什么是当事人的目的。有学者认为合同目的有抽象目的和具体目的之分。抽象目的是当事人订立合同时有使合同有效的目的，如果合同条款相互矛盾有使合同有效和无效两种解释时，那么应遵从使合同有效的解释；具体目的是指合同本身所欲追求的具体的经济或社会效果，如果合同条款文字含义与当事人目的相背离时，应以合同目的解释之不应拘泥于文字。[②] 当事人的目的一般有上述两种，那么又该如何发现呢？司法实践中主要通过书面合同本身发现目的，如果不足以发现目的则参考各种交易证据等综合判断。

5. 公平解释规则

公平解释是指合同的解释应公平合理，兼顾双方当事人的利益。公平解释要求：无偿合同的条款含义不清时，应做出有利于债务人的解释；对于有

① 梁慧星．民法总论 [M]. 北京：法律出版社，1996：186.

② 胡基．合同解释的理论与规则研究 [M]// 民商法论丛：第8卷．北京：法律出版社，1997：34–35，39，47.

偿合同，应按双方公平的含义解释；如果合同用语有歧义，应做出不利于合同起草者的解释。

6. 诚信解释规则

它要求解释合同时应当诚实，讲究信用。该规则具有明显的补充合同的意义。诚信解释规则与其说是方法规则不如说是合同解释的原则，这一原则是现代民法中的帝王原则，最具弹性，其基本精神在于保证合同解释结果的公平和合理。诚信原则要求法官注重合同解释的合理性、公平性，这种公平、合理的获得需要法官运用文义解释、整体解释、习惯解释等多种规则进行解释，而由诚信观念检验之。

总之，依一定的原则和方法对合同进行解释，是正确履行合同和及时、公正处理合同纠纷的前提。合同解释问题既是立法问题，又是司法问题，在贯彻实施《合同法》的过程中，应当不断探索、及时总结，使司法活动创造性成果系统化、法律化，建立并完善具有中国特色的合同解释制度。

# 第十四章 环境法主要问题研究

## 一、中国环境法制的国际化与本土化研究

全球化是以经济全球化为先导的经济、生态、政治、文化的全球性整合运动，是人类向马克思笔下的“世界历史”时代的运动。全球化是一个进程，它主要是指人类不断跨越民族、国家的地域界限，超越制度、文化的障碍，在全球范围内相互联系和交往，互相影响和融合，使全球形成一个不可分割的有机整体的历史发展进程和趋势。当今世界，经济全球化浪潮正以前所未有的广度和力度向前推进，全球化已成为不可逆转的趋势和不可抗拒的客观现象，如何适应经济全球化的发展，做到趋利避害已成为人类在21世纪面临的重大课题。中国环境法制现代化运动也已融入全球化进程。我们融入全球化既要充分利用机遇，又要避开陷阱；既要适应全球化趋势，自主选择吸纳国际环境法律准则，参与全球环境法律重构，又要抵制全球化进程中的“法律殖民主义”，实现国际规则的本土化。

伴随经济全球化而来的是生态全球化。经济全球化大大提高了全球生产总量，亦使人类活动对生态环境的破坏日趋严重。环境问题自古就有，但是大规模环境问题的形成和演变则是工业革命以后的事情。工业革命以及其后的技术发展，使得社会生产力不断提高，世界经济达到了空前繁荣的程度，同时，人类对环境影响的深度和广度也不断加强，人类赖以生存的大气、水、土地、生物乃至外层空间不断受到破坏，环境问题也相应地超越国界，发展成为区域性的、全球性的环境污染和生态问题。第二次世界大战以前，人类在发展中遇到的国际环境问题主要表现在两个方面：一是生态破坏，二是环境污染。第二次世界大战以后，由于现代科学技术的迅速发展，全球环境问

题有了新的变化，局部地区的问题逐步演变为全球性的问题，暂时性的问题演变成长远的问题，潜在性的问题进一步恶化，演变成公开性的问题。这一时期，全球环境问题主要表现为全球气候变暖、臭氧层破坏、生物多样性的锐减、有毒化学品的污染及越境转移、酸雨和海洋污染。全球环境问题大致可分为全球性环境污染、严重的环境污染事故和大规模生态破坏三类。当代全球环境问题具有全新的不同于第二次世界大战前旧的环境问题的特征：全球性（超国界甚至扩及公海、外层空间、南极等地）、严重性（危害范围广、持续时间长、后果严重）、综合性（成因综合、危害表现多样、治理对策综合）。鉴于此，国际社会做出了不懈努力，国际环境法应运而生并获得较快发展，特别是20世纪60—70年代和20世纪90年代形成了两次高潮，诞生了以《联合国人类环境宣言》《环境与发展宣言》为代表的国际环境法律。1966年联合国大会以“人类环境问题”为论题，就环境问题的发展及对环境污染的国际控制做了一般性讨论。大会一致认为国际社会应当立即采取措施保护全球环境，以避免全球性的“生态灾难”。在此之后，区域性和国际环境立法开始蓬勃发展。进入20世纪70年代，无论是在发达国家还是在发展中国家，环境立法都成为国家立法的一个重要领域。由于环境问题的“全球性”，国内环境立法和国际环境立法在目标上趋向一致。我们已生活在同一个“地球村”中，任何国家与个人都对生态环境享有权利并负有责任，环境问题的全球性、严重性以及它的系统性、整体性、综合性要求各国共同行动，密切配合。中国作为一个发展中的大国是一个负责任的大国，我们应顺应全球化浪潮，推进中国环境法制现代化进程。

### （一）中国环境法制的发展趋势分析

环境问题的全球性决定了各国环境立法几乎朝着同样的目标，采用同样的方法和手段对付它。特别是发展中国家，均以发达国家的立法模式作为参照，而发达国家则通过对国际环境立法权的控制，不断地以全球生态利益理念为目的修改国际环境法，环境立法在世界各国呈现国际化、趋同化趋势。公丕祥教授认为:“法律发展的国际化是指在法律文化的传播与交流过程中，各个主权国家的法制制度蕴含着世界法律文明进步大道的共同的基本法律准则，使各国的法制制度在某些方面彼此接近乃至融合，进而形成一个相互依存相互联结的国际性法律发展趋势。”我国环境法制的现代化进程正体现着这一趋势。

首先，我国环境法在法的调整范围上与各国基本相同。从对水、大气、噪声、废弃物等污染的控制和管理，到对野生生物及其栖息地或者其多样性的保护管理都是环境立法的重点对象。

其次，中国环境法制体现着法典化立法趋势。如果说发展中国家环境立法正朝向立法体系的健全和完善的方向发展的话，那么发达国家特别是欧洲国家的环境立法则是朝向法典化方向运动，英、德、瑞典等国开始了《环境法典》起草工作，日本则于1993年制定了《环境基本法》。我国也已基本形成了以环境保护法为核心，以防治环境污染的立法和保护环境资源的立法为主干的环境法体系，条件成熟亦将借鉴发达国家的成功经验制定中国特色的环境保护法典。

最后，中国环境法的价值理念和立法原则日益国际化。国际环境保护准则正成为国内环境立法的指导原理，甚至被直接移植为国内法，如果说20世纪80年代以前各国环境立法还是各自为政，主要顾及本国利益的话，那么到90年代各国的环境立法则在更大程度上接受了“保护世代间的利益、实现可持续发展”和“保护环境权”的理念，面对全球性的环境问题，面对环境问题的不断恶化，中国人的环境价值观和立法原则也经历了从人类的中心主义的支配自然、征服自然的价值观向人与自然和谐相处的重视自然、保护自然的价值观的转变。

我们知道，可持续发展思想、保护人类和地球生态系统利益的思想是我国环境法制国际化的指导思想，但是因各国的政治、经济、法律制度、文化传统、习惯的不同，在如何认识和解决环境问题的方式方法上还存在许多差异，在环境法制的国际化方面我国与发达国家还存在分歧，主要表现在两个方面。

首先，表现在环境保护与主权维护方面。一些发达国家以保护全球环境为由，提有限主权论，甚至鼓吹放弃一些主权。他们主张，各国在全球环境保护方面应当实行自我承诺，他方审查，由高级人士组成的国际机构（如地球理事会等机构）来监督和审查各国的政策、战略，负责地球环境资源的管理和保护。以中国为代表的广大发展中国家则表示，各国的政策和战略属于主权和内政，不容任何外来干涉，更不容任何“超国家机构”予以监督和审查。各主权国家拥有按照本国的环境法发展、开发、利用本国自然资源的权利。

其次，表现在环境与发展问题的冲突方面。在环境与发展问题上，发达国家片面强调环境保护，说什么“共同的未来”，借“全球问题需全球解决”之名，企图混淆发达国家与发展中国家有区别的责任，认为所有国家应按同样的治理要求来解决冲突问题，避而不谈发展；对广大发展中国家来说，贫困是最大的污染，发展经济，满足人民的基本需要是最根本的任务，不能就环境论环境，应将环境问题与发展问题联系起来，实现可持续发展。中国是全球环境问题恶化的受害国，深知可持续发展的重要性，中国主张按照共同但有区别的责任原则承担国际环保合作义务，但反对任何限制中国正常发展的企图。

### （二）环境法制的国际化与本土化分析

与环境法制国际化进程中的分歧相联系的问题是必须解决好环境法制现代化建设中的国际化与本土化问题。法制现代化的“本土化”是作为与“国际化”相对的概念提出的，有的学者则用“民族化”来表达：“法”的民族化是指法按照本民族的文化特质而发展，它是民族、传统、文化、国情及其发展规律对法的要求，是法的自身内向型发展的规律。中国环境法制的国际化必须以本土化为前提，在本土化的基础上走国际化道路，而国际化不等于全盘西化，必须使之本土化。公丕祥教授指出：“在当代中国法制现代化进程中，国际规则本土化起码有两个基本要求：一是在移植国际规则和外域法律制度时必须充分考虑到本国的国情条件；二是充分注意到传统的价值意义，将整合国际规则与弘扬固有传统结合起来。”中国环境法制本土化也必须坚持这一基本原则。

首先，我们必须立足中国国情，架构适合中国国情和社会发展需要的环境法律制度。马克思早就指出：“只有毫无历史知识的人才不知道：君主们在任何时候都不得不服从经济条件，并且从来不能向经济条件发号施令。无论是政治立法还是市民的立法都只是表明和集中记载经济关系的要求而已。”离开了中国国情，离开了中国的社会物质生活条件，再先进的法律也只是摆设。我们应当在本土化的基础上走国际化道路，吸纳、移植外域环境法律制度，借鉴外国环境法经验，完善我国环境法制度。有3个方面必须注意。其一，制订《中国环境保护基本法》。我国现行的《环境保护法》充其量是一部环境污染防治基本法，真正意义上的基本法须对环境保护的目的、范围、方针政策、环境保护的基本权利义务、基本原则、主要措施、管理制度、组织机构、相关法律的适用等做出规定。环境基本法是政策法、原则法、责任法，中国国情和国际化趋势呼唤环境保护基本法。可以借鉴日本的《环境基本法》和美国的《国家环境政策法》。其二，借鉴通行做法，完善环境经济法律制度。我国环境法律具体制度是以行政管理为主的管理体系，侧重于污染物产生后的达标排放，总体上属于“末端”治理措施。在治理环境污染方面虽然有一定效果，但成本巨大，治标不治本，最终导致经济效益和环境效益都差。因此，我们应借鉴世界多数国家的通行做法，完善环境经济法律制度。如在具体制度上，可变现有的资源补偿费为环境费；变现有的超标排污收费为达标排污收费，超标排污加倍收费并予以处罚；建立环境税制度，并在相关经济立法中反映环境与发展相结合的要求。其三，学习他国经验，加强政府干预。世界银行在对一些发达国家和地区的经济发展和环境保护进行调查分析后，在《1992年发展报告》中指出:“经济靠市场，环境靠政府。”这是对发达国家多年来行之有效的经验的精辟概括和总结，值得正在搞市场经济的我国学习和借鉴。对市场在环境资源领域的失灵，政府必须加以干预，但绝不是盲目干预，更不是长官意志、地方保护主义，从某种意义上说，今日中国生态环境之现状是长官意志和缺乏法治的结果。政府必须运用经济的、法律的、行政的、技术的手段来保护环境使之免受侵害。我国应明确规定政府的环境保护职责、法律责任并建立完善的监督机制。不仅赋予政府职权，而且明确政府及其有关部门有法不依、执法不严、违法不究的法律责任，最大限度地防止政府干预失败。凡是有利于改善生态环境质量，有利于经济社会发展的外域环境法律制度都可以吸纳、移植，决不应局限上述3个方面，同时也必须考虑到中国国力不强、环境污染严重、环保科技成果产业化能力较弱、公众环境意识相对落后等基本国情，绝不能像西方国家那样，投入大量资金治理污染，也不能制定不切实际的环保标准，以牺牲发展为代价获得所谓的环境保护。中国只能在实现适度经济增长的前提下，把中国环境法制的国际化作为发展进程的一部分，来寻求适合中国国情的环境法制本土化道路。

其次，必须在继承弘扬民族传统的基础上整合国际规则，使之水乳交融，中西合璧，推进中国环境法制现代化进程。海外学者余英时指出，“唯有民族文化才是最经得起时间考验的精神力量”“文化虽然永远在不断变动之中，但是事实上却没有一个民族可以尽弃其文化传统而重新开始”，即“要每一个民族的传统都有其特殊的现代化问题，而现代化并不是在价值取向方面必须以西方文化为依归，以前的人，把‘西化’和‘现代化’简单地等同起来，显然是一个错误”。“一个经济与政治全球化的世界依旧是十分多样的。由此可见，应当鼓励人们用各个国家凭传统和经验为其公民提供的手段来探索解决这些难题。”当代中国法律生活已逐渐融入全球法律体系之中，怎样才能继续保持独立自主的品格，避免出现依附发展或边缘化的情形？应将整合国际规则与弘扬民族传统结合起来。中国环境法制现代化建设不能离开全球化背景，民族化或本土化本身就含有世界化的规定，讳言“融入”“开放”无异作茧自缚。中国环境法制现代化应当以本土化为基础，本土法文化是一份必须承受的财产。中华民族环境保护思想和环境保护法律制度是人类文明宝库中的一份辉煌的遗产，是中国环境法制现代化的历史文化力量。自古以来我国人民和一些有作为的政权将生态环境的保护与经济的发展联系在一起。儒家先哲所谓的“赞天地之化育”（《礼记・中庸》）的天人合一思想，凝聚着人与自然和谐、经济建设与生态建设一致的环境思想。“执两用中，兼陈万物”的方法论用于处理资源分配问题，包含着朴素的可持续发展观念。而国家直接组织的生态环境保护和建设更成为国民经济发展的重要推动力。体现亚细亚生产方式的大禹治水、都江堰工程等，对中国的政治、经济及相应的生态环境法制建设产生了深远的影响。新中国成立后我国环境保护起步晚，直到20世纪70年代末才受到一定重视，70年代末到80年代初，我国首先确立了环境影响评价制度、“三同时”制度和征收排污制度，迄今已初步建立起中国环境污染治理法律体系。在全球性法律重构进程中，应该将弘扬民族法律传统与整合国际规范有机结合起来，综合考虑生产方式、行为习惯、文化传统、价值心理等地情、族情、国情，因为没有任何一套环境法律可以毫无例外地适用于一切国家与民族，任何国家或民族都不可能突然割断与以往生产方式、法律制度、传统文明的现实和历史的联系。在尊重国际环境法的基础上，必须允许和容忍处于不同生产力发展阶段和不同历史地域的人们继续实行数年或百年来形成的国内法和民族法，并逐渐推出新的方针政策。我们应当走融合、超越、创新之路，大力弘扬民族法律传统，走中国特色的环境法律发展道路，使中华法律文明再度辉煌，对世界法律文明的发展做出自己的贡献。

# 二、公民环境权研究[①]

## （一）环境权理论的产生及形成

第二次世界大战后世界经济快速恢复和发展，环境污染问题也日益严重，环境危机直接威胁人类的生存与发展。环境权是20世纪60年代随着全球性环境危机的爆发而提出来的一项新兴人权。

公民环境权的具体主张是1960年由西德的一位医生首先提出来的，他针对有人向北海倾倒放射性物质的行为向“欧洲人权委员会”提出控告，认为这种行为违反了《欧洲人权条约》中关于保障清洁卫生的环境规定。[②]公民环境权是指公民具有在良好、适宜的环境中生活的权利。环境权的主张自20世纪六七十年代被提出以来，在许多国家得到了理论上的响应。美国和日本比较早地形成了环境权理论，并且是最有影响的环境权理论的“输出国”[③]。

1. 美国的环境权理论

环境公共信托论是美国环境权的理论基础。公共信托理论起源于罗马法。东罗马帝国覆亡后，公共信托理论在国外的继受最先始于英国，后来被移植到美国环境法领域，公共信托原则成为美国环境法的起源的重要部分和一项重要原则。1960年，在美国开展了一场大讨论：公民要求保护环境，要求在良好环境中生活的宪法根据是什么？在这场讨论中，美国密执安大学萨克斯教授提出的“环境公共财产论”和“环境公共信托论”颇受推崇，此观点的核心是“空气、水、阳光等人类生活不可缺少的环境要素，在当时受到严重污染和破坏以致威胁到人类正常生活的情况下，环境资源就其自然属性和对人类社会的极端重要性来说，它应该是全体国民的公共财产，任何人不能任意对其进行占有、支配和损害，它是委托给政府管理的财产，未经全体国民同意，政府不得处理这些财产”。20世纪七八十年代以来，公共信托理论在美国出现了成文化的趋势，在各州宪法立法和公共信托理论制度化方面都有体现。环境公共信托论是传统信托理论的引申和发展，强调环境资源“万民

① 孟昕．论公民环境权[J]. 扬州大学学报（人文社会科学版），2012（6）.

② 陈泉生．环境法学基本理论[M]. 北京：法律出版社，2004：301-309.

③ 吴卫星．环境权研究——公法学的视角[M]. 北京：法律出版社，2007：47.

共有”的法理。环境公共信托原则是一个以保护环境为目的的重要法律原则，它既包含了政府保护环境的首要义务，同时也包含了每个公民相对应的要求政府实施其义务的权利。

2. 日本的环境权理论

第二次世界大战战败后，日本着力发展重工业，在经济飞速发展的同时伴随着不少环境问题，发生了一系列悲惨的公害事件。1969年制定的《东京都公害防治条例》序言明确规定：“所有市民都有过健康、安全以及舒适生活的权利，这种权利不能因公害而滥受侵害。”1970年，在日本东京召开的“公害问题国际座谈会”上所发表的《东京宣言》第5项提出：“我们请求，把每个人享有的健康和福利等不受侵害的环境权和当代人传给后代的遗产应是一种富有自然美的自然资源的权利，作为一种基本人权，在法律体系中确立下来。”①通过这次会议，环境权作为一项基本人权和法律权利的观念得到了广泛的传播。②1970年9月召开的“日本律师联合会第13届人权拥护大会”，仁藤一、也尾龙良两位律师在会上做了题为“环境权的法理”的报告。他们指出：“为了保护环境不受破坏，我们有支配环境和享受良好环境的权利；基于此项权利，对于那些污染环境、妨害或将要妨害我们的舒适生活的行为，我们享有请求排除妨害以及请求预防此种妨害的权利。”③环境权理论提出以来，在日本引发了极大的争议。环境权以日本权威的宪法学说为根据，作为宪法上一种新的人权已得到宪法学界承认。

### （二）公民环境权的性质

学界对于公民环境权的性质问题见仁见智，目前主要有4种观点④：一是人权说，即认为公民环境权是一项人权，或者是人权的一个组成部分；二是人格权说，由于环境权的主体是公民，而公民的环境权包括了人身权益，又由于侵犯环境权的后果往往表现为对公民身体健康的损害，因此，有人认为

① 吴卫星．环境权研究——公法学的视角[M]．北京：法律出版社，2007：47.

② 张明涛．环境分析[J]．法制与经济，2010（4）：255.

③ 杜纲建．日本的环境权理论和制度[J]．中国法学，1994（6）：98.

④ 吕忠梅．沟通与协调之途——论公民环境权的民法保护[M]．北京：高等教育出版社，2005：64–70.

环境权属于人格权；三是财产权说，把环境权看作个人的一种财产权利，如美国密执安大学教授萨克斯认为，空气、阳光、水、野生动植物等环境要素是全体公民的共有财产，公民为了管理他们共有的财产而将其委托给政府，从而政府与公民建立了公共信托关系；四是人类权说，认为环境权是指作为一个整体的人类或者地球上的所有居民共同享有的权利。以上学说都揭示了环境权的某个或某些特征和性质，但人格权说和财产权说略显片面。我国学者吕忠梅教授对环境权的人权性质做了比较充分的论证，她从4个层面逐步递进地论证了环境权的性质：环境权是法律上的权利；环境权是一项基本人权；环境权是独立的人权；环境权是确定的权力。笔者认为，公民环境权是人的一种生下来就应当享有的权利，无论是应然还是实然，公民环境权都具有人权属性。

1. 环境权是人的本性所需求的基本人权

人权具有普遍性，是因为人权是人作为人所享有的权利，是基于人类有着共同的利益和共同的理想与道德。[①]例如，保障安全、向往自由、追求幸福，这是世界上任何人都有的愿望和要求，是出自人的本性，这就产生了生命权、自由权等基本人权。人人都有在良好的环境下生存的愿望，因而在20世纪以来的生态危机的大背景下自然就产生了环境权的诉求，这也出自人的本性。大自然为人类提供了水、食物、空气等人类生存所必需的物质和能量，生态危机对人类的生理需求构成直接的威胁。当今社会，严重的生态危机标志着人与自然关系的不和谐和秩序的失衡，人与自然关系的割裂导致人类无法安身于被污染和被破坏的大自然中，人们的环境安全需求无法得到满足。要求在良好的环境下生活是人的本性的体现，环境权的确立能够帮助人类改善人与大自然的关系，符合人的本性的需求。从实证法角度来看，世界上已有50多个国家在宪法中明确承认了环境权。环境权已经成为人权体系中的新兴成员，并在某些国家的司法实践中得到了认可和保障。

2. 环境权是一项独立的基本人权

第一，环境权的产生有其特定的时代背景，环境权的产生源于人类对于自身及未来的生存发展的忧虑，而环境权的也的其要解决的特定问题。第二，

① 李步云．人权法学 [M]. 长沙：湖南大学出版社，2005：127.

环境权不以享有其他人权为前提和基础。环境权保证了公民能够实现其他的权利，如果没有了环境权这一基本权利，公民实现其他权利必然会受到极大的限制。环境权以法律为保障，只有实现环境权才能让其他基本权利顺利实现。第三，现有的权利不应该为环境权的产生设置障碍。全球目前的发展模式越来越清晰地朝着以环境资源为基础的可持续地发展，要想更好地保护环境，人类文明必须产生新的人权理论和规则，如果用现有的权利来限制环境权的产生，是不符合历史的发展规律的。

3. 公民环境权是具有复合性的新型人权

传统的二分法把人权分为自由权和社会权。一般认为，公民权利和政治权利属于自由权，是一种免于国家干预的防御权。人权的分类是相对的，并非绝对的。实际上自由权也有国家积极给付的内容，社会权也有排除国家侵害的消极功能。对人权进行分类十分有必要，而且可行。经济、社会和文化权利属于社会权，是要求国家积极给付的权利，是为了实现实质平等。学界对人权的分类还有三分法、四分法。三分法把人权分为自由权、参政权和社会权。四分法把人权分为自由权、社会权、受益权和参政权。学者吴卫星认为环境权是兼有自由权性质的社会权，是新兴的社会权。他认为环境权主要体现为社会权性质，同时不能忽视环境权具有的自由权性质。[①] 笔者认为这种观点是可取的。环境权是社会国家理念在当代的新展开，它的实现主要依赖国家的积极给付，所以环境权无疑是社会权。但当国家自身行为污染、破坏环境时，公民可请求国家排除妨害，此时环境权具有排除国家侵害的消极功能，故环境权兼有自由权的性质。

### （三）公民环境权的内容

关于公民环境权的具体内容，目前学术界存在不同的观点。吕忠梅教授认为，公民环境权包括环境使用权、知情权、参与权和请求权。其中，环境使用权包括日照权、清洁空气权、清洁水权等；参与权包括参与国家环境管理的预测和决策过程、参与开发利用的环境管理过程及环境保护制度实施过程、参与环境纠纷的调节等；请求权包括对行政行为的司法审查、行政复议

① 吴卫星 . 环境权研究——公法学的视角 [M]. 北京：法律出版社，2007：102.

和国家赔偿的请求权，对他人侵犯公民环境权的损害赔偿请求权等。陈泉生教授认为，环境权的内容包括生态性权利和经济性权利。前者体现为环境法律关系的主体对一定质量水平环境的享有并于其中生活、生存、繁衍，其具体化为生命权、健康权、日照权、通风权、安宁权、清洁空气权、清洁水权、观赏权等；后者表现为环境法律关系的主体对环境资源的开发和利用，其具体化为环境资源权、环境使用权、环境处理权等。[①]笔者认为，公民环境权不包括知情权、参与权、救济权，这些不是生态性的权利。公民与环境有关的知情权、参与权和救济权虽与公民环境权密切相关，但不属于环境权的内容，它们是为保障公民环境权的实现而设立的权利。如环境信息知情权，它是知情权的一种，属于知情权的范畴而非环境权的范畴。知情权的客体除环境信息外，还包括许多种类的政府信息等。知情权是独立的一项权利，不能被其他权利所完全涵盖，它是实现公民参政权、环境权、监督权等其他权利的保障。公众参与权也不是环境权的内容，它是从民主原则中推导、发展来的权利。公众直接参与行政事务的直接民主形式得到了法律的确认，通过公众直接参与，实现公民对行政权的有效约束和监督。[②]公民内环境知情权、参与权是环境权事前的保障救济权，是一种事前的保障。

公民环境权的内容包括生态性质的权利，对此环境法学者多能达成共识。各国法律往往称环境权为清洁环境权、健康环境权或良好环境权。由于环境包括大气、水、土地、森林、草原城市、村庄等环境要素或环境资源，享有适宜环境的权利与保护适宜环境的义务，当然包括享用各种适宜环境要素、环境资源的权利与合理保护各种环境要素、环境资源的义务，所以有些法律按环境要素、环境功能或环境资源将个人环境权分为清洁空气权、清洁水权、风景权、环境美学权、宁静权、眺望权、通风权、日照权、公园利用权、享有自然权等类型。[③]

①通风权。当代社会人口数量庞大，集中居住现象明显，以至通风问题日益突出，从而使风成为法律保护的对象。比如，国威斯康星州议会和其他几个州的议会就通过了必须确保风不受干扰地流动的立法。

---

① 吕忠梅．再论公民环境权 [J]. 法学研究，2000（4）：56.

② 蔡守秋．环境资源法学 [M]. 长沙：湖南大学出版社，2005：127.

③ 吴卫星．环境权内容之辨析 [J]. 法学评论，2005（6）：25–28.

②宁静权。当代科学技术和社会经济的迅速发展，给人类带来丰富繁荣的物质生活的同时，也带了电液和噪声污染等，妨害和扰乱了环境的安全和宁静，使人长期无法正常生活，甚至造成对人们身体的直接伤害。为此，应制定噪声管制法等法律、法规，确保公民生活的安宁。

③清洁空气权。现代工业飞速发展的同时也常常致使大气污染，以致受害的居民不能正常安全健康地生活，同时大气的污染也使周围的农田遭受危害，减少了农业的产量和收入，损害了农民的利益。此外，航空业的发展又把污染扩散到大气空间，而原子能的利用也使全球受到污染的威胁。为了使公民不受空气污染的侵害，各国都相应制定了空气污染防治法、恶臭防治法、废弃物处理法等法律、法规，以确保空气清洁。

④清洁水权。生产生活都离不开水资源，但水污染日趋严重，以致影响公民生活，严重的甚至危害公民健康，同时石油业和海洋运输的发展也使世界海洋遭受到污染。为此，各国纷纷制定水污染防治法和海洋污染防治法等法律、法规，以确保水的清洁。

⑤风景权。自然风光、人文古迹是人们精神的寄托，可以为人们带来生理上、精神上的愉悦，人们通过对其观赏而获得满足。为了确保公民对这类环境资源需求的实现，各国均制定了自然环境保全法、都市绿地保全法等法律、法规。

除了国家宪法和综合性环境资源法律对公民环境权的概括性规定外，在有关法律和司法实践中公民环境权还表现为以下内容：一方面，随着城市迅速发展，城市规模不断扩大，人口日趋密集，高楼大厦拔地而起，楼房密集现象普遍，以至日照的重要性日益凸显；另一方面，能源危机的冲击也使人们转而寻找新的能源，而作为再生能源的太阳能开始被开发和利用，进而使日照倍加被重视而被法律所承认。

环境权内容不应停留在理论探讨层面，应上升为法律层面。建议我国现行《宪法》“公民的基本权利和义务”中增加“中华人民共和国公民享有良好生活环境、合理利用自然资源的权利和保护环境的义务”，以使公民环境权得到宪法具体、明确的支持。同时，鉴于现行宪法较为强调公民对国家的服从关系，而对公民对国家的监督与制约关系明显强调甚少，在公民环境权权中很重要的一项便是公民对国家履行环境保护行政职责的监督。因此建议在现行宪法第二十六条增加一个条款，即中华人民共和国公民对国家环境保护行政有依法监督的权利。笔者认为，环境保护已成为公众和政府的共识，中国经济的发展和环境保护的困局已经催生了公众关于环境权的权利诉求。我国下次修改宪法时，应当将公民环境权载入宪法，确立公民环境权的宪法地位。另外，在宪法确认公民环境权的基础上，《环境保护法》应该对公民环境权的内容做出如前所述的具体规定，这特有利于丰富和发展我国环境权的法律制度，有利于改善公民赖以生存的环境，保护公民环境权。

## 三、我国转基因生物安全法律规制研究[①]

### （一）我国转基因生物安全立法现状分析

随着人们对环境问题的日益关注，转基因生物在释放后可能引发的环境问题成为人们关注的重点。国务院环境保护行政主管部门负责代表国家参加有关生物安全议定书的谈判，并负责联合国环境规划署制定的《国际生物技术安全指南》在我国的实施。我国也缔结或参加了有关转基因生物安全的国际条约和公约，即《生物多样性公约》和《卡塔赫纳生物安全议定书》。

我国转基因生物安全保护虽然没有直接的宪法依据，但我国的《环境保护法》对特定区域的生态环境保护做了相关规定，也在一定程度上对转基因生物安全保护提供了法律依据。地方政府相关主管部门也制定了有关规范性文件，如《深圳市农业转基因生物安全监督检查办法》。法律中有关转基因生物安全的条款也在一定领域内为转基因生物安全管理提供了有力保障，如《种子法》第四十一条第五款[②]关于转基因植物品种种子的文字标注和安全使用控制措施的规定，《农产品质量安全法》第三十条[③]关于属于农业转基因生物的农产品应当依法进行标识的规定，等等。

① 孟昕．我国转基因生物安全法律规定研究 [D]. 扬州：扬州大学，2017.

② 我国新《种子法》第四十一条第五款规定："销售转基因植物品种种子的，必须用明显的文字标注，并应当提示使用时的安全控制措施。"

③ 我国《农产品质量安全法》第三十条规定："属于农业转基因生物的农产品，应当按照农业转基因生物安全管理的有关规定进行标识。"

1. 立法位阶处于法律体系中的单行条例

目前，我国已制定了十几部有关转基因生物安全管理方面的专项法规和规章，如《基因工程安全管理办法》《新生物制品审批办法》《农业转基因生物安全管理条例》《农业转基因生物安全评价管理办法》《开展林木转基因工程活动审批管理办法》《农业转基因生物加工审批办法》等。尽管这些立法为我国转基因生物安全管理提供了重要的法律依据，但在立法理念、法律体系、管理体制、立法技术等方面仍然存在一些亟待解决的问题。为此，我国需要根据转基因生物安全法律制度的一般内容和我国转基因生物安全管理的实际需要，采取适当的立法技术，建立一套健全的转基因生物安全法律体系。

我国有关转基因生物安全管理的专项立法内容涉及基因工程安全管理、农业转基因生物安全管理、林业转基因工程活动管理、转基因食品安全管理、转基因药品安全管理、生物技术产品越境转移管理等领域。在这些立法中，只有一部是行政法规，即2001年颁布的《农业转基因生物安全管理条例》，其他的立法均为行政规章，如1993年颁布的《基因工程安全管理办法》，1998年颁布的《烟草基因工程研究及其应用管理办法》，1999年颁布的《新生物制品审批办法，2002年颁布的《农业转基因生物安全评价管理办法》（2016年修订）、《农业转基因生物标识管理办法》、《农业转基因生物进口安全管理办法》（以上两个办法已于2004年修订）、《农业转基因生物进口安全管理程序》、《农业转基因生物安全评价管理程序》、《农业转基因生物标识审查认可程序》、《转基因食品卫生管理办法，2004年颁布的《进出境转基因产品检验检疫管理办法，2006年颁布的《开展林木转基因工程活动审批管理办法》、《农业转基因生物加工审批办法》等。

综上可知，基于一部行政法规、近十部行政规章、若干地方规范性文件，以及部分相关法律和国际条约，我国现有的转基因生物安全立法初步形成了一个相互联系、相互配合、相互补充、内部基本协调一致的有机整体。国务院制定的行政法规和国务院农业、卫生、科技等部门制定的行政规章是这个法律体系的组成部分，《种子法》《农产品质量安全法》等相关法律虽然涉及转基因生物的规范，但其条款结构单一、内容甚少，不能对转基因生物安全本身有针对性、专项性的法律保障。

2. 确立了转基因生物安全基本制度体系

我国目前的转基因生物安全立法在制度构建方面重点突出，主要通过安全评价、安全控制、贸易规制、应急处理等预防控制性制度和部分支持保障性制度（如标识制度）实现转基因生物安全管理的目标。其他的一些支持保障性制度和恢复补救制度，如公众参与制度、损害赔偿制度、信息交流制度等，有的未做规定，有的规定得不全面。未来的转基因生物安全法律应当以此为基础，进一步明确、补充和完善现有的转基因生物安全监管制度。

生态和健康风险评价制度是转基因生物安全监管的一项基本措施，其目的是评估和确定转基因生物研发、生产、加工、经营、进口等活动对生物多样性和人类健康可能产生的不利影响的状况和程度，以便相关政府部门预先做出合理的管理决策，避免或尽量减少转基因生物对生物多样性和人类健康可能造成的危害。

在我国转基因生物安全立法中，风险评估措施还体现为安全评价制度，该制度在我国各项生物安全管理专项立法中均有规定。以农业转基因生物安全评价为例，进行农业转基因生物安全评价是农业转基因生物安全管理的基础与核心，该制度的基本目标是确保转基因生物研究、试验、生产、加工、经营和出口等活动的安全进行。转基因生物安全评价制度应当遵循以科学为依据，以个案审查为原则，实行分级分阶段管理。农业部根据农业转基因生物安全评价工作的需要，委托具备检测条件和能力的技术检测机构对农业转基因生物进行检测，为安全评价和管理提供依据。

转基因生物及其产品许可证制度是转基因生物安全监管方面最为基础和关键的手段之一，这在现有的《农业转基因生物安全管理条例》中已得到原则确立。在从事转基因生物及其产品的研发、生产、加工和经营等活动时，除了可以依法采取报告备案方式的个别情形外，都必须事先获得相关政府主管部门的许可。

在我国，转基因生物安全标识制度主要在农业转基因生物安全管理、转基因食品安全管理和转基因生物技术产品进出口管理等领域实行。尽管现有的相关法律规定存在一定程度的问题，但其制度安排为我国转基因生物安全管理提供了重要的法律依据。

我国现行转基因食品标识制度的主要内容包括3个方面：①标注原则。转基因食品的标签应当真实、客观，不得包含明示或暗示的可以治疗疾病或虚假、夸大宣传产品的作用以及国家卫生健康委员会规定的禁止标识的其他内容。②标注内容。食品产品中含有基因修饰有机体的，要标注“转基因某食品”或“以转基因某食品为原料”；转基因食品来自潜在致敏食物的，还需要标注“本产品转某食物基因，对某食物过敏者谨慎食用”。③标注方式。有包装外盒的，在标签的明显位置上标注；散装的，在价格标签上或另行设置的告示牌上标注；转运的，在交运单上标注；进口的，在贸易合同和报关单上标注。

在我国现行转基因生物安全立法中，对相关的法律责任的规定也是其重要内容之一。在这些立法中，法律责任的形式涵盖了民事责任、行政责任和刑事责任三大类。

从责任形式方面讲，民事责任的承担形式主要包括停止损害、治理污染、赔偿损失等。行政责任包括行政相对人和行政主体的行政责任：行政相对人的行政责任包括警告、限期改正、责令停止违法活动、没收违法所得等；行政主体的行政责任主要是行政处分。刑事责任包括肇事者的刑事责任和行政主体的刑事责任，但现行的转基因生物安全立法没有规定具体的刑种和刑度，一般只是在条文后面原则性地规定“构成犯罪的，依法追究刑事责任”。

从责任承担的情形上分析，不同领域的转基因生物安全立法做了不同的规定。例如，《农业转基因生物安全管理条例》规定，在研究、试验、生产、加工、贮存、运输、销售或进口、出口农业转基因生物的过程中发生基因安全事故造成损害的，依法承担民事赔偿责任；行政相对人承担的责任情形包括未履行报告义务、违法进行环境释放或试验、未取得农业转基因生物安全证书进行转基因生物生产和应用、未经批准或未按批准要求进行生产和加工、未履行入境检验检疫义务等；承担刑事责任的情形有两种：假冒、伪造、转让或者买卖农业转基因生物有关证明文书并情形严重的；农业行政主管部门违法核发许可文件或核发许可文件后不履行监督管理职责并情形严重的。[①]

我国目前的转基因生物安全立法中规定的法律责任一般以行政责任为主，尤其是行政相对人的行政责任，只有个别立法对民事责任的规定较为详细，

① 于文轩．生物安全立法研究 [M]. 北京：清华大学出版社，2009：241.

而刑事责任一般只有原则性规定。同时，也并非所有转基因生物安全立法均就这三类法律责任做出规定，如《转基因食品卫生管理办法》就是仅针对出具虚假检验报告或者疏于管理难以保证检验质量的情形规定了行政责任。

3. 确立了部门主导分散管理的监管机制

监管机制包括主管机关和协调机关的机构设置及运作。根据我国目前的转基因生物安全立法，通常由某一行业主管部门作为转基因生物安全管理机关的领头，有时也规定其他部门配合其进行管理，或者共同进行协调管理。例如，《农业转基因生物安全管理条例》规定，国务院农业行政主管部门负责全国农业转基因生物安全的监督管理工作；农业转基因生物安全管理部际联席会议由农业、科技、环境保护、卫生、外经贸、检验检疫等有关部门的负责人组成，负责研究、协调农业转基因生物安全管理工作中的重大问题。[①]《开展林木转基因工程活动审批管理办法》规定，从事转基因林木研究的，研究单位应当在研究活动开始前向国家林业局报告；转基因林木中间试验结束后，需要进行环境释放，或者同步进行环境释放和生产性试验的，以及在环境释放结束后需要转入生产性试验的，试验单位应当向国家林业局提出申请；拟从境外引进转基因林木用于研究、试验、生产或者经营的，应当向国家林业局提出申请。[②]此外，根据有关立法，基因工程安全管理的主管机关是国家科学技术部，转基因食品安全管理和转基因微生物实验室安全管理的主管机关是卫计委。这种以某一行业主管部门为主导、其他有关部门配合和协调管理的体制，与我国转基因生物安全立法采用部门立法模式密切相关。

① 我国《农业转基因生物安全管理条例》第四条规定："国务院农业行政主管部门负责全国农业转基因生物安全的监督管理工作。县级以上地方各级人民政府农业行政主管部门负责本行政区域内的农业转基因生物安全的监督管理工作。县级以上各级人民政府卫生行政主管部门依照《中华人民共和国食品卫生法》的有关规定，负责转基因食品卫生安全的监督管理工作。"第五条规定："国务院建立农业转基因生物安全管理部际联席会议制度。农业转基因生物安全管理部际联席会议由农业、科技、环境保护、卫生、外经贸、检验检疫等有关部门的负责人组成，负责研究、协调农业转基因生物安全管理工作中的重大问题。"

② 我国《开展林木转基因工程活动审批管理办法》第六条规定："从事安全等级为Ⅰ级和Ⅱ级的转基因林木研究的，研究单位应当向国家林业局报告。从事安全等级为Ⅲ级的转基因林木研究的，研究单位应当在研究开始前向国家林业局提出申请……"第九条规定："转基因林木中间试验结束后，需要进行环境释放，或者同步进行环境释放和生产性试验的，以及在环境释放结束后需要转入生产性试验的，试验单位应当向国家林业局提出申请……"第十四条规定："拟从境外引进转基因林木用于研究、试验、生产或者经营的，应当向国家林业局提出申请……"

### （二）我国转基因生物安全法律规制问题分析

1. 缺少法律层次的综合性法典

我国于2005年9月6日成为《卡塔赫纳生物安全议定书》的缔约方后，即需要启动将相关国际法原则和制度国内法化的进程。但在目前有关转基因生物安全的专项立法中，除了《农业转基因生物安全管理条例》这一行政法规外，其他的管理规范都是由国务院相关主管部门根据自身的实际情况和工作需要分别制定和实施的行政规章，缺乏进行全过程管理的综合性生物安全法律。

事实上，1993年的《基因工程安全管理办法》是我国第一部有关生物安全管理的立法，也曾一度成为其他转基因生物安全立法的范本和依据。但该办法的出发点是技术管理，且主要是为了规范封闭状态下的转基因生物的利用，几乎不涉及有关转基因生物及其产品的市场化行为，并且规定过于原则化，缺乏可操作性，客观上很难得到有效实施。1994年以后，我国农业转基因作物和转基因饲养动物的发展，以及转基因大豆等农产品的大量进口，使得农业部成为负责生物安全管理的主要政府机构。尤其在《农业转基因生物安全管理条例》颁布后，农业部又陆续制定和实施了一系列与之相关的行政规章，从而在农业转基因生物安全监管方面建立了较为全面、系统的法律制度框架。①

总体来看，现有的部门规章比较零乱，只能对转基因生物安全的某些方面进行规定，一旦出现重大的生物安全问题，或者问题超出部门规章的调整范围，相关部门就很难进行有效管理。目前发挥主要作用的是《农业转基因生物安全管理条例》，但其管理的对象和范围有很大的局限性。在一些重点管理领域尚未建立规章，甚至缺乏必要的技术性标准与规范。同时，没有综合性的转基因生物安全立法，法律体系缺乏规划性、系统性、全面性和协调性。这些都容易导致重复管理和矛盾冲突，也会导致法律制度的缺失和管理上的“真空”。

2. 缺乏高效统一的转基因生物安全监管机制

我国转基因生物安全监管是在缺乏国家统一规划和领导的情况下由科技、农业、卫生等相关主管部门分别进行的，这些部门都是通过各自制定的行政

① 史晓丽 . 转基因技术及其产品的法律规制 [J]. 比较法研究，2003（4）.

规章确立自身的管理者地位，总体上缺乏有效的监管协调机制。这种监管机制存在的主要问题包括以下3个方面。

第一，相关政府部门间缺乏协调与配合。在转基因生物安全管理方面，我国目前各主管部门分散立法，每一部立法均规定了相应的管理机构，但由于缺乏综合性的生物安全立法，目前没有一个对转基因生物安全进行统一监管的机构。实际上，任何一个部门的机构都不能掌握全面的生物安全管理信息，更无法对此进行协调和统一。这样就会导致两个方面的后果：在国内管理方面，管理机构的复杂性使得行政相对人有时在接受管理时无所适从，甚至造成重复登记、重复审批；在对外协调和合作方面，国外的有关机构和其他法律主体有时不知道应当与我国的哪一个部门进行联系及办理相应的手续，非常不利于我国履行对有关国际条约的承诺。

第二，管理程序复杂各异。由于各部门在相关立法中均做出自己的规定，其中有些程序性规定与其他部门相关立法的程序性规定不能很好地衔接和协调，由此出现相关立法在管理程序上“错位”的现象。这样不仅使行政相对人的办事难度增加，而且容易使不同行政机关在对同一事务进行管理的过程中产生冲突，难以适应高效行政的要求。

第三，监管能力不足。我国用于转基因生物安全研究和管理的资金，相对技术研发的投入来说微乎其微。此外，有关转基因生物安全监管的能力建设和机构设置也都很薄弱。例如，农业部农业转基因生物安全管理办公室负责全国范围内的转基因生物安全监督及大部分的农业转基因生物相关活动的行政审批等工作，但该办公室只有几位工作人员，而地方上的相关工作多由各省、自治区、直辖市农业厅的科教处之类的机构兼管，实质上最多只有半个人在从事相关管理工作。

3. 缺乏应急处理机制和损害赔偿的相应立法

目前，我国的转基因生物安全立法在预防控制性制度方面的规定较为具体，而在恢复补救性制度方面则有待加强，恢复补救制度包括应急处理制度中的应急处置措施和损害赔偿制度。

在应急处置措施方面，我国现行相关转基因生物安全立法的规定大多过于原则，可操作性不强。例如，在有些领域未规定采取应急处置措施的主体，有些领域甚至未规定这一措施。

损害赔偿制度是目前生物安全法律制度中发展最不完善，同时也是争议最大的制度。现行法未将生物安全损害赔偿基金的基本内容明确写入法律文本，未规定规则和原则，未规定赔偿制度的主要内容（如惩罚性赔偿、责任限制、资金支持等）。

4. 缺乏转基因生物安全信息共享机制及公众参与权的相应立法

第一，部门间尚未形成完善的信息共享机制。在多个部门共同管理转基因生物安全事务的现有格局中，信息交流是协调相关管理工作的关键性机制。为了避免出现管理上的重复与空白，该机制有待进一步加强与完善。

第二，相关决策缺乏透明度，往往存在暗箱操作的嫌疑。我国政府在转基因生物安全管理中的透明度和公众参与度较低，即便是负责转基因生物安全评价的国家农业转基因生物安全委员会的成员改选，也没有经过公开程序，而是由各部门推荐人选，由农业部加以认定。该委员会成员的名单不向大众公开，转基因生物及其产品的安全审批材料更不向社会公开。

第三，公众参与原则体现不足。赋予社会公众广泛的知情权，使其对转基因生物及其产品有明晰的了解和辨别，是提高社会公众的转基因生物安全意识、保障消费者权益的重要前提和内容。在此基础上，建立适宜的公众参与机制，充分发挥公众的监督与制约作用，有利于改进和加强转基因生物安全管理工作。

### （三）国外转基因生物安全法律规制经验及启示

20世纪70年代后期以来，随着转基因技术和产业的发展，多数发达国家以及部分发展中国家纷纷制定了自己的生物安全法并建立了相应的监管机制。基于社会、文化及生物技术与产业发展水平等方面的巨大差异，各国的转基因生物安全立法和管理也千差万别。①

1. 国外转基因生物安全法律规制经验

（1）美国转基因生物安全法律规制经验。

美国是转基因生物研发最快的国家，其转基因生物安全管理体系也是世界上建立最早、最完备的体系之一。了解美国的转基因生物安全管理手段和

① 毛新志. 美国、欧盟有关转基因食品的管理、法律法规对我国的启示 [J]. 科技管理研究，2005（2）.

体制，并为我国提供借鉴，将有助于我国应对转基因新技术和新产品的挑战，促进我国转基因技术的健康可持续发展。

早在1976年，美国国立卫生研究院就颁布了世界上第一部《重组DNA分子研究指南》，第一次提出对转基因技术研究活动进行监管。1980年以后，经过多方论证，美国认为转基因生物及其产品与非转基因生物及其产品没有本质上的区别，管理中应遵循"实质等同性原则"，即认为依据目前的科学水平，若无证据表明转基因生物对人体是有害的，即可推定转基因生物与传统的非转基因生物没有本质区别，同样是安全的。[①] 监控管理的对象应当是转基因生物及其产品，而非生物技术本身。为了保证生态环境和人类健康的安全，同时保证监管弹性，避免过度抑制生物技术和产业的发展，美国并没有针对转基因生物及其产品进行单独立法，而是将已经存在的某些法律进行延伸，使其适用于转基因生物及其产品，即利用已有的相关法律来管理转基因生物及其产品。总统办公厅科技政策办公室于1986年颁布、1992年重新修订的《生物技术监管协调框架》阐明了生物技术安全管理的基本原则，并按照转基因生物及其产品的最终用途规定了所适用的法律和相应的政府管理部门，确立了较为松散的转基因生物安全监管模式。在经过较长时间的严格管理和经验积累之后，管理程序总体上逐渐简化。但自2000年以来，迫于国内外压力，美国政府发布了新的政策，要求加强生物安全管理，增强审查过程的透明度，并通过完善标识制度让种植者与消费者有更多、更充分的知情权。

经验一：协调框架是美国转基因生物安全管理的基石。在该框架之下，美国的转基因生物安全立法和监管总体上运行得当，促进了现代生物技术和产业的发展，但相关联邦法律与政策对转基因生物及其产品的宽松管理也并非完美无缺。协调框架不能将所有的相关政府部门都涵纳到对特定类型的转基因生物及其产品的监管中，也没有对已经实现商品化的转基因生物及其产品的监测做出统一规定。在监管环境不断变化，特别是新的转基因生物及其产品不断出现的情况下，上述缺陷的确制约着相关法律整体运作的效率和效果，需要基于科学，有效及社会、经济与环境效益相均衡的原则加以改进。

经验二：损害预防原则是美国现有的转基因生物安全立法和监管的基本

① 胡加祥．转基因食品安全性的法律思辨——"无罪推定"还是"有罪推定"[J]. 法学，2015(12).

原则之一，[①] 该原则及与之相匹配的监管制度和实践都是建立在具有科学确定性的基础上的。但在转基因生物安全方面，科学确定性往往不存在，当面对科学不确定性时，有必要适当采取风险预防原则及相应的监管措施。美国联邦政府负责转基因生物的安全监管，州政府一般不具有监管职责。农业部规定管制的转基因材料不能在环境中持续存在，依照此职责，动植物检疫局建立了强大的、以风险为基础的监管体系，包括执法检查、人员培训和文档保存。动植物检疫局要求研发者主动报告潜在的、可疑的或已经发生的违规事件，并设立专门报告通道。

经验三：安全监管的同时也要重视风险交流，即公众交流。公众交流在美国是生物技术管理的重要组成部分，主要由联邦政府和公共研究机构开展。联邦政府鼓励公众参与政府决策，参与方式有4种。一是公众评议。联邦机构制定法规、技术指南及重要转基因生物的释放与注册，均要发布环境影响报告，接受公众评议。二是公众会议。对于影响重大的问题，直接寻求公众态度。三是专家会议。通过邀请专家和相关利益方对某些特定的技术问题进行讨论，一般都对公众开放。四是信息发布。通过发布技术指南和专家会议成果使公众充分了解政府做法，同时所有申请资料（商业秘密除外）、审批信息和违规案件必须公开发布。公共研究机构参与风险交流方式包括：一是对公众关注的议题进行科学研究，用科学事实回答公众疑问；二是按照联邦政府要求开展研究，适应法规需要；三是开展公益性研究，解决转基因生物安全的科学问题；四是成立专门机构，培训科学家如何面对媒体和公众，并鼓励研发者尽早将研究成果与公众交流，建立科学家和公众的交流桥梁。

（2）欧盟转基因生物安全法律规制经验。

欧盟在20世纪80年代开始对转基因生物安全的管理进行立法，建立了以技术为基础的转基因生物安全立法模式，90年代初已形成较为完善的法律体系。该法律体系要求基于风险预防原则，即在转基因生物被证明绝对安全之前，对其应采取谨慎态度，先将转基因生物与非转基因生物区别对待，转基因生物应受到特别管制甚至予以禁止销售，并对转基因生物、转基因产品及相关研制技术和过程进行专门的安全性评价和监管。2000年以后，欧盟全面

① 陈维春．国际法上的风险预防原则 [J]. 现代法学，2007（5）：113-121.

修改法规，成立了欧洲食品安全局，统一负责转基因生物环境安全和食用安全风险评估。

探究欧盟的转基因生物安全法律体系和制度，可以发现几条非常明晰的主线，这些主线构成其生物安全法的法制经验。[①]

经验一：风险预防原则。

欧盟认为，虽然转基因生物及其产品给生态环境和人类健康带来危害的可能性还没有得到科学证实，但这种危害一旦发生，所造成的后果将是无法估量的，因此其一系列转基因生物安全立法充分体现了风险预防原则。如《关于有意向环境释放转基因生物的指令》和《转基因生物越境转移条例》等均明确宣示“依据风险预防原则”确立其各自的目标。

此外，欧盟在转基因生物安全立法和管理实践中坚持风险预防原则，对促成《卡塔赫纳生物安全议定书》最终文本起到了非常重要的作用。风险预防方法是该议定书最核心的基本概念之一。

经验二：个案处理原则。

在欧盟看来，由于转基因生物及其产品中导入基因的来源、功能各不相同，受体生物及基因操作也可能不同，因此对转基因生物的环境释放和转基因产品的市场准入不应只采取一个宽泛的许可标准，而应有针对性地就所有许可申请逐个进行评价。如《关于有意向环境释放转基因生物的指令》序言部分第19条规定，有意释放转基因生物，应基于个案处理原则事先进行环境风险评价;《转基因食品和饲料条例》序言部分第3条规定，为了保护人类和动物的健康，转基因食品和饲料在投放欧盟市场前应进行安全评价。由此可见，申请人不能以需要申请许可的转基因生物或产品与已经获得许可的同类生物或产品具有等同性为由免除相关的许可申请义务。

经验三：全过程严格监管。

在欧洲，人们对转基因生物的态度较为谨慎，环保组织和消费者团体还掀起了相当规模的反对转基因农作物和转基因食品的运动。相应地，欧盟对转基因生物及其产品的监管比较严格，采用的是以技术为基础的管理模式。[②]

---

① 王明远 . 转基因生物安全法研究 [M]. 北京：北京大学出版社，2010：144-166.

② M. Miraglia，K. G. Berdalb. Detection and Traceability of Genetically Modified Organisms in the Food Production Chain，[J].Food and Chemical Toxicology，2004，42（7）.

欧盟认为，重组DNA技术具有潜在的危险，因此无论利用何种基因、何种生物，只要是通过基因工程技术获得的转基因生物及其产品，都要接受安全评价和监管。基于此，欧盟制定了一系列相关的条例和标准。这些条例和标准不仅针对转基因生物及其产品，而且也针对相应的技术研发和应用过程。欧盟各成员国或直接适用欧盟的相关条例，或依据相关条例建立本国的法律制度。

欧盟强调，防范转基因生物及其产品的潜在危害，不能仅仅从最终产品这一环节来实现，因为即便最终产品被阻止在市场之外，其生产过程也可能存在对生态环境和人类健康产生危害的风险。因此，欧盟实行从实验室到餐桌的全程控制，使得转基因生物及其产品在整个生命周期的各个阶段都处在严密的监管下。① 这与美国仅仅规范转基因生物最终产品的做法相去甚远。

（3）以贸易自由为中心的转基因生物安全国际规范。

在国际法层面上，转基因生物安全法律制度主要体现在隶属于《生物多样性公约》的《卡塔赫纳生物安全议定书》中。该议定书以改性活生物体的越境转移之规制为主要内容，在生物安全国际法体系中居于核心地位。

鉴于生物多样性正遭受越来越严重的威胁，自20世纪80年代以来，国际社会普遍关注生物多样性保护和生物资源的可持续利用，并将生物多样性列为全球环境保护的热点问题之一。早在1984年，世界自然保护同盟就召开大会，探讨建立以保护生物多样性为主题的国际公约的可能性。1987年，联合国大会通过决议，确定由联合国环境规划署组织制定一项旨在保护世界生物多样性的法律文件。经过5年的艰苦工作和谈判，1992年5月召开的政府间谈判会议就《生物多样性公约》文本达成了一致。1992年6月，在巴西里约热内卢召开的联合国环境与发展大会通过了该公约。《生物多样性公约》包括序言、正文和两个附件，涉及生物多样性战略与行动计划、生物多样性查明与检测、就地保护、生物多样性组成部分的可持续利用、鼓励措施、研究和培训、公众教育和意识、影响评价和尽量减少不利影响、遗传资源的获取和惠益共享、信息交流、生物安全等内容。该公约第一次将生物遗传资源保护纳

① Michael Cardwell. The Release of Genetically Modified Organisms into the Environment: Public Concerns and Regulatory Responses[J]. Environmental Law Review, 2003（4）.

入国际法，第一次将生物多样性保护作为人类共同的关切。[①] 公约的三大基本目标是：保护生物多样性、持续利用其组成部分以及公平合理地分享由遗传资源利用而产生的惠益。

当《生物多样性公约》获得通过时，转基因生物及其产品正进入产业化开发利用的初期阶段，人们对其可能带来的生态和健康风险的认识尚不充分，大多把转基因生物安全问题当作和外来生物入侵相类似的现象来看待。因此，该公约的文本并未明确提到“生物安全”的概念，只是要求各缔约方“制定或采取办法以酌情管制、管理或控制由生物技术改变的活生物体在使用和释放时可能产生的危险”（第八条），并“考虑是否需要一项议定书，规定适当程序，特别包括事先知情同意，适用于可能对生物多样性的保护和可持续利用产生不利影响的由生物技术改变的任何活生物体的安全转让、处理和使用，并考虑该议定书的形式”（第十九条）。事实上，与外来生物入侵相比，转基因生物的环境释放可能会对生物多样性造成两个方面的显著危害。第一，转基因生物是人们通过现代生物技术对优良性状进行精确定位、选择和纯化而得到的，在自然选择过程中比一般常规物种更具竞争优势。如果说外来物种的入侵不会发生在本土物种占优势的地域，那么转基因生物对常规物种的生存压迫可以在任何地域发生，而本土物种的衰退是生物多样性破坏的重要表现和原因。第二，携带有外源基因的转基因生物，在很多情况下可以和近缘野生种杂交，直接污染和改变野生种的遗传属性。一旦近缘野生种具有杂草化倾向，就会造成次级甚至多级的生物多样性危害效应。[②] 此外，转基因生物及其产品还可能直接带来健康风险。

随着人们对转基因生物和自然环境之间相互关系的了解不断深入，转基因生物带来的一系列问题，特别是越境转移过程中的安全监管问题开始受到高度重视。从1994年起，国际社会开始着手研究和制定生物安全议定书。经过6年的谈判，2000年1月，《卡塔赫纳生物安全议定书》获得通过。从该议定书的文本来看，其视角并不限于生态环境，还涉及健康、市场准入等重要内容。

---

① 徐海根，王健民.《生物多样性公约》热点研究：外来物种入侵·生物安全·遗传资源 [M]. 北京：科学出版社，2004：3-5.

② 张振钿，黄国锋.基因污染与生态环境安全 [J]. 生态环境，2005（6）.

《卡塔赫纳生物安全议定书》适用于可能对生物多样性的保护和可持续利用产生不利影响的所有改性活生物体的越境转移、过境、处理和使用，同时亦顾及对人类健康构成的风险，但由其他有关国际协定或组织予以处理的、用作人类药物的改性活生物体的越境转移除外。

经验一：事先知情同意程序。

事先知情同意程序是生物安全国际立法中的核心制度，应在拟向进口缔约方的环境中引入改性活生物体的首次有意越境转移之前予以适用。但该制度不适用于直接用作食品、饲料或用于加工的改性活生物体的有意越境转移，不适用于经该议定书缔约方大会的一项决议认定的在顾及对人类健康所构成的风险之情况下不太可能对生物多样性的保护和可持续利用产生不利影响的改性活生物体的有意越境转移，也不适用于改性活生物体的过境以及拟按照进口缔约方的标准供封闭利用的改性活生物体的有意越境转移。

事先知情同意程序包括通知、对收到的通知进行确认、做出决定及对决定的复审等环节：出口缔约方在对适格的改性活生物体进行首次有意越境转移之前，应通知进口缔约方的国家主管机构或要求出口者确保以书面形式通知进口缔约方的国家主管机构；进口缔约方的国家主管机构应在收到通知后90天内以书面形式向发出通知者确认已收到通知，并在收到通知后270天内向发出通知者及生物安全资料交换所书面通报其所做出的是否准许进口的决定；出口缔约方或发出通知者如认为发生了可能会影响做出此项决定时所依据的风险评价结果的情况变化或又获得了其他相关的科学或技术信息资料，可要求进口缔约方的国家主管机构对上述进口决定进行复审。

经验二：风险评价和管理。

《卡塔赫纳生物安全议定书》规定，为了在事先知情同意程序下就改性活生物体的越境转移问题做出决定，进口缔约方应确保进行风险评价，也可要求出口者进行此种风险评价。风险评价应按照该议定书的附件三，以科学合理的方式做出，同时考虑采用已得到公认的风险评价技术。至于风险评价费用，议定书规定进口缔约方有权要求发出通知者承担。

此外，缔约方有义务制定并保持适当的机制、措施和战略来制约、监管和控制在该议定书的风险评价条款中指明的，因改性活生物体的使用、处理和越境转移而构成的各种风险，并在必要范围内规定须采取以风险评价结果为依据的措施，以防止改性活生物体在进口缔约方领土内对生物多样性的保护和可持续利用产生不利影响，同时亦须顾及对人类健康构成的风险。缔约方还应采取适当措施，防止于无意之中造成改性活生物体的越境转移。这表明缔约方需要建立针对改性活生物体的风险控制与管理系统。

经验三：标识制度。

《卡塔赫纳生物安全议定书》第十八条对拟直接用作食品、饲料或用于加工的改性活生物体、拟进行封闭利用的改性活生物体以及拟有意引入进口国环境之中的改性活生物体的标识问题做了规定。

基于此而建立的各国转基因产品标识制度须符合世界贸易组织《技术性贸易壁垒协议》第2.2条所规定的“合法目的”，即国家安全要求、防止诈欺行为、保护人类健康与安全、保护动植物生命或健康及生态环境，还须符合第2.1条所规定的非歧视性原则，即“就技术规章所涉之事项，成员国应确保由任何其他成员国进口的产品，应被赋予不低于其所赋予的本国同类产品以及源自任何国家的同类产品之待遇”。为此，转基因产品与普通产品是否可以被视为同类产品将是问题的关键所在。

实际上，转基因产品与普通产品是否为同类产品不可一概而论。以种植为目的的转基因作物，如植入抗除草剂基因的大豆或植入抗虫害基因的玉米，其最终产品的基因成分与相应的普通产品已有所不同，但往往并未表现出不同的特征，因而其最终产品与相应的普通产品有可能被认定为同类产品；而以实现特殊产品效果为目的的产品，如“新鲜度”更持久的Flavr Savr西红柿和富含维生素的“金米”，虽然在外观上可能与普通产品相同，但其所表现的特性确实与众不同，因此对二者是否为同类产品存在很大争议；[①] 在加工产品方面，由转基因大豆或油菜籽加工而成的食用油往往只剩下油脂，已经检测不出转基因蛋白质成分，如果从这一角度看，这些加工产品和普通食用油应该算是同类产品。

由于不同国家和地区往往对转基因产品及其标识具有不同的规定和标准，而《卡塔赫纳生物安全议定书》并未对直接用作食品、饲料或加工的改性活生物体的标识条件加以明确，这就导致各国基于各自的法律制度对转基因产

① 徐海滨．转基因食品对健康的影响及其安全评价 [C]// 转基因生物风险与管理——转基因生物和环境国际研讨会论文集．北京：中国环境科学出版社，2005：69.

品的进口实行标识管理，可能引发与WTO规范的冲突。[①]

2. 国外转基因生物安全法律规制经验对我国的启示

转基因生物安全事关人类健康和生态环境安全，我国政府十分重视转基因生物安全管理工作。2001年，国务院颁布了《农业转基因生物安全管理条例，2002年农业部发布了《农业转基因生物安全评价管理办法》等4个配套的管理规章，在安全评价的基础上，建立了产品标识、进口审批、加工审批、生产许可和经营许可等制度。多年来，通过完善法律、法规体系，实施转基因生物安全评价，加大监管力度，完善技术支撑体系，全面提升我国转基因生物安全管理的能力和水平，形成了与国际接轨、符合国情的转基因生物安全管理体系。通过借鉴美国、欧盟生物安全法制框架，有助于促进我国转基因生物法制化的可持续发展，保障转基因技术研究及产业化的健康发展。

结合目前我国转基因生物安全管理现状，借鉴美国、欧盟的转基因生物安全法律规制模式对我国的模式进行分析，得出以下几点启示。

（1）重视以风险分析为基础的管理制度。

在总结安全管理实践基础上，转变转基因生物全过程的管理模式，按照风险程度和熟悉原则对转基因生物实行分类管理，抓住安全管理的关键环节和风险关键点，简化风险较低的转基因生物的安全管理，加强风险较高的转基因生物的安全管理。重点监管转基因生物的研究、试验、进口活动，把风险管理的关口前移。

在评价程序上，抓住试验和安全证书许可两个关键环节。以转化体为安全评价试验的个案，以品系为安全证书申请的个案，申请农业转基因生物安全证书应经过农业部指定机构的技术检测。安全评价试验可分为两种类型：控制系统内的试验和自然条件下采取相应安全措施所进行的试验。在评价内容上，依据受体、外源基因和转基因生物的释放方式将转基因生物分为四级，对不同级别的转基因生物制定不同的安全控制措施和资料要求。

（2）制定技术指南和指导性文件之重要性。

美国、欧盟有大量的技术指南和指导性文件作为法规必要的补充，使法规的操作性与实施性很强，但我国的技术指南在数量和细节等方面都有所欠

① 李尉民.《卡塔赫纳生物安全议定书》及其对转基因农产品国际贸易和生物技术的影响[J].生物技术通报，2000（5）：7-10.

缺。我国经过多年的法规体系建设，已制定了部分安全评价指南和执法检查指南，并发挥了巨大作用，但与美国和欧盟相比，我国的技术指南不仅数量上不足，技术细节也不够。在现有法规框架内，应进一步细化转基因生物的许可程序和技术资料要求，对于每一类型的申请、新型转基因生物及监督检查等活动制定技术指导性文件，增强法规的可操作性。积极参与国际生物技术标准的制定和转基因贸易争端的解决，掌握国际上转基因技术和转基因生物最新研究进展，在某些敏感的领域进行预先性研究，并以此为基础应对国外可能采取的技术性贸易壁垒，利用转基因生物安全性问题在国际贸易中保护自身的经济利益。

（3）应依法保障转基因生物安全。

应加强生物安全的法律建设，规范转基因食品的安全评估和管理。目前，我国还没有制定生物安全方面的法律，从而使法律滞后于生物技术的发展水平。当前，如何借鉴美国、欧盟等发达国家在生物安全法方面的经验，结合本国国情和生物技术发展现状，制定出一部切实可行的生物安全法律，是国家需要考虑的问题，也是法学界与伦理学界要研究的重点。美国对于重要的转基因生物，通常由不同专业领域的评审员组建审查小组，由组长负责实施安全评价。我国应完善国家农业转基因生物安全委员会的组建方式和评审机制，创造条件建立一支专兼职结合的审查员队伍，由分子生物学、环境科学、食品科学、产品应用等不同领域的委员组建评审小组，对重要转基因生物项目实行小组评审、组长负责、共同决策制度。

欧盟基于风险预防原则对转基因生物、转基因产品及相关研制技术和过程进行专门的安全性评价和监管。我国应借鉴美国、欧盟的安全法制经验，建立和完善与现有的管理条例、办法相配套的管理规范和管理程序，修改现有的管理条例、办法或制定相关的实施细则，对安全性评价的申报、审批及其与相关法规的衔接等问题要做出详细、明确的规定，使之更加科学、规范，更加切实可行。[①] 要制定专门的转基因生物及其产品安全管理的法规，需要着重考虑以下几个问题：转基因生物及其产品的安全管理法规必须在遵守国际惯例的条件下，能适应经济全球化和中国加入 WTO 后所面临的机遇与挑战，

① 陈超 . 国外转基因生物安全管理分析及其启示 [J]. 中国科技论坛，2007（9）.

既能与国际接轨，又能体现中国特色；法规的重点应放在转基因生物及产品的安全性检测与评估方法、安全管理与监督上；法规既能起到规范转基因生物安全管理的作用，又不能阻碍转基因技术和转基因产品的发展；法规要能与现有的有关基因工程与生态环境安全法规相衔接，承前启后，推陈出新，能够对转基因生物及产品的安全检测、管理与健康发展起到促进的作用。

（4）转基因生物安全监督检查制度化。

美国转基因生物安全监管有专职管理人员，委托具备资质的人员执法，并建立培训体系。欧盟对转基因生物及其产品的监管采用以技术为基础的管理模式。在目前我国农业科技行政执法力量不足的情况下，可以委托具备资质的事业单位和检测机构进行执法，增强转基因生物监管力量。同时，在法规中赋予各级农业行政主管部门有条件委托执法的权限，明确建立转基因生物监管体系、培训体系和执法体系，使执法检查制度化、检查工作标准化、检查人员专业化。

（5）舆论宣传是实施转基因生物安全监管的重要途径。

社会公众以及媒体舆论的监督是实施转基因生物安全监管的重要途径。一些消费者对转基因技术缺乏客观、科学的认识，媒体过分渲染转基因技术危害的可能性，使社会公众对转基因生物产品疑虑重重。加大宣传与教育是保障公众知情权的重要手段，有助于推动转基因作物的商业化。可以借助电视、网络等媒体，大力宣传转基因生物安全的技术发展和法律法规，提高研发者、生产者、消费者的安全意识及法律意识，充分尊重公众的知情权和选择权。

美国主要由联邦政府和公共研究机构负责转基因生物的科普宣传。联邦政府有专门的网站介绍转基因生物的研发、风险评价和风险管理情况。公共研究机构通过科学试验回答公众感兴趣的议题，并采取制作录像等方式对转基因的有关知识进行宣传。公众对转基因生物的认知程度不仅是转基因生物应用的关键，还直接影响转基因生物的安全管理。建议我国建立转基因生物科普宣传平台，成立专门的风险交流队伍，及时收集和发布信息，提高研发者、生产者、消费者的安全意识、法律意识，大力普及农业转基因生物安全常识，正确引导舆论，提高公众的认知水平。融合政府部门和公共研究机构资源，引导转基因生物舆论宣传，为生物技术快速健康发展营造良好的氛围。

### （四）关于我国转基因生物安全法律规制的思考

落实转基因生物安全立法的理念基础，维护我国国家利益，更加高效地进行转基因生物安全管理，均需要健全我国转基因生物安全法律体系。国家政策、国内实践和国外立法经验为我国健全转基因生物安全法律体系提供了充分的基础。健全的转基因生物安全法律体系应由一部牵头的综合性生物安全法和以适当的立法位阶制定的有关领域的专项立法共同构成。

从理论层面看，健全的法律体系是落实转基因生物安全立法理念的必要条件。要践行转基因生物安全立法的价值理念，实现转基因生物安全立法的目标，就要在坚持生物安全法基本原则的基础上，构建一个健全的转基因生物安全法律体系。我国转基因生物安全法律体系存在结构性缺陷，如缺少综合性生物安全法、存在调整领域空白等。这样，在整个法律体系中，就难免因内容重复导致法律规范冲突，同时也因调整领域不全面而使生物安全法律制度无法覆盖生物安全管理的所有方面。其后果是，一方面无法贯彻全程管理原则，另一方面也无法在生物安全管理的所有领域贯彻风险预防原则和谨慎发展原则，从而难以很好地落实转基因生物安全立法目的体系的各项要求。

从实际需要看，健全转基因生物安全法律体系是维护我国国家利益的重要途径。现代生物技术的蓬勃发展孕育着巨大的商机，一些发达国家正以强大的经济和技术实力占领现代生物技术产品的全球市场。我国生物技术在世界各国中位于中等偏上的水平，进口额远大于出口额。根据世界贸易组织的规定，我国不能采取经济和技术性措施阻止国外生物技术产品进入我国。为了防止这些生物技术产品的进口对我国国民健康和生态环境造成损害，我国只能通过健全转基因生物安全法律体系和完善相关立法，加强对相关活动的法律规制。此外，为了应对国外通过“绿色贸易壁垒”限制我国生物技术产品出口的问题，我国也需要拥有一套完善的转基因生物安全法律体系和公开的转基因生物安全管理制度和措施。目前，我国除了在农业转基因生物安全相关立法中对此做了一些规定外，其他领域的转基因生物安全立法对此关注甚少，无法满足维护我国国家利益的需要。

从国外经验看，健全的法律体系是高效而成功的转基因生物安全管理的重要前提。在欧盟，包括转基因微生物在封闭设施内的使用、转基因生物的有意释放和接触生物试剂的工作人员的职业安全等方面的水平系列法规与涉及医药产品、动物饲料添加剂、新食品和植物种子等方面的产品系列法规，共同构成了一个较为完整的法规体系。[①] 在美国，转基因生物安全立法也涉及关于植物和微生物转基因生物安全管理、农业转基因生物安全管理、食品和药品转基因生物安全管理、转基因生物安全实验室管理等各个方面。健全的法律体系为欧盟和美国的转基因生物安全管理提供了必要的制度资源。

1. 制定《转基因生物安全法》

根据我国现有的转基因生物安全立法的内容及转基因生物安全管理的实际需要，同时借鉴国外立法经验，我国统一的转基因生物安全法应当包括以下几方面内容。

（1）确立我国转基因生物安全的立法目标和原则。

我国转基因生物安全法律的目标，应是通过确立转基因生物安全管理体制及相应的制度支撑体系，把转基因技术及其产物可能产生的风险降到最低限度，在保护生态环境和人类健康的同时促进生物技术研发与产业化发展顺利进行。

为此，应当坚持风险预防原则，设计和实施较为严格的转基因生物及其产品监管制度，待积累了较为丰富的资料和实践经验，有充分理由可以确信转基因技术和产业发展不会对生态环境和人类健康造成重大或者不可逆转的危害之后，再逐步放松监管，并在条件成熟时通过修订法律把坚持风险预防原则改为采用实质等同性原则和损害预防原则。笔者认为，在确定立法原则方面，这是较为合理、稳妥、可行的折中做法。

（2）关于转基因生物安全管理基本制度。

我国目前的转基因生物安全立法，从规制对象来说，主要确立了基因工程安全监管制度、农业转基因生物安全监管制度以及转基因食品和药品安全监管制度；从规制手段来说，主要确立了安全评价、标识、监督检查、食品安全性与营养质量评价、许可证、可追溯性等基本制度。而未来的转基因生物安全法律应当以此为基础，进一步明确、补充和完善现有的转基因生物安全监管制度。

---

① Christopher P. Rogers. Liability for the Release of GMOs into the Environment: Exploring the Boundaries of Nuisance[J]. Cambridge Law Journal, 2003, 62（2）.

①转基因生物风险评价制度。生态和健康风险评价制度是转基因生物安全监管的一项基本措施，其目的是评估和确定转基因生物研发、生产、加工、经营、进口等活动对生物多样性和人类健康可能产生的不利影响的状况和程度，以便相关政府部门做出管理决策，避免或尽量减少转基因生物对生物多样性和人类健康可能造成的危害。

②转基因食品安全评价制度。进行转基因食品安全评价是转基因食品管理的基础与核心，该制度的基本目标是确保转基因食品和相应的传统食品同样安全且其营养价值不低于相应的传统食品。转基因食品安全评价应当遵循以科学为基础、个案分析和逐步进行等原则，但是部分国家和地区采取实质等同性原则。相对而言，实质等同性原则对风险的包容度更大。

③转基因生物及其产品许可证制度。在从事转基因生物及其产品的研发、生产、加工和经营等活动时，除了可以依法采取报告备案方式的个别情形外，都必须事先获得相关政府主管部门的许可。该制度是转基因生物安全监管方面最为基础和关键的手段之一，其在现有的《农业转基因生物安全管理条例》中已经得到原则确立。

④转基因生物及其产品进口事先知情同意制度。目前，我国转基因生物及其产品的进口量很大，而出口量非常有限。但从长远角度看，我国在进口转基因生物及其产品的同时，也会向其他国家特别是第三世界国家出口畜禽疫苗、转基因农作物种子及转基因产品等。就进出口总量而言，转基因生物可能会处于基本平衡的状态，而转基因产品的进口量仍将大于出口量。

《卡塔赫纳生物安全议定书》要求各缔约方采取必要、合理的法律、行政和其他手段履行该议定书设定的义务，而其第六条及以下条款对事先知情同意制度做了规定。在一定程度上，该制度会增加转基因生物及其产品进口的成本，但它对保护生物多样性及其可持续利用、保护人类健康发挥着不可或缺的重要作用。作为《生物多样性公约》以及《卡塔赫纳生物安全议定书》的缔约方，我国应当完成此制度的国内法化，而现有的《转基因生物进出口管理办法》已经初步体现了该制度。在制定专门的转基因生物安全法律时，该制度仍应成为其基本内容之一。与此同时，该专门法律也应对转基因生物及其产品出口的条件和程序做出规定。

⑤转基因生物及其产品标识制度。转基因生物及其产品的安全性尚无定

论，而且国内外舆论的整体评价偏向负面，因此从维护消费者知情权和选择权的角度出发，应当在现有立法的基础上，进一步确立和完善转基因生物及其产品标识制度。

⑥转基因生物及其产品可追溯性制度。转基因生物及其产品可追溯性制度是欧盟在近年提出的一项新制度，也是对转基因生物及其产品标识制度的重要补充和发展，目前在我国现有的转基因食品立法中也有所体现。

（3）关于转基因生物技术活动管理立法。

这方面的立法涉及基因工程安全管理、转基因生物安全风险评价管理、生物技术越境转移管理、生物技术产品越境转移管理等方面。在基因工程安全管理方面，我国制定了《基因工程安全管理办法》；风险评价方面的立法主要集中在农业领域；越境转移管理方面的法律依据主要是《农业转基因生物进口安全管理办法》《进出境转基因产品检验检疫管理办法》和其他一些相关法律法规。可见，我国这方面的立法仍然主要集中在农业领域。从健全法律体系的角度看，进一步立法应当着重补充其他领域的生物技术活动管理立法。生物技术活动管理立法根据情况可以制定为单独的法规，也可以制定为行政规章，或者在专项立法中做出详细规定。

2. 加强转基因生物安全监管机制建设

目前，我国负责转基因生物安全事务的主要是国务院农业行政主管部门和环境保护行政主管部门。前者主要依据《农业转基因生物安全管理条例》开展执法活动。该条例是目前我国转基因生物安全管理方面效力层级最高的专门性法律文件，所涵盖的农业转基因生物的范围十分广泛，而且涉及研发、生产、加工、销售、进口等众多环节。可以说，在关于转基因生物安全管理的权力之争中，农业部门占了先机，且在长期的行政管理过程中积累了较为丰富的资源和经验，具有优势地位。而国务院环境保护行政主管部门作为主管全国环境保护工作的政府机构，负责生物多样性保护等事务。该部门负责组团代表国家参加有关生物安全议定书的谈判，同时也是联合国环境规划署制定的《国际生物技术安全指南》在我国的实施机构，但在国内的转基因生物安全管理方面，该部门并未开展多少具有实质意义的工作。

基于对实践状况、未来发展需要及理论基础的综合考量，笔者认为，生态环境部应该作为我国转基因生物安全事务的主管机构。主要原因在于，转基因技术对于农业现代化的潜力和意义巨大，而农业农村部是我国农业产业化发展的主要规划者、引导者和推动者，同时也是农业转基因生物安全的主要管理者，由其作为我国转基因生物安全事务的主管机构，不仅存在如何将转基因生物安全管理的范围扩展至农业领域之外以及基于何种理论依据来协调卫生、林业、生态环境等转基因生物安全相关管理部门之难题，而且会由于其自身的产业管理者身份导致角色冲突——农业农村部可能更希望借助转基因技术来提升整个农业的产业化发展水平，而不是特别关注转基因生物及其产品带来的生态环境与人类健康方面的风险。环境保护部门与产业管理部门的重要区别在于，环境保护部门在性质上属于公共管理部门，以维护环境质量以及相关的公众健康等非经济性公共利益为使命，在对转基因技术及其产物的生态与健康影响进行管理的过程中，通常不存在立场和利益的冲突。因此，相对于农业农村部而言，由生态环境作为我国转基因生物安全事务的主管机构似乎更为适当。当然，要实现对转基因生物安全事务的全面、有效管理，除了环境保护部门外，还需要农业、林业、卫生、科技等相关监管部门的分工合作。

首先，建立统一的转基因生物安全事务主管机构。作为国家转基因生物安全事务主管机构，国务院环境保护行政主管部门负责对全国转基因生物安全实施统一监督、指导和协调，组织拟订国家转基因生物安全管理规划、政策、法规、技术规范和标准，组织建立国家生物安全数据库、生物安全信息档案和生物安全监测网络，发布国家生物安全信息，指导风险评价管理，认证转基因生物风险评价机构，统一转基因生物标识，审批转基因生物的环境释放，协调国际生物安全条约的履行。同时在国务院环境保护行政主管部门设立国家生物安全管理办公室，负责国家生物安全管理的日常工作，对外作为履行《卡塔赫纳生物安全议定书》的联络点和生物安全信息交换所的联络点。

其次，建立转基因生物安全委员会，统一协调指挥。设立国家转基因生物安全委员会，使其作为转基因生物安全管理的协调机构。该委员会由国务院生态环境、科技、农业、林业、卫生、工商、质量检验检疫等部门的主管领导组成，主要负责协调国家转基因生物安全管理事务，并提出制定国家转基因生物安全战略、政策、法律和法规的建议等。

3. 加强信息共享机制和保障公众参与权立法

建立、健全和完善转基因生物安全法上的公众参与制度，不仅是我国遵守转基因生物安全国际法的要求，同时也是我国环境法的内在要求。然而，我国目前主要的转基因生物安全立法文件均未涉及公众参与问题，因此，基于转基因生物安全国际法的要求，借鉴其他领域的国际法和其他国家相关法律文件的成熟经验，并在充分考虑我国现实情况和现有法律规定的基础上，提出转基因生物安全法上公众参与权的一般内容就尤为必要。

社会公众参与有关转基因生物安全的公共决策，不仅可以提高人们的认识水平，创造有利于转基因生物安全管理的社会氛围，同时也是现代政府管理活动的重要内容和形式。但该制度在我国现有的转基因安全法规、规章中并未得到充分体现。

转基因生物安全法律应当赋予社会公众有关转基因生物安全事务的知情权、参与权，确保其依法参与政府的转基因生物安全管理工作，包括参与决策和规则制定，参与审批、监督及参与相关危机的应对与处理等活动。

可成立国家转基因生物安全技术委员会，作为转基因生物安全管理的咨询机构。该委员会由国务院相关部门的代表以及环境保护、消费者保护、生物、生态、农业、林业、知识产权、医药、卫生、食品、伦理、法律、经济贸易等相关领域专家的代表组成，负责对转基因生物及其产品相关活动进行风险评价并做出相应的技术性决议。转基因生物安全管理部门在对转基因生物及其产品相关活动进行审批、登记、控制、检查或开展其他监管活动时，需要考虑国家转基因生物安全技术委员会对有关技术问题的意见。

4. 加强转基因生物安全法的恢复补救制度

转基因生物安全法的恢复补救制度，是指转基因生物安全立法确立的旨在应对转基因生物安全事故造成的不利影响，从而在发生转基因生物安全损害后，保障转基因生物安全法主体所受损害得以弥补，并确保生态环境的正常结构和功能得以恢复的法律制度。恢复补救制度包括应急处理制度中的应急处置措施和损害赔偿制度。

首先，加强应急处理机制立法。从事转基因生物封闭研究、中间试验、环境释放、商业化利用和越境转移的，应当制定转基因生物安全事故处理应急预案并报送相关主管部门审查和备案；发生转基因生物安全事故的，应当立即根据应急预案采取相应措施、通报可能受到影响的单位和个人、报告所在地省级人民政府环境保护行政主管部门和其他有关行政主管部门并接受调查处理。

根据有关国际法、国外相关立法和我国环境保护应急处理制度的有关规定，应急处置措施应当包括如下两方面的内容。①肇事者的应急处置义务。包括采取应急措施、通报、报告（与前述“通报”不同，报告的对象是主管机关）、接受调查处理、法律责任。②管理机关的应急处置义务。一是报告，这里要注意的是，主管机关的“报告”与“肇事者”的报告并不存在必然的时间上的先后关系，即主管机关有义务在获悉发生转基因生物安全事故时依职权履行此项职责，而不必等到肇事者报告之后才采取此项行动。二是通告和通报。三是调查。四是采取应急措施，这些措施包括：封闭事故现场；对已产生不良影响的区域，暂时将区域内人员进行隔离或医疗监护；责令停止导致或者可能导致该事故的活动；其他必要措施。采取这些措施的主要目的是防止事故影响进一步扩大，并为事故的处理提供便利条件。五是追踪监测。六是法律责任。

其次，加强损害赔偿制度立法。转基因生物安全法上的“损害赔偿制度”，是指在转基因生物安全风险转变为现实损害后，致害方根据转基因生物安全法的规定，对受害方给予赔偿的一整套措施。损害赔偿制度是转基因生物安全法的其他制度得以顺利贯彻和实施的重要保障，在转基因生物安全法中具有重要的地位。与其他制度相比，转基因生物安全损害赔偿制度在现有法律规范中是最不完善的，对这方面的研究也最为欠缺。即使在《生物多样性公约》和《卡塔赫纳生物安全议定书》中，关于损害赔偿的规定也非常笼统。因此，借鉴国际环境法和外国转基因生物安全立法的损害赔偿制度，提出关于转基因生物安全损害赔偿制度的原则和要点就尤为必要。

美国2002年《转基因生物责任法案》规定，损害赔偿责任包括任何人根据联邦法律或者其他法律、因使用转基因生物而负有的责任；如果损害因生物技术公司的基因工程而引起，则生物技术公司有义务对因转基因生物向环境的释放而受到损害的任何一方提供赔偿，并应承担因此而产生的合理的律师费以及其他诉讼费用；损害赔偿责任不得以合同或其他方式获得豁免。[①] 此

① 王灿发，于文轩．生物安全国际法导论 [M]. 北京：中国政法大学出版社，2006：174–175.

外，美国1980年《综合环境反应补偿与责任法》也间接涉及转基因生物安全方面的内容，其中关于赔偿主体、赔偿范围、责任限制、基金制度等方面的规定可资借鉴。

转基因生物安全损害赔偿制度的要点应包括如下两个方面。

一是转基因生物安全损害赔偿的原则。转基因生物安全立法在损害赔偿方面应当确立的主要原则包括两个方面。①无过错责任原则。与风险预防原则相适应，在转基因生物安全法中确立无过错责任原则，有利于督促现代生物技术开发利用者更好地约束自己的行为，尽最大的注意义务，最大限度地避免转基因生物安全事故的发生。②责任分担原则。责任分担原则要求有关各方均应尽到足够的注意义务，从而有利于谨慎发展原则的贯彻和实施。

二是转基因生物安全损害赔偿制度的主要内容。其主要内容应当包括3个方面。①惩罚性赔偿。这里所称的"惩罚性赔偿"，是指行为主体对其行为引起的转基因生物安全事故除应全额承担损害赔偿责任外，还应支付一定数额的惩罚性赔偿金。②责任限制。责任限制的条件一般包括不可抗力、第三方致害、受害人过错等情形。③资金支持。一般而言，资金支持制度的实现方式包括基金、保险和保证。

因从事转基因生物封闭研究，中间试验，环境释放和商业化应用、运输、贮存等活动造成危害的，责任人有责任排除危害，并对直接受到损失的单位或个人赔偿损失；造成环境污染或破坏的，应当支付生态环境损害赔偿金。为了确保对受害人或者受害生态环境的赔偿能力，责任人应当采取责任保险或其他财务保障措施。而在转基因作物引起侵权的情况下，由于作为转基因农业最基本主体的农民在事实上往往不具备对转基因作物进行风险控制的足够能力，因此应作为适用无过错责任原则的例外。危害完全由不可抗力造成，并经及时采取合理措施仍然不能避免的，或损害完全由受害人自己的故意行为造成的，从事转基因生物相关活动的单位和个人可以免于承担赔偿责任。

### （五）结语

我国目前已制定了十几部转基因生物安全管理专项法规和规章。从内容上看，我国现行转基因生物安全立法采用多元目的体系，管理体制具有部门主导和分散管理的特色，在安全监管方面主要采取生态和健康风险评价制度，在法律责任方面以行政责任为主。这些立法为我国转基因生物安全管理提供了重要的法律依据，但在立法理念、法规体系、管理体制、监管机制、公众参与及损害恢复补救性制度等方面仍存在诸多问题，无法很好地满足转基因生物安全管理的现实需要。因此，我国转基因生物安全立法亟待健全和完善。

健全转基因生物安全法律体系，是落实转基因生物安全立法理念的必要条件，是维护我国国家利益的重要途径，也是高效的转基因生物安全管理的重要前提。构建转基因生物安全法律体系，不能仅仅停留在转基因生物安全基本法本身，还应扩大到监管制度及公民知情权、参与权的法律保障；不仅要考虑到“全过程安全防控”立法，而且要考虑到不安全危险发生后如何最大限度进行转基因生物安全恢复补救立法，从而形成较为完备的转基因生物安全法律体系。在我国，健全的转基因生物安全法律体系应当由转基因生物安全法、转基因生物安全管理立法、转基因生物安全损害恢复补救立法和其他转基因生物安全管理相关立法构成。目前的首要任务是制定一部作为牵头立法的转基因生物安全法。该法应在立法目的、法律原则、规制范围、监管机制、纠纷处理和法律责任等方面做出明确的规定，并在立法位阶、立法内容、法律文本结构等方面实现与现行相关立法的有机衔接，从而为我国转基因生物安全立法的进一步健全和完善奠定基础。

# 第十五章　其他法制问题研究

## 一、民主社会主义与科学社会主义的区别

民主社会主义是当代发达资本主义国家的社会民主党、社会党和工党的思想体系的总称，其基本点就是鼓吹第三条道路，集中体现在《法兰克福宣言》即《民主社会主义的目标和任务》中。《法兰克福宣言·序言》讲道，一条是资本主义道路，这条道路“无法避免灾难性的危机与大批失业，它产生了社会的不安定与贫富之间的明显对立，它凭借帝国主义的扩张和对殖民地剥削，使国家间和民族间的冲突更加剧烈”①。另一条是共产主义，“共产主义妄称继承了社会主义传统，但事实上它是歪曲了这个传统，它建立一种僵硬的学说，同马克思主义的批判精神是不相符合的”②。社会党人不赞成这两条道路，因此提出了第三条道路——民主社会主义，明确宣布要以“民主的方法建立一个自由的新社会”③。这个“新社会”应当实行政治民主、经济民主、社会民主和国际民主。“民主社会主义”在当代世界影响很大，具有广泛的吸引力，因为广大人民群众向往高度的社会主义民主。那么，究竟怎样看待民主社会主义的四大民主与人民向往的科学社会主义民主？我们以为，对此必须做具体的分析，决不能简单地贴标签。

首先，民主的本质不同。民主社会主义强调社会主义是最高形式的民主，社会主义只有通过民主才能充分实现，从字面上看也符合共产党所倡导的社

① 中央党校科社教研室．社会党的重要文件选编 [M]. 北京：中央党校出版社，1983.

② 同①.

③ 同①.

会主义民主。邓小平同志曾指出："没有民主就没有社会主义，就没有社会主义的现代化。"[①]共产党就是要建设高度的社会主义民主，但是，民主社会主义者所主张的民主，是人人都能无条件享受的民主，是以民主方法建立一个自由的新社会。他们主张通过和平的民主和议会的道路，执掌政权，改造社会，主张实行多党制、反对一党制，反对无产阶级专政。他们认为暴力手段是一条"急速的、粗暴的，甚至是流血的道路"，"在道德上应该受到谴责"[②]，"民主需要有一个以上的政党存在和彼此反对的权利"[③]，"人民自由选举其代表，由多数派组织政府，同时尊重少数派的权利"[④]，攻击"共产党人只为要建立一党的独裁，而有意使这些阶级的对立尖锐化"[⑤]，指责在共产党执政的国家中共产党人"损害了社会主义者在持续数代之久的斗争中所赢得的一切自由、工人的一切权利、一切政治利益和一切人类的价值"[⑥]。可见，民主社会主义完全抹杀了社会主义民主与资产阶级民主的本质界限，秉承的是列宁所批判过的考茨基曾鼓吹的"纯粹民主"或"一般民主"。他们虽然在促进民主的发展、保障人民的权利方面取得了一定的成绩，但并没有突破资产阶级的框子，没有改变资产阶级国家的性质，走的是议会民主道路。列宁指出，"只要有不同的阶级存在，就不能说'纯粹民主'，而只能说阶级的民主"，"'纯粹民主'，不仅是既不了解阶级斗争也不了解国家实质的无知的论调，而且是十足的空谈"。[⑦]社会主义民主是无产阶级的民主，是社会主义的国家形式，包含着对人民的民主和对敌人的专政两个方面。抽象的纯粹的民主是不存在的，抽掉了无产阶级专政，无产阶级的民主就不复存在，民主和专政是相辅相成的。社会主义是靠工人革命争取并依靠公有制实现的，正如马克思、恩格斯在《共产党宣言》中指出的："工人革命的第一步就是使无产阶级上升为统治阶级，争得民主……无产阶级将利用自己的政治统治，一步一步地夺取资产阶级的全部资本，把一切生产工具集中在国家即组织成为统治阶级的无产阶级手里，

---

① 邓小平 . 邓小平文选 [M]. 北京：人民出版社，1983：154，161.

② H.R 西比列夫 . 社会党国际 [M]. 北京：中国社会科学出版社，1983：191，73.

③ 中央党校科社教研室 . 社会党的重要文件选编 [M]. 北京：中央党校出版社，1983.

④ 同③ .

⑤ 同③ .

⑥ 同③ .

⑦ 列宁 . 列宁选集：第3卷 [M]. 北京：人民出版社，1986：629，188.

并且尽可能快地增加生产力的总量。”① 公有制消灭了不平等的根源——私有制，使绝大多数社会成员成为生产资料的主人，因而成为自己命运的主人，人民真正当家做主。社会主义民主也不必然要求多党制，多党制并不必然民主，一党制也非必然独裁，关键在于国家本质和政党的性质，在于政党代表哪个阶级的利益及人民是否拥护。社会主义国家工人阶级的政党必然为广大人民群众谋利益，它没有自己的特殊利益。一句话，民主社会主义并不是什么社会主义民主，是改良主义的民主，没有也不可能有民主的或不民主的社会主义，社会主义本身就包括了真正意义上的民主。

第二，民主的指导思想不同。民主社会主义的民主不是马克思主义指导下的民主，多元主义成了它的重要特征。“关于人类形象及其伦理要求的基督教学说、法国革命的人权宣言、康德的伦理与教育思想、黑格尔的辩证的历史哲学、马克思主义对资本主义的批判、伯恩施坦对马克思的批判……都是民主社会主义的思想来源”②，虽然他们没有放弃马克思主义，甚至还自吹自己是第一国际的、第二国际的和马克思主义的长子继承者，但他们只把马克思主义作为批判的方法，割裂、曲解，取其所需。他们公开宣称：“民主社会主义不是以某种最终目标为方向的，应该把它解释为一种过程。民主社会主义没有最终的目标，应当把它理解为长久的任务。”③这不仅使人想起伯恩施坦的运动就是一切，目的是没有的说法。可见民主社会主义是打着马克思主义旗帜反对马克思主义，他们把民主和社会主义联系起来，增加了令人迷惑的色彩，实际上他们的民主是倾向于修正主义、改良主义的，倾向于资本主义的基本价值，这是由其指导思想决定了的。

第三，民主的内容不同。民主社会主义的民主包括政治民主、经济民主、社会民主和国际民主4个方面。政治民主就是要建立“民有、民治、民享的政府”，实行多党制，保障“所有公民不论出身、性别、语言、信仰和肤色，在法律面前一律平等，反对消灭现存制度”；经济民主，就是允许私有制存在，实行以市场经济为基础的“混合经济”；通过“民主计划”、民主监督，建立一个充分就业、增加生产、提高生活水平、实现社会保障与收入和财产的公

---

① 马克思，恩格斯.马克思恩格斯全集：第1卷[M].北京：人民出版社，1972：287.

② 中央党校科社教研室.社会党的重要文件选编[M].北京：中央党校出版社，1983.

③ H.R 西比列夫.社会党国际[M].北京：中国社会科学出版社，1983：191，73.

平分配的“福利国家”；社会民主，即要保障人民享有完全自由和民主的权利，要创造保证人人完全平等和每个人得到全面发展的政治、经济、社会条件，人们有广泛的社会权利，如工作权、休息权、受教育权、生活福利权、社会保障权、适当住房权等；所谓国际民主，即主张缓和、共处、对话、合作、反霸等。上述4个方面虽然与社会主义民主有共同的要求和观点，但也有根本的不同。

首先，社会主义民主是无产阶级的国家形态，必然要求消灭资产阶级国家，消灭剥削制度。其次，社会主义民主是以生产经济资料公有制为基础的民主，社会主义民主制主张利用国家政权的力量，取消生产资料的私有制，建立生产资料的公有制，从根本上消灭人剥削人、人压迫人的现象，从而实现高度的民主，正如《共产党宣言》所讲："共产党人把自己的全部理论概括为一句话：消灭私有制。"[①]诚然，在现阶段，还允许多种经济形式的所有制存在作为公有制的补充，但这与民主社会主义者的经济民主内容不同。他们抽掉了消灭私有制这一重要原则，幻想在私有制前提下建立民主社会主义。社会党国际第一个纲领中讲，社会主义的计划并不以所有生产资料的公有为先决条件，它允许在重要生产领域内，如在农业、手工业、零售业和中小型工业内部可以有私有制的存在。这种在重要生产部门大量保留私有制与以公有制为主体、多种经济形式并存是不相容的，它实际上就是保护和发展私有制。再次，所谓社会民主也要具体看待。从理论上看，社会民主的许多方面也是社会主义民主的必然要求；从实践上看，社会民主也扩大了人民的权利，改善了社会生活。但是我们知道，它并没有触动资产阶级的根本利益，广大工人群众仍然没有改变其受剥削压迫的地位，更何况这种福利政策也是为了在妥协中求生存，它迎合了垄断资本主义在不改变资本主义生产方式的情况下，继续创造剩余价值的需要，客观上维护了垄断资本的利益。最后，所谓国际民主也是与无产阶级的国际主义不同的。他们自己也直言不讳，公开要求共产党“放弃无产阶级的国际主义”[②]，他们声称“反对各种形式的帝国主义，反对对任何人民的压迫和剥削”，要“为建立一个和平与自由的世界而努力”[③]。

① 马克思，恩格斯 . 马克思恩格斯全集：第1卷 [M]. 北京：人民出版社，1972：287.

② 蔡声宁，潘培新，等 . 社会主义在当代世界上 [M]. 北京：光明日报出版社，1985：287.

③ 中央党校科社教研室 . 社会党的重要文件选编 [M]. 北京：中央党校出版社，1983.

他们主张在维护任何资本统治的前提下，实行所谓经济独立、国际合作，主张欧洲一体化，实行普遍裁军，维护世界和平。而国际主义是无产阶级世界观的体现，是社会主义民主的必然要求，是无产阶级处理和各国无产阶级之间、民族之间、无产阶级政党之间以及社会主义国家之间相互关系的基本准则，它要求全世界无产者联合起来，消灭资本主义，为实现共产主义而奋斗。这表明了我们共产党人与他们存在意识形态差异。他们的国际民主则是在维护垄断资本的前提下谋求国际合作，马克思早就指出过这种国际联合与国际主义有本质区别。①

第四，民主实现途径不同。民主社会主义者主张一种渐进的政策，即通过议会民主和逐步的、和平的变革来达到自己的目标。他们认为现代资本主义国家是他们共同参与缔造的，是人民的“权利共同体”，根本没有必要打碎，而要利用它为社会主义服务。共产党人认为，资产阶级国家是管理资产阶级事务的共同委员会，“资产阶级国家由无产阶级国家（无产阶级专政）来代替，不能通过‘自行消亡’，根据一般规律只能通过暴力革命”②。同时，也不否认和平夺取政权争得民主的可能。马克思于1872年在阿姆斯特丹群众大会上说：“工人总有一天必须夺取政权，以便建立一个新的劳动组织……但是，我们从来没有断言，为了达到这一目的，到处都应该采取同样的手段。我们知道，必须考虑到各国的制度、风俗和传统，我们也不否认，有些国家，像美国、英国——如果我对你们的制度有更好的了解，也许还可以加上荷兰——工人可能用和平手段达到自己的目的。”民主社会主义的民主是资产阶级的民主，这种民主是不可能超出资本主义制度和资本主义实际发展的框框的，正如他们自己所说的那样，只是在一定程度上减缓了资本主义造成的严重后果，并没有根本触及资本主义的“两大不公正”（即财产占有的不公正、权力支配的不公正）。这种“不公正”是民主吗？这样能实现民主吗？邓小平同志在《坚持四项基本原则》这篇著名文章中指出：“我们一定要向人民和青年着重讲清楚民主问题。”民主社会主义关于民主的一系列论点把这个问题搞乱了，上面我们做了一些粗浅的比较分析，力图帮助人们弄清什么是民主社会主义的民主，什么是科学社会主义的民主，从而坚定信念，更好地推进社

① 马克思，恩格斯．马克思恩格斯全集：第1卷[M]．北京：人民出版社，1972：287.

② 马克思，恩格斯．马克思恩格斯全集：第18卷[M]．北京：人民出版社，1972：179.

会主义民主建设。

## 二、新四军与苏中抗日根据地的法制建设

### （一）新四军与苏中抗日根据地的宪法制度建设

1. 实行普遍、平等、无记名投票的选举制度，保障抗日人民的选举权、被选举权

遵照中共中央制定的选举政策，各地抗日民主政府相继颁布了一系列选举法规。苏中根据地也先后颁布了《苏中区乡镇政府暂行选举法》《苏中区乡镇政府组织法》《苏中区人民代表会议代表选举条例（草案）》等法规，使根据地选举工作有法可依。《苏中区乡镇政府暂行选举法》规定，根据地实行普遍、平等、无记名投票的选举原则。“凡居住在苏中区之中华民国人民，年在十八岁以上，不分阶级、党派、职业、男女、宗教、民族、财产、文化程度之差别”，除极少数汉奸特务、依法被剥夺公民权的犯罪者和严重精神病患者、吸食毒品者外，“均有选举及被选举为苏中区人民代表会议代表之权”。① 它突出地表明了抗日根据地选举权的普遍性、广泛性。《苏中区人民代表会议代表选举条例（草案）》规定：“苏中区人民代表会议代表之选举，除另有规定者外，以县为单位，采用无记名投票间接选举方法。”为贯彻无记名投票原则，各地基本上废除了第二次国内革命战争时期普遍实行的举手表决的公开投票方法，创造了适合于当时各地人民群众行使民主权利的多种投票方法，如票选法、捻筹子、烫香洞、投豆法等。

《苏中区乡镇政府暂行选举法》还对选举权行使的组织保障、经费保障等做了明确规定。各地成立选举委员会负责选举工作，编造选举经费预算，选举完毕实支实销，由政府开支；同时规定“竞选运动受法律保护，在不妨害选举秩序下，任何人不得加以干涉和限制”，“凡以威胁、利诱、舞弊等方法妨碍选举自由者，不问当选与否，除制止其行动外，其当事人与参与人，均由政府依法惩处”。“前项案件，人民有告发权，但选举诉讼之处理，应于苏

① 中国新民主主义革命时期根据地法制文献选编：第1卷 [M]. 北京：科学出版社，1981：394–395.

中区人民代表会议开幕以前终结。”[①]抗日民主政府在战时财政经济十分困难的情况下，仍尽一切可能给选民和候选人自由参加选举提供物质保障和切实的法律保障，这也充分体现了抗日根据地的选举制度的民主本质。

2.“三三制”原则使各抗日党派及无党派爱国人士均能参加民意机关和政府管理

“三三制”原则是我党在总结抗日民主政权建立初期经验的基础上提出来的，中央强调，已经建立的政权和新区的政权都必须遵循这一原则进行改造和建设。“这种人员分配的政策是我们党的真实政策，必须认真实行，不能敷衍塞责”[②]。其内容是，在政权中，共产党员占三分之一，代表无产阶级和贫农，这是实现共产党领导权的必要保证；非中共左派进步分子占三分之一；中间分子占三分之一，争取这些阶级和人士一道抗日，这也是孤立顽固派、保证抗日民族统一战线政权的重要步骤。苏中行政区和各专区在参议会、行政委员会及专署中，贯彻执行了“三三制”的规定，团结了各抗日阶级和阶层，扩大了政权的基础，提高了抗日民主政权在各阶层群众中的信仰，为坚持敌后游击战争，争取抗战的最后胜利打下了良好的政治基础。

### （二）新四军与苏中抗日根据地的经济法制建设

新四军创立之初，根据国共两党合作协议，军饷由国民党政府拨付。但国民党除初期能给一些军饷外，总是长期拖欠、克扣。皖南事变后，蒋介石悍然宣布“解散”新四军，粮饷也不给了；加之日寇奉行“以战养战”策略，烧杀抢掠、横征暴敛、敲骨吸髓，使根据地经济遭受极大破坏。内外夹击直接影响到军需供给和人民生活，抗日之师面临巨大财政困难，经济领域的斗争与军事斗争一样变得异常激烈。苏中抗日民主政府为解决经济问题做了极大的努力，包括税收法制建设和土地法规建设等。

1.根据地的税收法制建设

共产党领导的军队和政权在自己的根据地收税是一个全新的课题。第二次国内革命战争时期，用没收土豪劣绅的钱财来解决给养，有时也征税，但数量很有限。抗日战争与土地革命战争在内容和形式上都有所不同，方针、

① 毛泽东：毛泽东选集：合订本[M].北京：人民出版社，1964：709.

② 毛泽东：毛泽东选集：合订本[M].北京：人民出版社，1964：709.

政策也相应有很大变化，需要时刻注意抗日民族统一战线的巩固与发展，合理调节统一战线内的各阶级、各阶层的利益。毛泽东在为中共中央写的对党内的指示中明确指出："必须按收入多少规定纳税多少。一切有收入的人民，除对最贫苦者应该规定免征收外，百分之八十以上的居民，不论工人农民，均须负担国家赋税，不应该将负担完全放在地主资本家身上。捉人罚款以解决军饷的方法，应予禁止。"[①]根据中央的指示，苏中抗日根据地开始收税，并建立相应的机构，制定相应的法律。法律规定，对输入根据地的军用品、医药、粮食等对抗战有利的物品，概不收税，一切消费品、化妆品及一切对抗战不利的物品，一概禁止或抽高税，禁止根据地内的废铜烂铁（军用品原料）、粮食、耕牛输出，一切服从抗战，一切为了抗战。在税收工作方面，敌我进行了长期的搏斗。日伪常绑架暗杀我方税收工作人员，他们四处设立伪税务局，破坏根据地税收。据统计，1941年间，全苏中根据地就有200多税收人员光荣牺牲在工作岗位上。烈士们用鲜血和生命护卫根据地军民生命线，捍卫革命法制。

2. 根据地的土地法规建设

抗日战争时期，为了团结当时尚能反对日本帝国主义的人，中国共产党主动把过去没收地主的土地分配给农民的政策改为减租减息政策。根据中央的土地政策，各抗日根据地相继制定了土地法规，使党的土地政策具体化、条文化。苏中根据地制定了《苏中区土地租佃条例》，规定除本条例另有规定外，公私土地的租佃，一律实行二五减租，不得拒不执行；佃户应照新约交租，不得无故拒不交租；实行减租后，各业主故意拒不收租者，佃户可将应交租额交给政府，由政府通知业主去领，逾期不领，认为自愿放弃，即行入库或拨充优抗基金。佃户交租一律在正产物收获后履行，因天灾人祸遭受荒歉时，依条例规定标准酌量减或免。1944年，各中心区共减租稻31万多担，减息稻14万担。事实证明根据地的土地法制建设是有成就的，既提高了农民抗日与生产的积极性，又联合了地主阶级一致抗日，巩固了抗日根据地。

### （三）新四军与苏中抗日根据地的司法制度建设

华中抗日根据地与华北地区的情况不同，华中没有建立起整个地区的统

① 毛泽东：毛泽东选集：合订本[M].北京：人民出版社，1964：725.

一的自上而下的抗日民主政权。依据法律规定，与各战备区基本吻合的各行政区的参议会（或临时参议会）和行政公署即为该地的最高权力机关和行政机关，而行政公署级法院即为当地最高司法机关。各根据地为维护人民的人权和财权，建立了革命法制，制定了一系列诉讼法规，确立了抗日民主政权的司法原则和诉讼制度。苏中根据地通过了《苏中区惩治伪化诉讼暂行条例》《苏中区第二行政区诉讼暂行条例》《苏中区第二行政区征收诉讼费暂行办法》《苏中区处理诉讼案件暂行办法》《苏中区人民纠纷调解暂行办法》等。

1. 逮捕、审判由专门机关依法行使

《苏中区处理诉讼案件暂行办法》明确规定，“军事案件归军法机关审理，汉奸、特务按紧急治罪组织特种法庭审理，其他案件一律均归司法机关审理”，“关于财产权诉讼案件，归财产所在地司法机关管理，其他案件由被告住所、事务所所在地司法机关受理，刑事由被告犯罪所在地司法机关受理”，并规定“双方合意及上级指定之法院，亦有权管理”，对民事案件、刑事案件、特种犯罪的管辖问题做了切实可行的规定，反映了抗日民主政权的诉讼法制建设已达到相当高度。

2. 严禁刑讯逼供，重证据，不轻信口供

毛泽东在《论政策》一文中明确指出：“对任何犯人，应坚决废止肉刑，重证据而不轻信口供。”中共中央于1940年9月也专门发布指示，反对无证据无法律的乱捕乱杀，反对刑讯逼供、虐待犯人。各根据地根据上述原则制定了不少条例，从法律上保障人民的人身自由和各项民主权利。《苏中区处理诉讼案件暂行办法》明确规定：“审判员审理案件，以真实发现为判决之论据，不得用刑讯逼供，对供词之采纳，应辨明真伪，分别取舍之。”这一规定表明人民司法机关把审判工作建立在科学基础之上。重证据，不轻信口供，可以避免产生冤狱，可以保证办案质量。刑讯逼供是封建司法遗毒的体现，作为抗日民主政权的司法机关应坚决摒弃之，苏中根据地以革命的法治精神、客观的慎重态度，重侦查，重证据，不轻信口供，保证了审判工作的科学、合法、正确，保障了根据地人民的人权。

3. 实行公开审判、人民陪审的审判制度

公开审判是审判工作的中心，《苏中区处理诉讼案件暂行办法》第四十二条规定：“诉讼案件之审判，根据实际环境，斟酌案情，得采用下列方式，公开进行:(1)机关审判;(2)就地审判;(3)巡回审判;(4)人民陪审;(5)人民公审。”这些审判方式充分体现了审判机关的便民原则，既使案件得到了公正处理，又进行了革命法制的宣传教育，是实现抗日根据地司法工作民主化和群众化的重要途径。

人民陪审是审判工作民主化的一个重要标志。苏中根据地的人民陪审制度明确规定，从各抗日会代表、民兵队长、抗属代表、参议员、学校教师等人员中聘请陪审员，“陪审员有帮助调查案情证据，向审判员提供意见之责任，审讯时参加陪审”①。同时，规定陪审员应保守审判秘密。人民陪审员来自人民，代表群众的利益，通过他们参加审判活动，一方面可以鼓舞人民群众的政治热情，组织人民群众参加国家管理，另一方面又可以加强司法工作民主化，使案件得到公正处理。

综上，抗日根据地的法制建设工作是我国新民主主义革命法制史上的一个承上启下的重要发展阶段，此时，新民主主义的政治法律制度基本形成，这对巩固抗日根据地起了重要作用。新四军是抗日民主政权的支柱，是根据地法制建设的强制力量，为法制建设做出了重大贡献。今天重温这段历史，仍然具有深刻的现实意义和深远的历史意义。毛泽东在《关于正确处理人民内部矛盾的问题》中指出“我们的人民共和国是经过革命根据地逐步发展起来的”，在法律制度方面也是如此。由于中国革命道路的特点，党在夺取政权的过程中，逐步创造了“新的法制”，积累了宝贵的民主与法制经验，这些宝贵经验在今天仍然值得我们总结。抗日战争时期，我党我军在战争环境中仍然制定了大量的法律，建立了必要的制度，在保障人民民主自由权利、巩固抗日民主政权、调整各抗日阶级关系、组织和动员人民支援战争、促进中华民族的独立和解放等方面起了很大作用。在战争环境中如此重视并发挥法律的作用是我们应该继承和发扬的法治传统；在战争中一手抓抗战，一手抓经济建设，依靠经济法制开展经济工作，也是值得继承和发扬的。根据地的政权建设、司法制度建设中关于人民统一战线、公开审判、人民陪审制度的法律规定亦有许多光辉之处，为社会主义民主法制提供了良好基础。

① 中国新民主主义革命时期根据地法制及文献选编：第3卷 [M]. 北京：中国社会科学出版社，1981：499.。

## 三、国家安全法的地位和作用

2015年7月公布施行的《中华人民共和国国家安全法》(简称《国家安全法》)是唯一一部维护国家安全的专门法律，是一部与所有公民密切相关的法律，在我国社会主义法律体系中有着十分重要的地位。学习贯彻《国家安全法》，对于加强国家安全工作，维护国家安全，保卫人民民主专政的政权和社会主义制度；对于提高全民的国家安全意识，防范、制止、惩治危害国家安全的行为，维护国家长治久安，保障改革开放和社会主义现代化建设顺利进行有着重要的意义和作用。

《国家安全法》是维护国家安全和利益，保卫人民民主专政政权和社会主义制度的重要法律武器。当前我国政治稳定，经济发展迅速，各项事业欣欣向荣，但是我们也应清醒地看到，不稳定因素仍然存在，隐蔽战线斗争形势仍然严峻。一方面，境外间谍情报机关和其他敌对势力利用各种方式，以公开掩护秘密，以合法掩护非法，实施危害我国国家安全的活动。如台湾间谍王冠都披着台湾商人的合法外衣，先后6次入出境，疯狂窃取我国军事、科技情报，后被我国家安全机关捉拿归案。另一方面，国内极少数人利令智昏，公然出卖情报或直接从事危害国家安全的活动。如北京某中央级新闻单位一位年轻记者，将一份绝密级资料卖给香港一家报刊记者，造成泄密，后被查获判刑。《国家安全法》针对新形势下出现的新情况、新问题，明确规定了什么是危害国家安全的行为，违犯者应承担什么样的法律责任，国家安全机关的职责、公民和组织维护国家安全的义务和权利等。这样，既有利于国家安全机关依法行使职权，落实维护国家安全的各项任务，又有利于全体公民和组织依法履行义务，同危害国家安全的行为做斗争，以保卫我国人民民主专政的政权，巩固社会主义制度。

### （一）明确规定了总体国家安全观

《国家安全法》第二条明确规定："国家安全是指国家政权、主权、统一和领土完整、人民福祉、经济社会可持续发展和国家其他重大利益相对处于没有危险和不受威胁的状态，以及保障持续安全状态的能力。"这里的国家安全既指国家处于安全状态，又指国家维持这种状态的能力。

### （二）坚持党的国家安全工作的领导

把党的领导贯彻到国家安全工作中，是建设社会主义法治国家的一条基本经验。《国家安全法》第四、第五条分别做了规定，“坚持中国共产党对国家安全工作的领导，建立集中统一、高效权威的国家安全领导体制”；“中央国家安全领导机构负责国家安全工作的决策和议事协调，研究制定、指导实施国家安全战略和有关重大方针政策，统筹协调国家安全重大事项和重要工作，推动国家安全法治建设”。

### （三）维护国家安全的任务

《国家安全法》第二章着重规定了19个方面的国家安全任务，笔者认为最重要的有8个方面的安全任务：第一，维护政治安全；第二，维护人民安全；第三，维护经济安全；第四，维护文化安全；第五，维护科技安全；第六，维护网络安全；第七，维护新型领域安全；第八，维护海外利益安全。

### （四）《国家安全法》是公民和组织维护国家安全的行为准则

《国家安全法》不仅规定一切国家机关、武装力量、政党、社会团体、企事业组织和公民都有维护国家安全的义务，而且专章规定了公民和组织维护国家安全的义务和权利及法律责任。这就从法律的角度规定了公民和组织维护国家安全的具体义务，为公民和组织提供了行为准则。近年来，在我国长期处于和平环境和对外交往日益增多的情况下，有些人国家安全意识淡薄，放松了警惕性，如上海一家工厂的表壳抛光技术领先世界，当某国一家公司两名副总裁来参观时，这家企业竟“友好”地让人家将抛光机的结构和运作过程用摄像机拍了回去。又如苏州古双面绣、龙须草席、景泰蓝等传统工艺的机密也大多是在外来人员参观时被窃取的，从而给国家造成了重大经济损失。《国家安全法》具体规定了公民和组织的应尽义务，如提供便利条件义务、报告义务、作证义务、保守秘密义务等，全体公民和组织应认真学习贯彻《国家安全法》，严格履行法定义务，支持国家安全机关的工作，积极向各种危害国家安全的行为做斗争，建立维护国家安全的人民防线。

《国家安全法》对改革开放和社会主义现代化建设事业的顺利进行有着重要的保障作用。随着改革开放的深化，我国在经济、政治、军事、科技、文化艺术等方面与世界各国有着广泛的合作与交流，有力地促进了我国现代化建设事业的发展。新的形势给我们国家带来了蓬勃生机，但也给国家安全工作带来了新情况、新问题，其中最迫切需要解决的问题是怎样正确处理改革开放与维护国家安全的关系。总结我国经济建设、法制建设的经验，其中重要的一条就是经济发展离不开安定团结的社会环境，离不开社会主义法制保障。试想一下，国家安全没有保证，“四化”建设、改革开放又从何谈起?《国家安全法》把制止和打击危害国家安全的行为、维护国家安全作为首要任务，我们要认真学习并贯彻实施《国家安全法》，依法保护公民及境外人员的合法权益、正当活动和中外正常交往，依法打击各种危害国家安全的不法行为，保障全国人民一心一意搞建设，保障改革开放和现代化建设的顺利进行。

## 四、保证合同问题分析

保证是债的一种担保方式，是指法人、其他组织或者公民以其信誉和不特定的财产为他人的债务提供担保，在债务人不履行债务时，由保证人按照保证合同的约定履行债务或者承担责任。我国《民法通则》《中华人民共和国担保法》(简称《担保法》) 等法律都规定了保证制度，但现行保证法律法规存在冲突，保证制度存在不少问题，有待进一步研究。

### (一) 保证合同成立的条件

保证合同与被保证的主合同是一种从属关系。保证合同的从属性决定了其必须以主合同的存在和有效为前提，除保证合同另有约定外，一般主合同无效，保证合同亦归于无效。但保证合同是否有效成立，除主合同的效力对它的影响外，还取决于它是否具备合同成立的一般条件和保证合同成立的特殊要件。保证合同必须具备以下特殊要件。

1. 保证人具有合法主体资格

我国法律规定具有代为清偿债务能力的法人、其他组织或者公民可以作保证人，同时又对一些机关、团体、企业做出限制。国家机关不得为保证人；学校、幼儿园、医院等以公益为目的的事业单位、社会团体不得为保证人；企业法人的分支机构、职能部门未经授权不得为保证人；中国人民银行不得向任何单位或个人提供担保；中外合资、合作企业的中方不得以自己的名义或以企业的权利、财产为外方的投资或合作条件的贷款作保证；公司董事、经理不得以公司资产为本公司的股东或者其他个人债务提供担保；等等。可见，合格的主体是保证合同成立的有效条件，若主体不合格，保证合同则不成立。

2. 保证人有明确的真实的保证意思表示

保证人为债务人提供担保向债权人保证债务人履行债务，必须是保证人的真实意思，否则，保证合同无效。《最高人民法院关于审理经济合同纠纷案件有关保证的若干问题的规定》（法发〔1994〕8号）第19条规定："主合同债权人一方或双方当事人采取欺诈、胁迫等手段，或者恶意串通，使保证人在违背真实意思情况下提供保证的，保证合同无效，保证人不承担责任。"《担保法》第三十条规定："有下列情形之一的，保证人不承担民事责任：①主合同双方串通，骗取保证人提供保证的；②主合同债权人采取欺诈、胁迫等手段，使保证人在违背真实意思的情况下提供保证的。"相比之下，《担保法》的规定更准确，不会发生歧义，更有利于科学认定保证合同是否有效。保证合同一般涉及三方面关系，即债权人与主债务人的关系、债权人与保证人的关系、保证人与主债务人的关系。但就保证合同本身而言，它是以保证人与债权人意思表示一致为成立要件的，债权人、保证人是保证合同的主体，主债务人不是保证合同的主体。因此，保证人因受债权人欺诈而致保证意思不真实签订的保证合同应归于无效，是毋庸置疑的。问题是，若由于主债务人的欺诈行为使保证人相信主债务人提供的虚假情况而与债权人订立的保证合同能否归于无效？保证人能否以受到欺诈意思表示不真实而主张合同无效？最高人民法院〔1994〕8号文的规定是模糊的，"主合同双方当事人采取欺诈、胁迫等手段"包含了主债务人采取欺诈手段的情形，而《担保法》的规定十分明确，受债权人的欺诈、胁迫致意思表示不真实的保证合同归于无效。对主债务人的欺诈行为应具体问题具体分析，若债权人明知主债务人进行欺诈而不告知保证人或故意隐瞒，则构成"债权人欺诈"，保证人可依法主张该保证合同无效；若债权人与主债务人恶意串通，构成"共同欺诈"的，保证人也可主张保证合同无效，于法有据；若主债务人欺诈，保证人因此产生的错误认识已构成重大误解，保证人亦可主张撤销该保证合同，不承担保证责任，但必须承担赔偿责任，赔偿债权人因此受到的损失。一般来说，若欺诈行为系主债务人所为，不构成“债权人欺诈”或“恶意串通”等情形，欺诈的责任只能另外向主债务人追究，保证人与主债务人的关系不应也不能影响保证合同的效力。

3. 保证人的意思表示必须为债权人接受

保证合同是保证人与债权人就保证的范围、期限、保证责任方式协商一致的产物。目前有一种观点认为保证人只承担义务，债权人只享有权利，因此只要单方提出保证意思即可。该观点表面上保证了债权人利益，实际上剥夺了债权人对保证人保证意思和主体资格审查的权利，使债权人的权利实现保证不充分或者保证落空，而且“单方意思表示即可”也是纠纷发生的导火索。笔者认为这种观点既没有理论根据也没有法律根据，保证合同是双方的法律行为，是指债务人以外的第三人作保证人向债权人担保债务人履行债务的合同。众所周知，合同的签订必须经过要约和承诺两个阶段，保证人的保证意思表示是要约的话，债权人的“接受”则是承诺，只有要约没有承诺，合同是无法成立的。最高人民法院在〔1994〕8号中亦规定得十分明确，那就是：“（1）保证人与债权人就保证问题依法达成书面协议的，保证合同成立。（2）保证人以书面形式向债权人表示，当被保证人不履行债务时，由其代为履行或者承担连带责任并为债权人接受的，保证合同成立。（3）保证人在债权人与被保证人签订有保证条款的主合同上，以保证人的身份签字或盖章；或者主合同中虽没有保证条款，但保证人在主合同上以保证人的身份签字或者盖章的，视为保证合同成立。”可见，无论哪一种情形，都必须符合合同的性质，都必须双方协商一致，都必须具备要约和承诺的法律行为，单方意思表示构成保证合同的情形并不存在。

关于保证合同成立的第二种情形，笔者认为必须明确一个问题：保证人的书面表示为债权人接受的，保证合同成立，何为“接受”？法律上的“接受”是一种法律行为，是指一方当事人对另一方当事人的意思表示完全同意的作为或不作为，不应简单地等同于实际生活中的“收下”“收到”。最高人民法院《关于贯彻执行〈中华人民共和国民法通则〉若干问题的意见（试行）》第66条规定：“一方当事人向对方提出民事权利的要求，对方未用语言或文字明确表示意见，但其行为表明已接受的，可以认定为默示。不作为默示只有在法律有规定或当事人双方有约定的情况下，才可以视为意思表示。”可见，接受作为一种法律行为与其他法律行为一样，即明示行为、作为默示、不作为默示（法律有规定或当事人有约定的情况下），对实际生活中“收下”或“收到”一方当事人保证意思表示要约的要具体分析，是否属于明确表示接受的行为还是属于用其他行为表明“接受”，抑或当事人双方约定以不作为默示形式“接受”。需要明确指出的是，我国法律没有规定订立合同的要约可以以不作为默示行为构成“接受”。

4.保证合同必须具备法定形式

保证合同不属于即时清结的合同，而且保证人承担保证责任是以保证合同为依据的，因此，大多数国家都在法律中明文规定保证合同必须是要式合同，否则无效。我国法律法规关于保证合同成立的形式要件规定不一致，最高人民法院《关于贯彻执行〈中华人民共和国民法通则〉若干问题的意见（试行）》第108条规定：“保证人向债权人保证债务人履行债务的，应当与债权人订立书面保证合同，确定保证人对主债务的保证范围和保证期限。虽未单独订立书面保证合同，但在主合同中写明保证人的保证范围和保证期限，并由保证人签名盖章的，视为书面保证合同成立。公民间的口头保证，有两个以上无利害关系人证明的，也视为保证合同成立，法律另有规定的除外。”最高人民法院《关于审理借贷案件的若干意见》亦有类似规定。《担保法》第一次以法律的形式对保证法律关系成立的形式要件做了统一规定，该法第十三条明确规定：“保证人与债权人应当以书面形式订立保证合同。”对于《担保法》与司法解释的冲突应引起注意，本书认为应以《担保法》的统一规定为依据认定保证合同成立的形式要件，那就是保证合同应当采用书面形式。有学者著文认为：“《担保法》虽规定，‘保证人与债权人应当以书面形式订立保证合同’，但并未规定不以书面形式订立的保证合同即属无效。因此，最高人民法院的司法解释与《担保法》并不抵触，在对保证合同形式的认定上，仍应适用最高人民法院的司法解释。”[①] 笔者不敢苟同，《担保法》明确规定“保证人与债权人应当以书面形式订立保证合同”，这里的“保证人”与“债权人”既包括法人之间、法人与公民之间，又包括公民之间，是指全部的保证合同主体；这里的“应当”就是必须，而不是可以；这里的“书面形式”既可以是

① 郭明瑞．关于保证人保证责任的几个问题 [J]. 法制与社会发展，1996（3）．

保证人与债权人就保证问题单独订立的书面合同，也可以是债权人、债务人和保证人三方在主合同中共同订立的保证条款，还可以表现为保证人与债权人双方就保证问题达成协议的信函、传真等书面材料。因此，《担保法》的规定与以前的司法解释是有抵触的，应以《担保法》的规定为依据解决这一冲突，以《担保法》的规定为依据规范保证合同的形式要件，不具备法律规定的形式要件的保证合同应当归于无效。

### （二）关于保证责任的承担

保证责任是保证法律关系的重要内容，债权人要求保证人为其债权作担保，目的就是为了在主债务履行期主债务人不履行债务时，其债权能够通过保证人承担保证责任而得到保障。保证合同纠纷涉及最多的问题便是保证责任的承担问题，笔者在此着重阐述保证责任的范围、方式、期限及保证合同无效时保证人的民事责任。

要承担保证责任，首先必须弄清保证责任的范围。保证责任的范围是指保证人对哪些债务承担保证责任，最高人民法院的司法解释和《担保法》都规定当事人可以约定具体担保范围，有约定的按约定确定保证责任范围，没有约定或约定不明确的，推定保证人对全部主债务承担保证责任。《担保法》总结了以往的立法和司法经验，借鉴了国外的相关规定，明确规定了保证责任的范围，即主债权及利息、违约金、损害赔偿金和实现债权的费用。这一规定明确了保证责任的全部范围，但并不排除当事人自行协商约定保证责任范围。笔者认为当事人约定的保证责任范围可以小于或等于《担保法》规定的担保范围，但不应大于《担保法》规定的担保范围，这是由保证合同的从属性所决定的，保证合同是为了担保主债权的实现而订立的，保证合同当事人关于保证责任范围的约定应以“全部债权”为限。

其次，还应弄清保证责任方式。保证责任方式也是保证人如何承担保证责任的重要问题。保证责任方式分两种，一种是一般保证，另一种为连带责任保证。一般保证的保证人依法享有先诉抗辩权，保证人在主合同纠纷经审判或者仲裁，并就债务人财产依法强制执行仍不能履行债务后，才承担保证责任；连带责任保证是指债务人在主合同规定的债务履行期届满没有履行债务的，债权人可以要求债务人履行债务，也可以要求保证人在其保证范围内承担保证责任。当事人在订立合同时可以在保证合同中约定采取何种方式并承担相应的保证责任。问题是，当事人在保证合同中对保证方式没有约定或者约定不明确的，保证人应以何种方式承担保证责任呢？对此，最高人民法院的司法解释与《担保法》的规定存在冲突，最高人民法院〔1994〕8号文第7条规定“保证合同没有约定保证人承担何种保证责任，或者约定不明确的，视为保证人承担赔偿责任。当被保证人不履行合同的，债权人应当首先请求被保证人清偿债务。强制执行被保证人的财产仍不足以清偿其债务的，由保证人承担赔偿责任”，即一般保证责任。《担保法》第十九条则规定：“当事人对保证方式没有约定或者约定不明确的，按照连带责任保证承担保证责任。”因此，在保证责任方式的认定上，应以《担保法》为准。《担保法司法解释》第十五条还规定，“两个以上保证人对同一债务同时或者分别提供保证时，各保证人于债权人没有约定保证份额的，应当认定为连带共同保证”。《担保法》的规定较之司法解释，加重了保证人的保证责任，有助于加强保证人的责任意识，使保证人充分考虑对保证方式约定不明或不约定的法律后果，从而更好地推动保证合同的规范化法制化，最大限度地保护债权人的利益。

最后，保证责任期间也是保证人承担保证责任的一个重要问题。过去，通常适用《民法通则》关于时效的规定，实际上随从主合同的诉讼时效。现在《担保法》做了新规定，主要有两种情形：保证合同中约定保证责任期间的，从其约定；债权人在保证责任期间内未向保证人主张权利的，保证人不再承担保证责任。《担保法》第二十五、第二十六条规定，保证责任期间的时效为主债务履行期届满之日起六个月内，债权人应在期间内向保证人主张权利，提起诉讼或申请仲裁，否则，保证人免除责任。今后应按《担保法》的规定来确认保证责任期间，而不能适用最高人民法院〔1994〕8号文的规定。

上面主要论述了有效保证合同情形下保证人保证责任的几个问题，最后再谈谈保证合同无效情形下保证人的责任问题。保证合同无效一般有两种情形：一种情形是主合同无效，保证合同因主合同无效而无效；一种情形是主合同有效，保证合同无效。保证合同因主合同无效而无效时，保证人应承担何种责任？有人根据最高人民法院《关于贯彻执行〈中华人民共和国民法通则〉若干问题的意见（试行）》第111条的规定认定保证人仍应负保证责任，这是不正确的。因为对无效合同责任的承担，要依据过错责任原则来确定，如果保证人没有过错则不应承担连带赔偿责任，如果保证人知道其保证的主合同无效而仍为之保证的，则有过错，应承担连带赔偿责任。最高人民法院〔1994〕8号文第20条规定得十分明确，《担保法》第五条第一款再次申明，除保证合同另有约定外，被担保的合同确认无效的，不能发生保证人的保证责任。若主合同有效，保证合同无效情形下，保证人又该承担何种责任呢？最高人民法院在法（研）复〔1988〕17号文件[①]中解释："根据民法通则第六十一条的规定，如因保证人无效保证行为造成经济合同债权人经济损失的，保证人也应承担相应的赔偿责任。"这里讲的就是"过错赔偿责任"，《担保法》第五条第二款则明确规定："担保合同被确认无效后，债务人、担保人、债权人有过错的，应当根据其过错各自承担相应的民事责任。"因此，我们不难得出结论，保证合同无效情形下保证人不承担保证责任，依法承担的是过错赔偿责任。这一过错赔偿责任与有效保证合同情形下的保证责任是有质的区别的。保证责任是从债，过错赔偿责任是独立之债；保证责任有一般保证责任与连带保证责任之分，过错赔偿责任只能用赔偿损失来承担，没有先后顺序之分；承担保证责任的保证人可依法享有代位求偿权，承担过错赔偿责任的保证人则不能取得代位权，即不能向被保证人追偿。

## 五、关于村民自治制度的法学思考

1987年11月23日彭真同志指出："实行村民自治，是一项长期的艰巨的工作，不要把它看得那么容易，决不是做一个决定，国家发一个号令，就能短期都搞好。"今天，我们重温彭真同志在《村民委员会组织法（试行）》出台时的讲话，依然很受启发。村民自治制度建设是一个长期的循序渐进的过程，我们不应悲观，应对村民自治运作中存在的问题做客观分析，并在此基础上得出正确的结论和政策建议。

首先，必须提高认识，统一思想，加强实践。村民自治作为国家制度安排下的一项民主实践活动，是深受农民欢迎的，但是在实际进行过程中，大家的认识还很不统一。有的认为农村村民不具备自治意识、自治能力，总是

① 文件标题为《最高人民法院关于不具备法人资格的企业分支机构作为经济合同一方当事人的保障人其保障合同是否有效及发生纠纷时应如何处理问题的批复》。

越俎代庖；有的认为村民自治加大了基层管理的难度，影响国家政令的实施和各项任务的完成，因而对推行村民自治有所截留；有的片面强调党的领导，把党的领导与村民自治制度对立起来，认为村民自治会削弱党对农村工作的领导。凡此种种，都是模糊认识、错误认识。不解决这些思想认识问题，我们就不能全面推行村民自治。我国是个封建统治时间很长的国家，缺乏民主传统。新中国成立后，共产党领导人民建设新的国家，人民群众当家做主，开始了伟大的民主实践，特别是农村改革几十年的伟大实践，使得人民群众在实践中学会了自己管理自己身边的事务，民主意识逐渐增强，管理能力逐步提高，那种以为农民不具备自治意识、自治能力的观点是十分肤浅的。从来就没有什么先知先觉，唯有实践才是走向民主的最好途径。实行村民自治也绝非有些人认为的容易出事、无法约束管理和收取税收提留。实践证明，一个村的事务，由村民自己民主评议、民主决策、民主监督，有利于调动群众积极性，促进各项事业健康发展。同时，要从村民自治的实践出发，改革国家地方机构，对农村工作领导既要防止国家地方权力过分介入村民自治，又要防止村民自治蜕变为无限自治。另外，实行村民自治不仅不会削弱党的领导，而且是新形势下党对农村工作的加强和完善，因为村民自治是党的一项基本政策，实行村民自治本身就是贯彻党的政策，加强党对农村工作的领导。实行村民自治对党的自身建设也提出了更高要求，促使党在新形势下学会用经济的方法、民主的方法、法制的方法组织和团结农民，加强和改善党对农村工作的领导。

其次，必须加强法制建设，依法开展村民自治。扩大农村基层民主，必须坚持党的领导，必须坚持依法办事，把握住了这两条就能够有领导、有秩序、有步骤地进行。《村民委员会组织法》是实行村民自治的基本法，但不应限于此，要依照宪法、选举法、刑法、民事法律等法律法规全面推进村民自治制度建设。村民自治是一个系统工程，一方面要严格遵守、执行现行法律法规；另一方面要加强配套法律法规的立法工作，做到有法可依。对于违法的村规民约要坚决废除，对于借口自治，侵犯公民人身、财产权的行为必须依法制止。

最后，必须加强改善党和政府对农村工作的领导，支持和保障村民开展自治活动。《村民委员会组织法（试行）》明确规定：“中国共产党在农村的基层组织，按照中国共产党章程进行工作，发挥领导核心作用；依照宪法和法律，支持和保障村民开展自治活动、直接行使民主权利。”乡、民族乡、镇的人民政府对村民委员会的工作给予指导、支持和帮助，但是不得干预依法属于村民自治范围内的事项。因此，党的农村基层组织应充分发挥政治核心和战斗堡垒作用，尊重农民的主人翁地位，支持村民自治组织合法开展工作，而不是取代村民自治组织。农村党员要带头执行党的各项方针政策和国家的法律法规。乡镇人民政府要根据农村市场经济发展和村民自治的客观要求，转变政府职能和作风。乡镇政府与村民委员会之间不是上下级政府关系，而是指导关系。早在1981年彭真就告诫乡村干部“村民委员会是基层群众性自治组织，不是基层政权的一条腿”，可迄今为止，相当多的村委会依然是乡镇政府的“一条腿”，给村民委员会头上压的任务太多，村民委员会的主要工作变成了努力完成上级的“村务”。乡镇人民政府要对村民委员会的工作给予指导、支持、帮助，不干预村民自治范围内的事，不做损害农民合法权益的事，切实推进村民自治。

# 第十六章 法学教育问题研究

## 一、高校法学教育改革的若干问题思考

高校法学教育改革是市场经济发展的必然要求，是厉行法治、依法治国的必然要求。高校法学教育改革势在必行、迫在眉睫。高校法学教育面临着前所未有的历史发展机遇，我们应抓住机遇，加大改革力度，全面推进高校法学教育改革与发展，建立有中国特色的高校法学教育新体制。

### （一）改革专业结构，加强学科建设

我国目前的高校法学教育体制基本上是苏联模式，自20世纪50年代以来虽做了一些调整和改革，但仍不能适应当前市场经济的发展。就目前高校本科的专业结构而言，大多数高校仍维持原来的专业设置，即法律学专业、经济法专业、国际法专业、国际经济法专业；有些院校专业分得更细；有些院校实施“双专业”，以达到淡化专业，培养“通才”的目标。应该承认，原有的本科专业设置模式对于培养各类法律专门人才曾起到不少积极作用，培养和造就了一批又一批经过专门训练的法律人才，但也存在不少弊端。如学生入学后“从一而终”至毕业，难以学习更多更全面的法学知识；过早“专业化”使学生基础不牢、专业不专，影响人才素质；少数专业明显失去人才市场需求而形同虚设，少数“热门专业”（如经济法专业）因社会各界不知情盲目推动而背离发展规律，一哄而上。因此如何改革专业结构使之适应市场经济发展的需求，成为高校法学教育改革的共同呼声，北京大学法律系等院系

率先试行“双专业”“辅修专业”或进行“双学位招生”试点改革，取得了较好的效果，既调动了学生学习法律知识的积极性，又调动了教师教学的积极性，实现了专业设置由计划经济模式向市场经济模式的初步转变。1996年1月，司法部在北京召开了法学教育工作会议，对社会主义市场经济条件下法学教育工作的改革与发展做了专门研讨，会议认为近年来高校的专业结构改革的方向是对的，但具体做法有待完善。有学者撰文指出“淡化专业，直至取消专业”，“淡化是为将来取消专业做准备”。笔者认为此种观点值得商榷，“取消专业”的提法是违背法学教育自身发展规律的。美国著名法律社会学家、威斯康星大学法学院教授马可·格兰特指出“当今世界已被法律化了”，法律的数量以几何级的方式增长。很明显一个本科生不分专业全面学习所有法律知识是不可能、不现实的，“授人以鱼而非授人以渔”讲的正是这个意思，不在于教学生多少部法律，而在于教学生掌握获取法律知识、运用知识的能力，即给学生的是猎具而非猎物，是获取猎物的本领。因此，“淡化专业”，加强法学基础教育、素质教育是可行的，是对过去那种“专业强化”的改革和发展，而“取消专业”则属矫枉过正之举，似可不必。学生既然无法穷尽现行所有法律知识，就应该在四年的本科学习中全面掌握法学基础知识及相关的学科基础知识，并在此基础上“分门别类”，对有关“专业”进行细化学习和深入研究，使自身成为社会有用的专业人才。也只有如此，才能做到在“通”的基础上“专”，在“专”的层次上“通”，“对法律只知道皮毛”甚或“一知半解”的“通才”是无用之才。“取消专业”之说不仅违背了法学教育发展规律，也不适合市场经济发展对法制人才的需求。实践是检验真理的唯一标准，北京大学等院校的改革证明，加强基础教育、加强学科渗透，淡化专业界限是可能的，又是可行的，既不影响生源，又不影响毕业生择业，但是，不是如有些学者所指出的由淡化专业走向取消专业。市场经济从某种意义上说是法制经济，必须要有一大批法律人才。而且，随着改革开放的深入发展和社会主义市场经济的不断完善，法律人才的需要量会越来越多。“因为，不仅立法、执法，而且所有用法的部门都需要法律人才”。“法学教育不仅是培养法官、检察官和律师等的，还应该培养‘官’，即从事政府管理的公务员。”高校法学教育是培养法律专门人才的主要渠道，要从市场经济对法律人才的需求和国家民主法制建设的需要出发，改革专业结构，加强学科建设。法官、检察官、律师、公务员等法律人才都需要掌握必备的法律知识，都应具备处理复杂生活的法律知识和技能，但各自的职业要求、法律职责决定了各类法律人才的专门法律知识的不同，因此专业是必需的，专业本身无所谓好与不好，问题是如何设置专业并开设相应课程。北京大学武树臣同志提出了自己的主张，用专业课程群来取代原先的专业，理论法学课程以培养法学理论研究人才、公务员为目标；公法课程群以培养律师公务员、司法人员为目标；民商法课程群以培养律师、法官、经济管理人才为目标；刑事法课程群以培养律师、法官、检察官、公务员为目标。笔者认为该主张是正确的、可行的。它做到了从市场经济对法律人才的需求实际出发，依据教育规律设置专业，使之服从培养目标。因此，只要我们坚持按照教育规律办事，按照法学人才成长规律办事，从市场经济建设对法律人才的需求之实际出发，就一定能够把专业结构调整好、改革好，就一定能杜绝因人设专业、设课程甚至颁布一个法律开一门课的怪现象，使高校法律专业建设步入健康有序的良性发展轨道。

### （二）更新教育观念，改革教学方法

王泽鉴先生指出："法学教育的基本目的，在使法律人能够认识法律，具有法律思维、解决争议的能力。考试之目的，乃在于测验一个法律人是否具备此等能力。传统的法学教育及考试方法，是否能够达成此项任务，姝值研究。"在法学教学方面，我国的法律课程通常是采取法典注释的教学方法，教师讲课满堂灌，学生上课拼命记，一到考试背笔记。这种传统的教学方法同中国传统文化和中国当代法律制度有关。如果说崇尚经验、服从权威的传统是迟缓发展的农业文明的文化积淀，那么，新中国成立后多年来奉行的指令性计划经济模式则再度强化了国民"机械服从""盲目崇拜"的禀性。我国是一个成文法制国家，"制定法"是主要表现方式，"判例法"至今尚未获得法定地位。受这种法律制度的影响，法律课教学中主要是灌输现成的理论、注解制定法。应该承认，传统的法学教学模式注重正规的理论教育和法律的详尽注释，有助于学生掌握较为系统的法律基础知识和理论知识，培养学生认同性思维能力。但是传统教学模式的弊端也是明显的：它忽视了学生的参与，不利于调动学生的积极性，不利于批判性思维方式的训练；忽视了案例教学法、模拟法庭等教学方法和手段的提高。因此，更新教育观念，改革教学方

法势在必行。近年来，各法律院系进行了不少有益的尝试，把案例教学法引入课堂，取得了较好的效果，有些院校也采用了模拟法庭等教学手段，给高校法学教育注入了新的活力。但实践过程中也遇到了不少难题，如司法判例的获取、教师的配备、教材的更新、法学文献的查阅等诸多不便因素。法学教学方法的改革应当坚持下去，在改革中求发展。首先要统一认识。认识到法学教学方法改革的重要性和必要性，认识到教学观念改革的必要性。美国法学家博登海默指出：“法律为社会所履行的职责，必然要求对培训法律工作者的方式方法进行控制，以使他们称职。”我们应该看到这一点，满堂灌填鸭式的教学方法已经影响了我国法律人才的培养，影响了我国法律职能的充分实现。也正由于此，任建新同志在全国法学教育工作会议上指出：法学教育的发展，法律人才的培养，关系到国家政权的稳定和社会进步，关系到社会主义现代化建设的历史进程。党和全社会都要从实施依法治国的战略高度重视和加强法学教育。所以我们要吸收借鉴一切行之有效的培训法律工作者的方式、方法，包括教学方法、教学手段、教学经验等，不管是英美法系国家的，还是大陆法系国家的。改革法学教学模式不仅存在对法学教学方法重要性的认识问题，还有一个深层次的教学观念问题。传统的教学观念在经济市场化、政治民主化、法律渊源多元化的今天需要更新，要变比较单一的培养观念为综合素质的培养，变教师单方灌输为师生双边交流，变单一认同思维方式为认同思维方式与批判思维方式有机结合，变应试教育为素质教育。其次，要大胆实践，在教学方法、考试方式、实践环节等方面全面改革。在教学方式上，要把我们一贯提倡的“启发式教学法”真正应用到教学实践中去，它包括“导读—教员提问—分析讨论—得出结果”这样一个基本教学思维过程，这种方法在调动学生学习积极性的同时，也推动了教师教学科研工作的进展。要把这种方法真正付诸实践还需要提高教师和学生的能力与适应性，今后可在招生体制、师资培养方面做一些努力。美国式“牵制教学法”亦可借鉴。美国著名法律教育家兰德尔于19世纪70年代首创的“判例教学法”至20世纪中叶已为美国各大法学院普遍采用并获得成功，该方法的核心是围绕判例阅读分析、理解，从中学习法的原理和原则。在兰德尔的“判例教学法”中包含了一种理论，他相信，法是一门“科学”，它必须被科学研究，包括从最原始的素材（案例）中引出法律原理。兰德尔的“判例教学法”是法律教育史上的革命，是美国对世界法学教学制度做出的一大贡献。我们也曾运用案例进行教学，但大多停留在用事例注解说明法律规定方面，很少把它作为一种素质教育方法，作为一种科学对待。判例教学法采用讨论式教学，学生和教师都是主动的，特别是学生可以就有关的实际问题发表自己的见解，有利于调动学生学习的积极性，有利于培养学生分析问题和解决问题的能力，亦有利于教师教学科研水平的促进与提高。但判例教学法的弊端也不应忽视，学术界认为主要是每个判例“涉及的法律问题的面太窄”“无法用来教授新的课题”，是一种“不很经济的学习法律的方法”。因此，我国法学教育改革应从中国国情出发（中国法是成文法、中国式尊师传统、中国式传统大班教学模式等），走中国特色教改之路，变大班上课为小班研讨（理论讲授与案例教学相结合），加强学生分析问题和解决问题能力的训练，克服传统教学模式实践性训练较少的缺陷，将“案例教学法”与讲授式教学法有机结合起来，正如王泽鉴先生所言，“概念的理解”与“举例说明”应同时学习，始不致发生‘人之耳朵为从物’的误会。

考试方式也应进行改革。英国、澳大利亚等国的考试方式可以借鉴。英国的考试制度十分严格，学生在校学习，要经过学期考、学年考，最后参加毕业考试并提交毕业论文。学位论文由教师集体评议，如获通过准予毕业、授予学位。平时考试的方法有课堂考试、当天考试或若干天内完成的开卷考试，还有学期论文，对某些必修课同时举行2~3小时的笔试和5分钟以内的口试。澳大利亚有自己的补充方法，除了试卷成绩、论文成绩外，模拟法庭也是考核方法，看其法庭辩论能力、讨论能力，模拟法庭成绩一般占学期成绩的15%~20%，甚至更多。各国有各国的培养目标、层次，我们不应照抄照搬。高校法学考试中的具体做法需要改革，要把口试、学期论文、“模拟法庭”以及社会实践活动等纳入考试方式，使考试方式适应素质教育的需要，从而培养出市场经济建设需要的“高分高能”的法律人才。总之，我们要解放思想，更新观念，从教学方法、教学手段、实践环节、考试方式等多方面深入开展教学改革，以培养具有现代素质和法律意识的社会主义现代化法制建设人才。

**（三）加强师资队伍建设，培养一支跨世纪、高素质的忠诚于教育事业的法律师资队伍**

高校法律师资队伍建设是高校法学教育改革的关键，改革呼唤新型法律教师，市场经济需要新型法律教师。计划经济条件下的教师的“教”与学生的“学”都是专业要求，与市场需求没有关系，教师的水平的高低与切身利益关系不大，教师教学科研积极性得不到充分发挥。近年来，随着市场经济建设的深入发展，法律师资队伍建设也取得了一些进展，如北京大学等校举办了多种层次的各种类型的师资培训班、双学位班、研究生课程班、法律硕士班，以提高师资水平；同时派出访问学者参加国际交流，面向世界法学教育前沿。但各校之间发展很不平衡。大多数院校根据市场需求、师资力量，调整结构、充实提高，迎接市场挑战，为社会培养适销对路的“产品”。少数院校尤其是一些师资力量原本薄弱的院校，受利益驱使大量办班，教师成了“上课机器”，无暇钻研教材、参加实践，“疲于应付”，其“产品”的质量也就可想而知。正如国家教委负责人所指出的那样，高等学校也要开展“打假”，不能“生产伪劣产品”。为了对学生负责、对教师负责、对国家负责，应切实加强教师队伍建设，建议《高等教育法》对法学教育做专章规定，给予法律保障；同时对法学教师任职资格、产生方式、工作职责、待遇等做明确要求。为加强学生实践能力，可从法官、检察官、律师中选拔有较高理论水平和丰富实践经验者为兼职教师，设置兼职教师司法实务训练假；要加强职业道德教育和法律知识学习研究，继续开展各种教学研究，鼓励竞争授课，通过竞争调整师资队伍，能者上，庸者下，优化结构，提高教学质量，努力培养一支具有广博的知识、深厚的理论素质、较强的实践能力、忠诚于教育事业、适应市场经济发展的高校法学师资队伍，为法学教育的发展与繁荣奠定基础。

高校法学教育改革的方方面面还有很多，是一个系统工程，但专业结构、教学模式、师资队伍的建设是主体工程，是高校法学教育改革的关键。我们改革专业结构应“淡化专业”，而不是取消专业；我们加强实践环节，借鉴多种方法，但不是削弱理论教学，不是把高等法律院校变成“习艺所”“手工作坊”；我们把市场竞争机制引入师资队伍建设，但不是唯商业利益是从。我们要奋力开拓，深化改革，建立适应社会发展的具有中国特色的高校法学教育新体制。

## 二、案例教学法的探索与应用

所谓案例教学法，是指在法学教育中，通过分析和研究现有的案例，从法理上解释成文法的内容并推动成文法的发展和完善的一种教学方法。案例教学作为一种教学方法具有形象性和生动性，在法学教育中运用这一方法具有特别重要的意义。

在案例教学法的探索与应用方面，我们主要做了3个方面的工作。①大力开展案例教材建设。我们一方面选用翻印已有的高质量的案例教程（如《经济法案例分析》《商法案例评析》《判解研究》等），另一方面编写或出版相关课程的案例教程（如《法学案例评析》《怎样排解产品质量消费者权益纠纷》等），以适应教学需要。②购置、制作录音、录像资料。我们在经费紧缺的情况下，购买了《经济法学》教学碟片、《家庭律师》碟片，《会计法》《商业银行法》《经济犯罪与经济纠纷》等法律专业教学录像。另外与市电台、电视台联合制作了一些录音、录像资料，在一定程度上满足了案例教学的需要。③引导学生参加案例研讨。我们大胆实践，让学生这一学习主体平等讨论、教师适当引导，鼓励学生参加报刊、电台、电视台组织的法制专题讨论、案例研讨。近年来学生发表了一系列案例分析文章，提高了学习的兴趣，增强了教学效果。

经过几年的摸索，我们对案例教学方法有了更深的体会，我们认为，有4个方面值得注意。

第一，案例应该具有典型性和系统性。案例不在大小，内容不在繁简，关键是看所选案例能否引导学生正确理解和运用法律。所谓典型性，不在于案例当时所产生的新闻效应，而在于案件与法律规则的联系性。所谓系统性，是指案例的编排能够在总体上系统阐述法的规则体系。如在消费者权益保护法案例的编排上，我们以立法体例为指导，又不拘泥于立法体例，对消费者概念、《消费者权益保护法》适用范围、消费者权利、经营者义务、新型消费纠纷（包括赠品纠纷、旅客伤亡纠纷、车辆保管纠纷、医患纠纷、旅游纠纷等）及争议解决途径等法律问题做了系统辑录分析。这样，案例教学法的个案性、片面性等缺陷便会得到抑制，学生学到的知识仍是全面的、系统的。

第二，案例应当具有一定程度的疑难性。所谓疑难性是指案件的定性、法律关系的性质、法律责任的承担等方面存在分歧。有时重大的案件不一定是疑难案件，而情节非常简单的案件也可能出现多种不同意见。教师应将各种处理意见、方案及理由提供给学生，从而给学生开辟一个广阔的思维空间，避免采用单一化和模式化的僵硬思维模式。1999年北京市发生了一起颇具“革命性”的非“质量不合格”（即非违反国家、行业质量标准）产品责任案件，法院一审认定肯德基已经提供了警示、热饮烫伤5岁女童是保姆疏忽所致，判决原告败诉。然而就在1994年美国发生了与该案极其相似的 Liebeck 诉麦当劳餐馆一案，法院认定麦当劳热饮存在缺陷——不必要的高温，麦当劳应承担缺陷产品侵权责任，裁决被告赔偿68万美元。类似的案情，相反的判决，不能不引起我们对该案的讨论和反思。什么是产品缺陷？产品缺陷的判断标准是什么？缺陷和损害之间的因果关系如何确定？案例教学的精髓绝不在于让学生去认同和理解某种既定的观点，更重要的在于让学生用批判性的思维和多视角的思考、分析，创造性地寻找解决问题的切入点。

第三，案例的选用不能完全拘泥于现行法的框架。现实生活是极为丰富复杂和多样化的，而立法不可能包罗万象或一成不变，法律漏洞在所难免，许多案例的处理必然在现行法上难以找到现实的依据。王翰入住上海银河宾馆遇害案即是一例，消费者在接受服务过程中被第三者伤害，造成人身财产损失，这类案件往往已构成刑事案，问题是这类案件是否属于《消费者权益保护法》的调整范围？何谓消费者的安全权？经营者保障安全的义务是无限的吗？保安的职责是什么？经营者该不该负赔偿责任？对此类案件我国法律调整还是一个空白，这也是《消费者权益保护法》的不足。我们既不能对消费者的权益受到损害视而不见，也不能随意适用法律，片面保护消费者，致使经营者无法经营。应从立法宗旨、法律价值及公共政策上予以考虑，通过保险业的发展寻求解决问题的新途径。将这些案件适当地收入教材，并通过学理的分析及各种研究方法（如比较法的方法、经济分析的方法等）的导入找到案件的最佳解决方案，进一步增强学生分析问题和解决问题的能力。

第四，教师在案例教学中仍应发挥主导作用。教师虽然不再是唯一的信息输出方，但仍是案例教学的组织者、引导者、必要的信息提供者及学生讨论情况的评述人。教师组织案例讨论时，应引导学生运用法律原则进行法律思维，区分事实问题与法律问题，抓住主要法律关系，进行事实和法律的梯次推理，逐点论证，最后得出结论。上海野生动物园老虎伤害司机案涉及众多法律关系，我们在讨论时并未局限于经济法体系内，而是引导学生运用相关法律（如《消费者权益保护法》《合同法》《劳动法》《保险法》等），抓住法律关系中的权利义务分析推理，得出较为合理的结论。讨论结束，教师可以做一些概括梳理，类似于学术会议评论人之点评，提出自己比较全面的观点。这种方法打破了传统法学课程设置按部门法为标准划分的人为藩篱，要求学生结合案情综合考虑，对症下药，不要机械地“一对一”开处方，要综合运用多门法律寻找解决问题的良策。这种方法有助于学生在解决案例的过程中学会寻找法律、分析法律、解释法律和适用法律，学生学到了能动的方法而不是人为的“部门法”机械的法条。

印度著名法学家马海发·梅隆博士指出：“如果法律教育只是向学生传授知识和培养他们在需要时回忆起知识的能力，那么，传统的讲授方法就足以达到这种目的，然而，如果法律教育必须进一步地培养学生组织和处理知识以达到特别效果的能力，那么，法律课程和教学方法就应该有更加具体的学习目的（如技巧、决策能力及其评价等）和认真挑选的教学技巧（如演讲、分组讨论、解决问题和角色扮演等）。”[①] 案例教学法正是法律课程教学“认真挑选的教学技巧”之一，我们的探索和应用已迈出了重要一步。今后要积极开展多种形式的实践性教学模式改革，为培养具有法学理论素养和法律适用能力的高素质学生而不断探索。

## 三、论研究性教学的价值及其组织实施

### （一）法律方法在“法律人”培养中的作用

台湾地区法学家王泽鉴先生认为：“法学教育的基本目的，在使法律人能够认识法律，具有法律思维、解决争议的能力。”根据王泽鉴先生的观点，法

① 马海发·梅隆．诊所式法律教育 [M]. 彭锡华，等，译．北京：法律出版社，2002：13.

学教育的基本目标是培养“法律人”，“法律人”要具备3种能力：一是法律知识，即明了现行法制的体系、基本法律的内容、各种权利义务关系及救济程序；二是法律思维，即依循法律逻辑，以价值取向的思考、合理的论证解释适用法律；三是解决争议，即依法律规定，做合乎事理的规划，预防争议发生于先，处理已发生的争议于后，协助建立、维护一个公平和谐的社会秩序。具备上述3种能力使一个法律人能够依法律实现正义，担负起作为立法者（如立法委员、县市议员、乡镇代表）、行政者（如部会首长、公园管理员、税局科员）、司法者（如法官、检察官、“诉愿审议委员会”委员）或公私企业法律事务工作者等的任务。[1]而目前我们的法学教育太过重视法律规则知识、法律理论的传授，甚至存在有学者尖锐批评的“不少老师已经沦为教书匠，死气沉沉地照本宣科，只会给学生灌输教条思维和死的知识，教学不再是智慧的启迪，而是程式化的知识灌输，机械地记住结论”[2]的问题。法学教育是培养“法律人”的活动，社会需要什么样的“法律人”，法学院就应培养什么样的“法律人”，“研究性教学方法”改革命题的提出是对现实法学教学活动反思的结果，本书拟对此做一初步探索。

霍姆斯指出：“法律人不仅是法律科学的传播者，而且是可以根据任何给定的事实、使用复杂的和灵活的工具达到不同的结果的人。”这里的“工具”主要是法律方法。[3]有的英国学者将法律方法称为法律人处理法律渊源的技术。如伊安·麦克劳德的《法律方法》一书分为三编，分别为“思想与制度”（包括法律和法律推理导论、英国法的分类、英国主要法院的管辖权、法律方法的宪法背景、欧共体法与国家主权、人权保护与基本自由以及发现、援引和适用法律渊源）、判例法与先例（约束力先例导论、判决理由与附带意见、先例的垂直与水平维度、上议院受自身约束吗、上诉法院受自身约束吗、高等法院受自身约束吗、先例作为法律改革的工具、欧洲法院的先例与原则）、制定法与制定法解释（制定法与制定法解释导论、明白含义、除弊与目的、法

① 王泽鉴. 法律思维与民法实例 [M]. 北京：中国政法大学出版社，2001.

② 眭依凡. 大学：如何培养创新型人才——兼谈美国著名大学的成功经验 [J]. 中国高教研究，2006（12）.

③ 斯蒂文·丁·伯顿. 法律的道路及其影响——小奥利弗·温德尔·霍姆斯的遗产 [M]. 张芝梅，等，译. 北京：北京大学出版社年版，2012：337.

律意图思想、现代解释实践、欧洲法院的立法解释)。[①]

在奥尔巴尼法学院第74届学位授予典礼上，卡多佐面对踌躇满志的即将卸去学业重负的学子们侃侃而谈:“你们所获得的知识，不仅是一些纯粹有关原则、规则和先例的知识。这些东西数量巨大，种类繁多，即使你们利用现代法学院的全部设备以及你们为了掌握它们而展示出全部勤奋和热情，最终还是会发现只触及它的皮毛。你们学到的更为重要的东西，是以法律方式思考问题的能力——对司法过程借以运行的方法和技术的理解力。”这位高贵优雅、故弄玄虚而后来就任美国最高法院大法官的卡多佐，以其社会精英和上流人物的独特文风，惟妙惟肖地道出了法律方法的妙用和价值。[②]“法学方法论及法律哲学若是对一位只想追求当一名目光如豆的‘法匠’、而不想当法学家的法律人而言，必定会被他认为是没有必要加以重视的学问；而他也永远不可能知道，这种基础法学的涵养对培养一个风景卓然的法律人及伟大而有深度的法律文化有何等的重要性。”[③]法律方法的重要性，除其关乎法律适用的路径、技巧和规程外，更重要的是关乎法律适用理念的锻造。就法律方法而言，它首先涉及一些抽象的指导性或者融通性的理念，这些理念深深地融入法律适用者的意识之中，引导着法律适用者判断法律问题的条件反射或自然反应。同时，它又体现在一些具体的操作方法之中。换言之，它既包含法律适用的理念和哲学，又容纳法律适用的途径和技巧，可谓虚实兼备。就法律方法的运用者而言，法律方法是授人以渔，而不是授人以鱼。方法是用于完成一个既定目标的具体技术、工具或者程序。法律方法则是寻求法律答案的技术、程序和途径，它告诉我们获取法律答案的一般途径和路线，而不是告诉我们获取法律答案的具体细节。既然法律方法是获取法律答案的钥匙，无论是法学专业教师、法律专业学生，还是法官等法律实务工作者，掌握基本的法律方法异常重要。法律适用的水平在很大程度上取决于适用者的法律方法素养，正所谓“磨刀不误砍柴工”。可以说，研究的法律问题越高深，需要解决的法律问题越疑难，法律方法的运用就越重要。因此法律方法的培养程

① 孔祥俊.法律方法论[M].北京：人民法院出版社，2006：4.

② 本杰明·内森·卡多佐.法律的生长[M].刘培峰，等，译.贵阳：贵州人民出版社，2003：155.

③ 林立.法学方法论与德沃金[M].北京：中国政法大学出版社，2002：5.

度也是检验法律教学和应用水平的重要标尺。

### （二）高等教育大众化格局下研究性教学价值分析

精英主义高等教育思想是一种教育信仰，它追求高等教育对个体高尚人格的养成、高深知识的获得和纯学术价值、社会价值的实现等。精英化高等教育的价值重心指向社会上层，注重培养学生社会的或某个领域的领袖品质，因此在教育理念、课程设备、教学方式、质量评估等方面形成了一个精英化的人才培养体系，但这一切并不适应大众化高等教育的培养目标。大众化高等教育发生了深刻变化。从计划经济体制转变到社会主义市场经济体制、农业社会过渡到工业社会，知识经济和信息化社会初见端倪，劳动力市场对人才需求的变化赋予大众化高等教育以多样化、职业化的特点。大学由社会的边缘走向核心，由象牙塔变成"社区服务站"，成为加快社会发展和增强国家综合力的原动力。而最根本的是高等教育的价值重心下移，培养目标由造就领袖型、纯学术型或研究型人才转为培养具有一定的理论知识、掌握一定的专业技能、具有较强动手实践能力的职业型人才。根据司法部《法学教育"九五"发展规划和2010年发展设想》对法学教育提出的发展目标，中国对法律人才的培养是要在专业教育的同时，特别注意对学生的素质教育，培养学生的创新精神和实践能力。"这种高素质的法律人才，绝不仅仅只是掌握了法学知识体系的人，'他'应当是和必须是法律专业知识、法律职业素养和法律职业技能的统一体。"①高等教育人才培养模式产生了改革的客观需求。但在精英主义思想的影响下，高等教育系统内部一直存在着抵制改革的情绪，仍习惯以精英化思维去经营大众化的高等教育。在高等教育大众化格局下，研究性教学法应作相应变革，不应限于精英教育条件下的小班讨论、学术沙龙等传统形式，形式可以灵活多样，但万变不离其宗，法律人能力培养实质就是法律方法的培养，应着力围绕"法律方法"培养进行改革。

一般认为，教学模式包括静态的教学内容和动态的教学方法。教育产品的质量是在教育设计阶段决定的，教育设计不仅是培养目标、教学制度的设计，教学内容和教学方法的设计亦极为重要。教学内容确定教什么、教学方

---

① 霍宪丹.中国法学教育反思[M].北京：中国政法大学出版社，2007：69.

法指向怎么教。传统讲授式教学法能够使学生全面、系统地掌握法律课程的基本概念、原则、原理和有关法律条文。但是法律毕竟是实践性很强的学问，脱离实际只囿于书本，必然不能培养出合格的法律人才。由于这种教学法不鼓励学生对老师讲授的内容提出挑战和怀疑，学生只能被动地接受和记忆；也不注重对实际案例的分析，往往致使学生对法律条文倒背如流，却不能解决司法实践中的问题，使得跟英美国家的法律院系学生比，中国的学生总是缺乏独立的思考能力和解决实际问题的能力。

研究性教学法是和讲授式（或称演讲式）教学法相对应的概念。顾名思义，与讲授式（或称演讲式）教学法不同，研究性教学法摒弃了传统的灌输式、填鸭式的做法，而是在教师的组织和引导下，全体学生都进行积极思考，研习“法律方法”，从而提高分析问题、解决问题的能力。按研究对象不同，其可以分为案例型、理论型和混合型。案例型是指仅以案例作为研讨对象的研究性教学法，简称为案例教学法；理论型是指纯理论上的研究；混合型则是指结合案例和理论进行研讨。清华法学院率先引进国外法学院的模拟法庭、诊所教育和案例教学等研讨型教学模式，现已为众多法学院采纳。① 所以从广义上说，研究性教学法包括了案例教学法。

1. 研究性教学着力培养学生自主学习和自我教育的能力

“高等教育给予学生的根本性能力，应该是自主学习的能力。”② 要“充分体现学生的主体地位，关键是要为广大学生发挥潜能创造条件、提供舞台”；“充分体现学生的主体作用，核心是要让学生自我教育、自我提高”③。研究性教学充分尊重学生的主体性，使学生真正掌握学习的主动权，进而使学生真正成为自己人生的主宰。

2. 研究性教学着力培养学生做人的能力

除了培养自主学习的能力外，学校还应培养学生自主做人的能力。所谓自主做人，在现代社会，包括与人共处，能够尊重他人，有平等待人的态度，与人交流和组织的能力。因为，在真正的合作中，人们会共同努力来互相帮助学习，并创造一种比他们个人精力总和还要大的精神力量——竞争。有时

① 冉金 . 清华法学院挤进世界50强新型法学院担起改革重任 [N]. 南方周末，2011-11-3（3）.

② 甄贞 . 诊所法律教育在中国 [M]. 北京：法律出版社，2002：3-11.

③ 刘惠珍 . 理念与制度冲突自主学习面临尴尬 [N]. 中国教育报，2003-2-28（3）.

候讨论是力求达到共识的，但这不可能轻易就能达到。共识并不是只要接受所有人的观点就可以了，它需要每个人都积极发言、争论及妥协。从某种程序上讲，达成共识的观点既超越了个人观点又融合了所有人的观点。事实上，达成共识的过程就是一个合作的过程。

3. 研究性教学着力发展学生综合分析的能力

在一场讨论中，学生不仅要顾及其他人不同的观点，还要思考某个专题所涉及的各个方面。在这一过程中，能够使学生养成综合分析的习惯，从而提高综合分析的能力。

### （三）研究性教学方法具体分析

1. 研讨式教学法

在美国被誉为“创造学之父”的奥斯本，就是把科学讨论的方式加以改造和完善，发明了集体讨论的“头脑风暴法”，使它在美国及世界上产生重大影响，促进了全球创造学热的形成。“头脑风暴法”也由此被称为创造学中最著名的方法。这种方法是以小组讨论的形式，通过无拘无束、自由奔放的发散思维进行信息催化，思维共振，互相启发，互相激励，使创造性设想或构思产生连锁反应，从而达到激发大量创造性设想的目的。美国大学特别重视小型讨论班对培养创新型人才的作用，这种人才培养的方式有利于学生学习积极性、主动性和思维批判性、创造性习惯和精神的养成。如1999—2000学年，斯坦福大学共开设5735门本科课程，其中52% 的课程为8名以内的学生开设，75% 的课程为15名以内的学生开设。耶鲁大学长期秉持这一教育理念：小型的研讨班有利于激发学生思考、发表自己的观点并在讨论中完善和捍卫自己的观点。耶鲁大学校长雷文在被问及中国学生有什么缺点时说：中国学生“太听话”了，中国的学生一般不敢对老师说不，美国学生虽然也很尊重老师，但会和老师争论。哈佛大学肯尼迪政治学院的肯尼迪公园门柱上铭刻着肯尼迪总统的一段名言：创造权力的人对国家的强大做出了必不可少的贡献，但质疑权力的人做出的贡献同样必不可少，特别是当这种质疑与私利无涉时。[①] 因为，正是这些质疑权力的人在帮助我们做出判断：究竟是我们使

① 眭依凡. 如何培养创新型人才——兼谈美国著名大学的成功经验 [J]. 中国高教研究，2006(12).

用权力，还是权力使用我们。在这种质疑文化的影响下，哈佛教授注重培养学生勇于质疑和批判的精神。他们不仅习惯学生对自己及权威的怀疑和批判，而且在课堂上鼓励学生向自己的观点提出挑战。有质疑才有学术的生气、活力和创新，而这种学术质疑的勇气来自学生的自信和批判精神。因此，期待培养创新型人才的大学首先应该有一种能容忍并鼓励学生质疑和批判精神的人文环境，只有这样，创新的教学方法才能做到“授人以渔”，才能培养创新的人才。研讨式教学法对“法律方法”的培养有着不可忽视的优势。

研讨式教学法在讨论过程中，教师的主导作用十分重要。在讨论课上，教师既是平等的参与者，又是组织者和引导者，但切忌做裁判。教师应及时抓住学生讨论时的闪光点加以鼓励和总结，还可以以讨论参与者的身份对讨论中的问题阐述自己的看法，引导讨论不断深入，使学生在原有的知识和能力水平上有所提高。同时教师要善于启发和诱导，提供多角度思路，使讨论向纵深发展，使学生的认识产生质的飞跃。

2. 案例教学法

美国著名法律教育家兰德尔于19世纪70年代首创的“判例教学法”至20世纪中叶已为美国各大法学院普遍采用并获得成功，该方法的核心是围绕判例阅读分析、理解，从中学习法的原理和原则。我国法学教育改革应从中国国情出发（中国法是成文法、中国式尊师传统、中国式传统大班教学模式等），走中国特色教改之路，变大班上课为小班研讨（理论讲授与案例教学相结合），加强学生分析问题和解决问题能力的训练，克服传统教学模式实践性训练较少的缺陷，将“案例教学法”与讲授式教学法有机结合起来。“法学教育改革的一项关键重点，在于积极推展‘实例研习’的教学方法。易言之，即学生除上课听讲外，就每一门基本法律科目，尚须研习若干的实例，考试亦应以实例为原则，期能增强学生处理问题的能力”。我们认为应主要从以下4方面进行努力：其一，编写《法律思维与实例》以作辅助教材，体例参考台湾地区学者王泽鉴的《民法学说与判例研究》；其二，大力改革模拟法庭教学；其三，开展法庭审判，仲裁庭仲裁旁听教学；其四，利用婚姻家庭法律诊所进行“诊所教学”。在开展案例教学法过程中应注意把握好两大关键问题。

一是如何提出问题，如何引导学生思考分析辩论。如辅助教材编写，传统的只承认一个正确答案的案例编写，既不符合司法实践，也不符合诉讼法理，更无法引导学生进行多视角地思考、分析、讨论和灵活创造性操作训练。编写的案例不应只注重事件的重大，而应注重其中的法律问题重大，能从中抽出法律原则，而不是用案例注解某一个法律条文；应当有多重或多视角的分析，避免所用案例简单化。要选择具有理论探讨价值、涉及多方面法律关系的案例，尤其是存在争议的、每一种观点都有一定理由的案例。

二是如何进行“良好的实践审计”。一个“良好的实践审计”过程可作为实践师生合作解决问题的办法。“良好的实践审计”是什么？是诊所指导教师和学生对自己经历的合作批判，分析出能够帮助师生解决共同面临的问题的思路和办法。事实上，法律诊所课程的每一位指导教师都是某一方面的法律专家，从分析自身的经历中，从对成功的或失败的法律实务经历中学习，以此做出解决问题的决策是完全可能的。良好的实践审计包括3个阶段：明确问题、个人和集体的经历分析、得出关于指导实践的建议。在实践审计过程中教师的指导作用就体现出来了。

## 四、道德与法律文化互动研究[①]

法律文化作为一种历史悠久的文化，其发展过程是从原始社会中习惯文化到原始社会习惯法文化再到法律发展到一定阶段后形成的法律文化。虽说法律文化有着漫长的发展史，但其内容仍在不断的积累和更新，而道德就是促进法律文化历久弥新的一个很重要的因素。随着社会的发展，法律文化和道德的关系日益紧密，而法律与道德作为两种最主要的社会调整规范方式，具有十分丰富的法哲学和伦理学的内涵。

### （一）法律文化浅析

“法律文化”这一概念最早是在20世纪70年代前后，由美国一位名叫劳伦斯·弗里德曼的学者提出来的。随后，便引发了各国学者研究法律文化的热潮。劳伦斯·弗里德曼在其著作《法律制度》中，从人的主观意识角度对法律文化进行了描述，他认为“法律文化”是一种与法律有关的现象，诸如法

① 季婕、孟昕．浅析道德如何影响法律文化[J]. 法治与社会，2014，5（下）．

律工作人员对法律制度的价值观念，以及人民对法律的认知度等。弗里德曼还根据法律文化中社会结构、意识范畴等因素的不同而将法律文化分为“外部法律文化”和“内部法律文化”，两者的区别之处在于“外部法律文化是一般人的法律文化，内部法律文化是从事专门法律任务的社会成员的法律文化”①。

我国对法律文化的研究从20世纪80年代中期开始，现在，法律文化已然成为法学界热衷探讨的学术问题之一，其中比较有代表性的观点是法律文化是人们对法的评价与看法、法律意识等与法有关的内容，是由一系列相互关联的因素构成的。法律文化是一个抽象的概念，很难用一句话或一段语言、一篇文章就能精确概括。法律文化作为一种“文化”，具有很强的不稳定性和包容性，其内容之多、理论涉及面之广等特点注定了其不能被表达得天衣无缝。在表述法律文化时，我们大可抓住法律文化的特性，以特性为中心，向外做点到线再到面的延伸。法律文化有众多定义，其中较为典型的定义是：法律文化是指与法律有关的精神性的、制度性的和物质性的文化现象。

### （二）道德对法律文化的影响

法律文化的内容包括法律规范、法律职业、法律思维、法在人们心中的地位等因素。道德在法律诞生之初，便和其保持着密切联系，两者互相补充，互相保障。道德和法律在内容上同时丰富了彼此，道德为法的正当性提供精神支柱。

1. 道德对法律规范的影响

道德为法律规范提供正当性保障，道德的大部分内容也会上升为法律。例如，我国的道德观崇尚一夫一妻制，受此道德观的影响，我国《婚姻法》规定了婚姻制度中应当实行一夫一妻制。像这样的例子数不胜数。当然，法律规范也并不是吸收所有的道德内容。江苏省高邮市有这样一起案例：公公与儿媳结婚。丁某是一位59岁的老汉，占某是其大儿媳。2003年，丁某的妻子去世，2004年，占某与其丈夫离婚，后丁某与儿媳占某结婚，从道德角度讲，很明显，这是乱伦婚，两人的行为在当地引起了不小的反响。占某与前夫所生之子，既要管丁某叫爷爷，还要管丁某为爸爸。对于这样混乱的家庭亲属关系，

① 劳伦斯·费里德曼 . 法治制度 [M]. 李琼英，等，译 . 北京：中国政法大学出版社，1944：223.

许多人认为法律应当禁止这种乱伦婚，以维护道德秩序，而我国法律并没有将该道德观念吸收进来，从法律角度来看，这种道德上的乱伦婚是合法的。

2. 道德对法律思维的影响

人一出生就会不同程度地受到社会群体道德观的影响。道德观对评价人们的行为是否构成犯罪有着重要的意义。从理论上来说，违反道德的行为，绝大部分也是违法的行为。

2014年3月1日，我国云南昆明火车站发生了一起暴力恐怖砍人事件，10多名来自新疆的暴徒蒙面持刀在火车站广场、售票处等地砍杀无辜群众，造成29人死亡，130余人受伤。公安干警当场抓捕一名女性暴徒。案发现场惨不忍睹，暴徒的施暴行为令人发指。案情经各方媒体报道之后，人们在网络平台上对此事展开了讨论。部分网友认为对于被抓捕的女暴徒，应直接枪毙，无须经过法律审判程序，认为经过法律程序来判罪也是多此一举。而绝大多数网友认为用这样的方式对待暴徒也是一种不道德，应当理智对待，经过法定程序对暴徒做出惩罚。之所以会出现上述两种不同的观点，是因为人们不同的道德观所导致的。我们从这一评论中还可以看出“法律文化”并没有深入人心，仍有不少人不习惯用法律解决矛盾，甚至产生不信任法律的心理，这也就从侧面反映出我国的法律文化在培养公民信法、用法这方面应当进一步完善。

3. 道德对法律职业的影响

E. 博登海默说：“从一般舆论来看，法律制度所应得的尊严与权威，在很大程度上取决于该制度的工作人员的认识广度以及他们对其所服务的社会的责任感的性质和强度。”①

2009年10月14日晚，上海的孙中界在驾车行驶过程中，突遇路人招手求助，孙先生靠边停车，得知路人有急事需立即去码头，请孙先生送一程。孙先生说他当时还未答应，路人就坐上了车，之后，路人主动提出要给付车钱，而孙先生也一直没吱声。到达目的地时，路人就把钱放在了车上，刚放下钱，相关部门的执法车就出现了，路人立马拔出孙先生的车钥匙，结果可想而知，孙先生被处罚。很明显，他遭遇了“钓鱼执法”。回家后，孙先生很郁闷，做

① E. 博登海默 . 法理学——法哲学及其方法 [M]. 邓正来，译 . 北京：华夏出版社，1987.

了好事却落得如此下场，气愤不过的他砍断小拇指，以示清白。不久以后此事被媒体报道出来，一时间成为热议的话题，执法人员缺乏职业道德的行为，使得人们对法律的信任度下降。如果法律工作人员没有职业道德，民众就不会发自内心地遵从和信仰法律，也就不利于法律文化的形成和发展。关于法律职业者的职业道德问题，正如英国哲学家培根所言："一次不公正的裁判，其恶果超过十次犯罪，因为犯罪是无视法律，而不公正的审判是毁坏法律。"可见法律职业道德在法律文化发展过程中的重要性。

4. 道德对法律文化的积极、消极影响

众所周知，我国古代法是"公法"，也就是刑法。在我国古代，几乎找不到民法。人们崇尚"礼制"，强调人与人之间与世无争的道德品行，主张无私的道德观念。争讼在那时的人们看来就是追求私欲、私利的行为。古代的"礼"教化人们"不是畏于惩罚而不敢争，而是出于内心的认识与信念自觉自愿地否定自己"。[①] 我们说民法是讲求权利与义务的分配，其鼓励人们积极追求和维护自己的正当权利，而当时以"礼"为主的道德观念却主张人们应当无私、无争，从这个角度来说，就抑制了民法的产生。但是道德在我国传统法律文化中的影响也有积极的一面。例如儒家思想主张道德教化，认为对罪犯应当重在感化，使其从内心认识到自己的错误。儒家还主张发生纠纷时，应当尽量调解。儒家代表人物孟何曾在强调道德教化作用的同时提出另一个重要的观点：即使是制定得很好的法律也需要有人遵守，特别是需要有合适的人去执行和适用。[②] 该观点对之后法律工作人员的专业化做出了巨大的贡献。

### （三）道德观对中西方法律文化的影响

中西方历史文化差异、种族差异、宗教信仰、道德观念等诸多不同的因素导致中西方产生了不同的法律文化。最早期的一种区别，就是"性善论"和"性恶论"的区别。[③] 我国早期的道德观是"人之初，性本善"，而西方的道德观念主张"性恶论"，认为人具有原始的罪恶本性。两种论说变成文化起

① 梁治平．寻求自然秩序中的和谐——中国传统法律文化研究 [M]. 北京：商务印书馆出版，2003：217，58.

② 沈宗灵．法理学 [M]. 北京：北京大学出版社，2003：224.

③ 何勤华、贺卫方、田涛．法律文化三人谈 [M]. 北京：北京大学出版社，2010：95.

源上的差异，并随着社会历史的发展，不断延续，进而决定了中西方国家法律文化不同的发展路径。

迄今为止，由于道德观的不同所造成的中西方法律文化存在差异的现象仍有许多。比如在对待同性恋这个问题上，近几年，西方国家的同性恋问题越演越烈，不少同性恋者上街游行，争取自己的"合法权利"，同性恋行为往往被看成有违伦理的、不道德的、丑陋的行为，但对于同性恋者来说，这是正常的。西方文化一向以开放性和包容性著称，对于同性恋者的多次"斗争"，西方有些国家如荷兰、比利时、西班牙等最终将同性恋婚姻列为合法婚姻。从道德层面来说这些国家的行为相当于认同同性婚姻是道德的。在我们中国，历经几千年的伦理道德等观念深入人心，绝大部分人抵制同性恋行为，他们认为同性恋是件不可思议的事情，觉得它是不可原谅的、畸形的、丑恶的行为。例如，2013年的时候，北京的两个姑娘在民政局领结婚证遭拒后，在民政局门口，众目睽睽之下公开亲吻，她们的行为引来了众多鄙夷的目光。

**（四）道德观对古现代法律文化的影响**

我国古代有高度发达的道德意识，在我国传统的法律文化中，"道德、法律、政治诸领域原无畛域之分，讲道德亦就是讲法律、讲政治，反之亦然。"在先秦时代，便有了"人治"与"法治"究竟谁能治国治乱之争，也就是"德""刑"之争，而德行之争又来源于礼法之争，儒家主张"德治"，道德教化，轻视法律，孔子讲过："道之以政，齐之以刑，民免而无耻，道之以德，齐之以礼，有耻且格。"意思是用政令来治理百姓，用刑法来整顿他们，百姓只会求能免于刑罚，却没从内心为自己的行为感到羞耻；而用道德去引导百姓，用礼制去感化百姓，百姓不仅会有羞耻之心，也会有归服之心。以孔子为代表的儒学学派一直崇尚充分发挥人的道德自觉，建立和谐、安定的社会。虽然我国古代一直有"法治""德治"之争，但"德治优于法治"思想还是占主流地位的。

在现代，随着道德观念的变化，我国逐渐认识到"人治"或者"德治"具有不理性和不稳定的缺点，道德本身就是一种相对法律而言并不稳定的文化，若依德治，难保有些国家领导的道德品格一直是高尚的、无私的。为了确保国家发展的稳定性、长期性，江泽民在1997年召开的党的第十五次全国人民代表大会的报告中，将“法制国家”改为“法治国家”，这一举动与邓小平同志的要法治不要人治的精神相吻合，从此我国正式走上“依法治国”的道路。

虽然我国现代的治国方略与古代截然相反，但这并不能说明，古代的“德治”思想就是消极不可取的。“德治”之所以在我国古代能长期延续并发展，也有其一定的道理，我们不应将古代传统的法律文化一律排除在外，而应当吸收其中的精华，如将法治、德治理念相结合，以法治为主，德治为辅，法律结合道德，使人们从内心愿意服从法律，从而推动社会稳定发展。

## 五、新时代大学生法律意识培养探析

党的十九大郑重宣示中国特色社会主义进入了新时代，新时代之“新”在于我们进入了一个新的发展阶段，发展环境、发展条件发生了新的变化，面临着新的社会主要矛盾，即人民日益增长的美好生活需要和不平衡不充分发展之间的矛盾。人民群众不仅对物质文化生活提出了更高要求，而且在民主、法治、公平、正义、安全、环境等方面的要求日益增长。作为高校政治辅导员要解决好大学生对美好生活的法治需要与法学教育不充分、不平衡之间的矛盾，更好地满足大学生对民主、法治、公平等方面的要求。

### （一）大学生法律意识培养的意义

大学生法律意识是大学生群体对法、法律或其现象的反应形式，即心理、知识、观点和思想，包括对法律的情感、认知、评价和信仰等的内心体验。[①] 社会转型期大学生群体对客观事物的认知能力正处于由不成熟到成熟的过渡期，其人生观、世界观和价值观正在形成过程中。他们是社会主义法治国家建设和社会主义现代化建设的生力军和主力军，是社会主义法治理念得以实现的希望。他们法律意识的养成和提高，对全面推进依法治国，实现建设中国特色社会主义法治体系的总目标有着重要的意义。只有加强对大学生法律意识的培养，运用法治思维和法治方式处现问题，才能抵制社会上某些不良风气，弥补传统道德以及法学教育的不足。

① 敬程，吴彦．论大学法律意识匮乏的现状及成因 [J]. 青年时代，2015（13）．

### （二）社会转型期大学生法律意识的现状

笔者通过对民办高校大学生法律意识的调查分析，可以看出大学生一代已经逐渐认识到法律在自己日常学习生活中的重要性，他们学习法律的热情在不断升温。然而从调查问卷获得的信息看还存在一些不容乐观的问题，如对法律基础知识掌握不牢，在应对出现的权利义务关系矛盾时对法律缺失信仰或者漠不关心等。

1. 法律常识较欠缺，法律信仰不够

对法律基础知识有一定的了解，但掌握得不全，理解不深。对法律常识和法律知识来源的认识上，法治意识比较薄弱，法律信仰不够。大学生主要是从各种媒体、网络等途径了解法律知识，对于学校开设的有关法律课程的内容了解不多，认为书本法律知识过于局限，过于书面化，没有与实际生活很好地联系，他们学习兴趣不浓厚，学习效果欠佳。调查中发现，有超过一半的人无法准确说出我国法制宣传日是哪天，宪政意识缺乏，对公民权利和义务更是知之甚少。说明对大学生群体法治观念的宣传工作还没有做到位。对于常见的部门法如刑法、民法、婚姻法、治安管理处罚法和道路交通安全法等法律常识比较了解，但是对物权法、劳动合同法等方面的法律知识大部分人较为生疏，大学生法律知识缺失导致其在实践中运用法律知识解决问题的能力显得欠缺。

2. 权利意识淡薄，规则意识较差

通过调查我们发现大学生对知识产权保护、考试作弊等现象的看法不一。部分大学生对于知识产权持尊重法律保护的态度，有一定守法意识，但也有近两成的受访者认为不涉密的话，应该也让大家分享使用，体现出在规则意识的认识上存在不足；对考试作弊现象明显表现出强烈的反对，能够意识到遵规守纪的重要性，能够严格要求自己，体现了大学生群体对考试公平、公正、公开的认可度，已经能够意识到有些日常行为规范也可以纳入法律规范之列。然而，大学生运用法治思维和法治方式解决问题的能力不足，在实现自我价值的途径选择上出现偏差，规则意识较弱。

3. 维权意识有待加强，存在一定程度的反诉情绪

在实际生活中，有意识地主动运用法律知识维权的大学生比例仍然不高，在勤工俭学、外出就餐或者消费过程中，不太注意保存有关票据，一旦发生纷

争，导致正当权益受损。由于大学生的法律意识不高、法律知识缺乏，调查过程中甚至还存在着部分大学生对解决问题的法律运用能力不足，有超过29.16%的大学生认为日常生活中“多一事不如少一事”“吃亏是福”，只要不犯罪，法律就不能奈我何。自己不会主动在遇到困难时想到求助于法律途径，权利意识欠缺，维权意识不足。

### （三）大学生法律意识缺失的原因

1. 受大学生自身心理因素干扰

当前，正处于社会转型期，由于人与人之间的经济和社会地位逐渐分化、各种所谓西方“自由思潮”的涌入及教育体制自身的不合理等因素的影响，大学生特别是在学习、就业等环节中面临着巨大的心理压力。

（1）自我评价不当，受挫能力较弱。大学生作为时代的佼佼者，对于违法犯罪的认识很少从自身原因出发，不反省自身的缺点和弱点。大学生喜好用怀疑、批判的态度面对出现的问题，往往不愿意受到他人干涉，喜欢无拘无束的生活方式。他们处于人生中的“第二反抗期”，在性格上表现出了较强的逆反心理。大学生从家庭到学校，经历着心理上的“断乳”，一旦部分大学生不善于准确地把握这种逆反心理，稍有不顺，就一味地排斥、反抗，甚至主观臆断地将自己与社会、学校、家庭分离，或者“反其道而行之”，直至走向违法犯罪的道路。

（2）价值取向失衡，迷失正确的方向。为了将来能够更好地立足社会，有些大学生不论是在学习、生活还是个人情感等方面表现出了人性的嫉妒、慵懒、害羞、恐惧和多疑等弱点。行为不良和认知偏差会使大学生群体在认识问题上出现局限性和片面性，进而导致个别人价值观念发生倾斜。据调查分析，大学生群体中的享乐主义和功利主义情形不同程度地存在，为了追求个人利益的实现，不惜违法犯罪，毫不顾忌国家、集体财产损失和他人人身安危，价值取向失衡，迷失正确方向。

2. 传统法治观念和社会改革中出现的亚文化影响

自古以来，我国主张以和为贵，尊崇礼仪教化，权利意识淡漠，“大事化小、小事化无”“息事宁人”思想严重。调查显示，在被问到“大学生违法犯罪的主要因素是什么”时，几乎全部受访的大学生都认为之所以会发生违法犯罪现象是因为受社会大环境的影响和学校教育出现偏差、疏于管理以及家庭教育失当。不仅仅是物质利益的驱动下贫富差距的扩大，更存在一些诸如亚文化和消极文化影响下产生的文化糟粕，侵蚀着意志比较薄弱的大学生群体。他们很容易接受外界的影响，而对于不良现象和行为，也往往缺乏辨别能力，很容易被诱导，从而走上违法犯罪之路。

3. 高校法学教育存在不入心的问题

高校是对大学生进行法治教育的主阵地。目前高校的法律教育往往流于形式。有些高校在法律课程教学上教学方法简单、刻板，往往是“填鸭式”教学，存在重知识传授而忽视法律意识培养的问题。法律课程设计不完善，授课内容以强调义务为主，忽视了对权利观的培养和引导，出现了大学生尽管知晓了一定的法律条文，但法律意识仍然缺乏的现象。

### （四）新时代大学生法律意识提升的有效途径

1. 大力宣传普及法律知识，树立大学生的法律信仰

法律必须被信仰，否则它将形同虚设。要改善我国的法治环境，培养大学生的法律信仰，努力净化社会人文环境，提倡以人为本，法治先行。“依法治国，贵在树立法治理念，追求法律至上、公平正义、尊重程序、保障人权的法治精神；培育法治精神，重在让人们对法治形成信仰，使法治变成人们的生活方式”[①]。因此要对大学生加强社会主义法治精神、理念的培养，增强大学生法律之上的权威观念，培养其法律价值的认同感，促进法治教育的自觉性。保证大学生思想上严谨、行为上规范、政治上有方向，真正成为社会主义建设事业的一代接班人。

2. 重视家庭教育，建立融洽的亲子关系

家长是孩子的第一任老师，他们对子女的影响是潜移默化的。父母的言传身教，是孩子认识自我、认识世界的基础，又是激发孩子学习兴趣、热爱生活的源泉和动力。家庭教育的好坏直接影响着子女的成长，因此家长应以身作则，注意提高自己的素质和修养，注重举止言谈。家长的个人素质、文化素养和品质是塑造子女良好人格的榜样。要积极营造和谐、融洽的家庭环

① 开创法治中国新天地——习近平同志为总书记的党中央全面推进法治国述评 [N]. 人民日报，2014-10-20（2）.

境，避免庸俗低级，促进家庭成员之间平等、互爱；要用适当的教育方式与子女平等沟通，不溺爱、不迁就、不粗暴；要相互尊重；要遵守法律和纪律，努力为子女营造一个良好的家庭教育气氛。

3. 开展大学生心理健康教育，培养健全人格

高校法治教育工作的开展离不开大学生自身综合素质的提升，特别是要注重大学生心理健康教育工作。首先要建立专门的大学生心理健康咨询机构，让大学生在面对出现的生活、学习、情感等困惑时有一个倾诉的场所。其次要开设心理健康教育的相关课程，开展专业心理咨询服务，进行危机干预。最后还要做到充分利用校内外综合资源进行正能量的宣传，普及心理健康知识，以优秀文化陶冶大学生情操。让大学生意识到自我的发展是受到客观环境的影响，但是自我也是可以随时调节的，要以更积极、乐观的方式迎接社会中的挑战。

4. 遵循教育规律，创新法律基础课程建设

在大学生人才的培育过程中，需要遵循教育的规律，创新法律基础课程建设，优化法律教育资源。教学以“学生为本”，充分调动学生学习法律知识的积极性，通过多种形式、多种载体、多种途径激发学生的学习兴趣，把学生由被动接受转变为自主学习的主体，培养学生独立思考的习惯。法律基础课是大学生获得系统法学知识的重要渠道，要改变法律基础课仅仅是思想教育和法律常识教育的看法，适时更新法律课程的教材，将法治发展的新资讯带到课堂。精准普法要改变传统的“填鸭式”教学模式，“授人以鱼不如授人以渔”，培养大学生运用法治思维和法治方式解决实际问题的能力。

2017年5月3日习近平总书记在中国政法大学考察时指出：“中国的未来属于青年，中华民族的未来也属于青年。青年一代的理想信念、精神状态、综合素质，是一个国家发展活力的重要体现，也是一个国家核心竞争力的重要因素。”他还特别强调“要深入研究和解释好为谁教、教什么、教给谁、怎样教的问题”。

新时代大学生法律意识的培育是一个系统而伟大的工程，需要党和国家法律、方针、政策的正确引领，需要大学生自身以及家庭、学校与社会的积极配合，以营造有利于大学生法律意识养成的良好环境，使其真正成为中国特色社会主义事业的合格建设者和接班人。

# 下篇

# 经济法实务问题研究

# 案例一　担保纠纷案例分析①

《经济与法》1997年第3期发表了陈潇同志的《此案违反法定程序》一文，在文章中陈潇同志认为服饰公司的担保为一般保证并进而认为法院的处理不妥，违反了有关法定程序。笔者认为法院的认定和处理是正确的。问题的关键在于如何理解一般保证与连带责任保证的法律含义。

根据《担保法》第十七、第十八条之规定，一般保证与连带责任保证具有明确的法律含义，一般保证是指保证人在主合同纠纷经审判或者仲裁，并就债务人财产依法强制执行仍然不能履行债务后，才依法承担保证责任。连带责任保证是债务人在主合同规定的债务履行期限届满没有履行债务的，债权人可以要求债务人履行债务，也可以要求保证人在其保证范围内承担保证责任。可见，两种保证方式有着明显的不同：一般保证的保证人享有先诉抗辩权，保证人只有在主合同纠纷经审判或者仲裁，并就债务人财产依法强制执行仍不能履行债务后，才承担保证责任；连带责任保证的保证人没有先诉抗辩权，只要债务人在债务清偿期届满没有履行债务，债权人即可以要求保证人承担保证责任，而无须过问债务人是否有清偿债务的能力。

陈潇同志在文章中指出："担保书约定，如段某在经营中生意不佳，导致开发公司不能按期收回承包金时，服饰公司愿为段某出面担保，担保额以96000元为限，保证承包金能在1996年3月30日至5月30日全部收回。此约定表明：服饰公司承担保证责任——保证承包金能在保证期内收回，是以债务人段某不能履行债务——不能按期上交承包金为前提的。这是保证人服饰公司的起初意思表示，是一般保证人。对此不能认定为保证方式不明确。"笔

① 孟咸美．此案违反法定程序吗 [J]. 经济与法，1997（7）.

者认为陈潇同志的理解不正确。

第一，陈潇同志对一般保证中关于“债务人不能履行债务时”的理解不正确。《担保法》第十七条关于一般保证的法律规定之关键词语就是“债务人不能履行债务时”，这里的“债务人不能履行债务时”绝不是指“债务人在主合同规定的债务履行期届满没有履行债务”时，而是指主合同纠纷经过人民法院审理或仲裁机构仲裁并经人民法院强制执行主债务人财产后仍不能清偿债务的情形。陈潇同志把担保书中的“如段某在经营中生意不佳，导致开发公司不能按期收回承包金时”与一般保证中的“不能履行债务时”混为一谈，误认为服饰公司是以债务人段某没有按期上交承包金就是法律规定的“不能履行债务”，进而误认为是一般保证。

笔者认为，无论是一般保证还是连带责任保证，保证人的保证责任都只能发生在主合同规定的债务履行期届满后，区分两种保证方式的标准在于保证人有没有先诉抗辩权，而不是履行期限是否届满。服饰公司并没有约定“债务人不能履行债务时”才承担保证责任，只承诺开发公司不能按期收回承包金时愿意担保，故服饰公司的担保不是一般保证。

第二，陈潇同志对保证方式和《担保法》第十九条规定的理解不正确。保证方式是指保证人如何承担保证责任，而不是指保证范围或其他事项。根据陈潇同志文中所述案情，担保书并没有就以何种方式承担保证责任做出约定，只承诺主合同履行期届满债务人段某没有履行债务时愿意出面担保，至于是一般保证还是连带责任保证，担保书没有明确，只是约定了保证范围。《担保法》第十九条规定，“当事人对保证方式没有约定或者约定不明确的，按照连带责任保证承担保证责任”，故服饰公司应按照连带责任保证承担保证责任。

综上所述，开发公司作为主合同的债权人依法既可以要求债务人段某履行债务，也可以要求连带责任保证人服饰公司在其保证范围内承担保证责任（而不是陈潇同志文中所说的赔偿责任），服饰公司无先诉抗辩权，不得要求开发公司应首先经司法程序执行主债务人段某的财产后仍不能实现债权时才可向其主张权利。在主债务人段某下落不明的情况下，法院准许开发公司撤回对段某的起诉，判决服饰公司按连带责任保证承担保证责任是合法的。

# 案例二　投资纠纷案例分析[①]

聂某、鲍某、陈某3人合伙开公司，因资金不足，遂商定由聂某出资登记个人独资企业，鲍、陈两人投资该企业。鲍、陈两人交款后，该企业开具了收据并注明“投资款”。其中，鲍某交了10万元，所交款项均在3人的共同决策下购买了设备等。企业运营过程中，3人分工负责、共同决策、共同签字入账。后企业亏损，鲍某起诉至法院，认为自己不是投资者，请求该个人独资企业及业主聂某返还借款7万元，并提出将自己先前拿走的焊割设备作价3万元，抵冲部分借款。

案件审理中，争议焦点在于该企业的实际性质为何，鲍某与该企业的关系为何。原告代理律师认为，个人独资企业不可能存在两个投资者，鲍某是该企业的雇佣工人，其投入企业的钱属企业借款性质；而被告代理律师认为，该企业登记为个人独资企业，但事实上有3个投资者，投资不同于借款，投资者依法享有所有者权益，亦应依法分担亏损。最后，法庭否认了原告借款之说，双方在法庭主持下调解结案。

厘清本案所涉及的法律关系，对于正确适用法律至为重要。

1. 企业的性质认定以什么为标准

企业的性质是以工商登记机关的登记为标准，还是以事实为依据、以法律为准绳加以认定？答案是后者。工商登记是商事登记，是主体主动申报自身信息，登记机关依法予以认可的行为。这一性质决定了公民个人或经济实体从事生产经营活动作为一种客观的权利在工商登记前就已经存在，并不是

① 孟咸美 . 他是投资者，还是借款者 [J]. 法制与新闻，2006（2）.

经过登记才产生的。登记并不创设权利，而只是对权利的确认，因此登记若与事实不符应依法认定企业性质。也正因为如此，最高人民法院才会做出司法解释，规定登记错误的应按实际情况加以确认，如《关于贯彻中华人民共和国〈民法通则〉若干问题的意见（试行）》第四十九条规定："错误登记为集体所有制企业的，但实际为个人合伙或者个体工商户的，应当按个人合伙或者个体工商户对待。"本案中，企业虽登记为个人独资企业，但实际上投资人为3个人，且共同经营，共负盈亏，应依法否定其个人独资企业性质，认定其为个人合伙企业。

2. 投资与借款是两个不同的法律关系

投资体现的是物权关系，借款体现的是债权关系。投资者将资金投入企业便享有投资者权益；而借款人作为债权人享有到期收回借款的权利，却并不享有参与企业经营管理的权利。本案中，企业所开收据证明鲍某交的是投资款，被告提交的一系列证据也证明鲍某行使了企业经营管理权、监督检查权及处分权等，鲍某实际为该企业的投资者。

因此，原告与被告之间不存在借款关系，该个人独资企业实质为个人合伙企业，聂某、鲍某、陈某为共同出资人。鲍某作为合伙企业投资者，无权向该企业及聂某主张返还借款。

# 案例三 保险合同纠纷案例分析[①]

1998年4月，安全乡政府决定以保险代办站的名义为各村农户代投农村家庭财产保险。5月中旬，平安保险公司安乡建行代理处负责人李某等人多次找乡政府负责人，要求安全乡的农户在平安保险公司投保。在特别约定栏中注明，保费分两次交付，11月交清，李某填写完后交乡保险代办站工作人员熊焰过目，熊焰盖了安全乡保险代办站的公章。随后，李某又向安全乡保险代办站签发了《家庭财产保险单（正本）》（代保险费收据），并盖上了“中国平安保险股份有限公司安乡建行代理”的公章，还有自己的签名。做完这一切，李某当时可能为这笔大业务很是兴奋了一阵，没料到，这张保单成了日后纠纷的导火线。

7月24日深夜，洪水吞没了黄山头镇、安全乡、安障乡和一个农场，10万百姓被赶上了大堤。

安全乡的灾民想到保险理赔。但是，当乡政府负责人多次要求平安保险公司派员勘灾理赔时，平安保险公司却以未交保费为由向安全乡政府发出了《拒赔通知书》，遂起纠纷。

1998年12月8日，本案双方当事人在法院调解下，达成如下协议：被告中国平安保险股份有限公司常德市支公司一次性给付原告安乡县安全乡曾贤辉等6549户投保农户380万元，原告向被告交纳保险费及利息3500元。

本案给我们两点启示：

1. 迟延交纳保险费不影响保险合同的成立与生效

① 孟咸美. 迟延交纳保险费影响保险合同效力吗 [N]. 江苏法制报，2001-5-9（3）.

《保险法》第五十六条第二款规定:“(对于人身保险合同)合同约定分期支付保险费的,投保人应当于合同成立时支付首期保险费,并应按期支付其余各期的保险费。”可见,对于分期支付保费的人身保险合同,投保人必须在合同成立时支付首期保险费,否则合同将不能成立。但是对于财产保险合同,法律没有类似的规定,因为财产保险合同属于诺成合同,即使投保人没有支付保费,只要双方签订了合同,并且意思表示真实,合同就宣告成立。

2. 投保方迟延交纳保险费,保险人在什么条件下可以行使单方解除权

对于保险人解除保险合同,各国保险立法普遍规定,保险人不能随意解除保险合同,除非发现投保方有违约或违法行为。《保险法》第十五条亦规定:“除本法另有规定或者保险合同另有约定外,保险合同成立后,保险人不得解除保险合同。”但是,如果投保人违约,保险人是否可以解除保险合同呢?《保险法》对于投保人故意隐瞒事实,投保人或受益人谎称发生了保险事故,未履行其对保险标的安全应尽的责任等违约情况下,保险人解除合同的权利做了规定。但对于实务中经常发生的投保方迟延交付保费的情况未做规定,这不能不说是一种缺憾。不过我们仍然可以依据《合同法》对于合同解除的一般规定对此做出评析。

虽然《保险法》对于保险人解除合同做了较为严格的规定,但是,根据平等有偿的法律原则,保险人与投保人订立保险合同的目的,对于保险人来说是为了谋求经济利益。所以,如果投保人迟延支付保费并在合同的期限之内经催告仍不交付,就会导致保险人订立合同的目的彻底落空,因此,就构成了《合同法》所规定的解约条件。所以,在这种情况下,保险人有权单方面决定解除合同。

本案保险公司并未在合理期限内催告投保人交纳保费,因此无权解除合同,法院经调解确认双方履行保险合同完全合法。

# 案例四　名誉权纠纷案例分析[①]

徐某某（男）与杨某某本是亲戚关系，杨的父亲和徐的岳父是亲兄弟。杨家住邗江县某镇，徐在邗江县某机关工作。

1998年10月13日中午，杨母在院内倒水时惊动了狗，吵醒了正在睡觉的徐的岳母，徐的岳母就在窗口随口骂了几句。由于两家素来不和睦，杨母认为这是在借狗骂人，晚上就把这事告诉了女儿杨某某。当下两家又发生了对骂，还拉拉扯扯起来。

14日，徐某某本着息事宁人的态度，喊来岳父的三弟杨家某一起来到杨某某家，表示了"事情过去了就让它过去"的想法。这时候，村电工徐建东也在现场。徐某某的诉状上这样描述：刚开始杨的父亲杨家大还较客气，给他倒了杯开水。不久双方开始话不投机。杨家大下了逐客令，徐边说边退，退到大门口时，杨某某突然从后面上来抽了徐一个耳光。此时已是晚上8时许，徐对杨家大说："二爷，你打我耳光，我没话可说，但是你女儿打我要讨个说法。"谁知对方态度依然强硬，说："你去告我们好了。"这时围观群众达20多人。徐虽然很气愤，但强忍住没有还手，便与杨家某一起去找村委会的干部，当晚未找到。

第二天早上，徐又找到村委会。村长张某某接待了徐，安排人去调查核实并积极进行调解。其中的一份调解书中写道："杨女又打人。"杨家大在杨家奎家以酒打招呼，但杨家大不予接受并坚持"到镇司法科再谈"，在村里不谈。于是，高桥村委会出具证明呈镇司法科。此后，徐多次往返镇司法科和

① 王晖军．"一个巴掌"官司打了一年[N]．扬州晚报，2000-4-10（16）．

村委会之间，均无结果。1999年3月8日，忍无可忍又百般无奈的徐某某一纸诉状至邗江法院，将杨某某推上了被告席。

1. 一个目击证人改了口

1999年4月5日下午2时，邗江法院民庭开庭公开审理此案（《扬州晚报》曾以《邗江法院首次审理“芝麻官司”》做了报道）。法庭上原告出示了两份证人证词，一份是杨家某的，一份是电工徐建东的。意想不到的事发生了，徐建东还向被告做了另一份内容完全矛盾的证词，在出庭作证时，他称自己确实在现场，但未看到被告打原告耳光，同时又不能证实被告没有打原告耳光。案件似乎一下子复杂起来。法庭提出的调解，原被告双方均不同意接受，法庭转为继续调查。

随后法院走访了20多位群众，取得了30多份证词，在认定事实存在的基础上，法院认为这一巴掌侵犯了公民的名誉权中的人格尊严，依据《中华人民共和国民法通则》第一百〇一、第一百二十条判决：被告杨某某向原告书面赔礼道歉、赔偿精神抚慰金50元。

一巴掌为何侵犯了名誉权？带着这样一个疑惑，记者走访了扬州大学政法学院副教授孟咸美。孟教授认为：一般来说，打人骂人，尤其是邻里之间的相互打骂，属于道德调整的范畴，但本案较为特殊。这一巴掌打下去，虽然没有产生对身体的伤害后果，哪怕是软组织的轻微伤害都算不上，但是这一巴掌是打在人的脸上，就有些不同了。本案是被告以侵害身体的方式产生了侵害名誉权的结果。俗话说，“打人不打脸”，在众目睽睽之下被打了一巴掌，就使他在众人面前的形象受到贬损，显然也就是名誉权受到了侵害。根据《民法通则》第一百〇一条规定，“公民法人享有名誉权，公民的人格尊严受法律保护，禁止用侮辱、诽谤等方式损害公民、法人的名誉”，应该说，法院的判决是慎重而又严肃认真的。

从社会意义上讲，本案也体现了群众法律意识的提高。在法制日益普及的今天，即便是受到了不大的侵害，人们也开始懂得用法律武器保护自己的合法权益，同时也表明了法院司法力度的加强。不过，公民也不能滥用自己的诉权，因为社会关系的调整有多种方式，如社会风俗、道德舆论、党团纪律等，先寻求调解，调解不成再诉诸法庭。毕竟对簿公堂后，当事人也许获得了单项名誉权的恢复，但双方关系可能永久恶化。

### 2.“一巴掌官司”的意义何在

邗江县人民法院院长丁祥生在接受记者采访时指出：

从审判实践看，这一类案件几乎从未涉及过，甚至许多人都没有听说过，这恐怕也正是本案的意义所在。

当时接受起诉，主要考虑到根据《民诉法》第一百〇八条，原告与损害事实相关，有明确的被告，符合起诉条件，法院理当受理。由于这种侵害名誉权的诉讼以前很少接触，所以法院在审理时十分慎重。

本案意义并不在于被告终于“书面赔礼道歉，赔偿精神抚慰金50元”，而是类似的事情，许多当事人大多采用以牙还牙的方法，激化矛盾，甚至产生了严重的后果，我们赞赏当事人依法保护自己的行为。

通过此案的审理，感到压力大的不是怕今后此类小案子增多，而是当事人不知如何取证、举证，证据的证明力不够，影响了法院的判案过程和进度。本案中，如果原告能一开始便提供充足的证据，法院就不至于花相当大的精力用于调查案情，也不至于拖了一年的时间。

本案中证人是有亲戚关系、利害关系的，此类证人出庭作证的有关问题也成了我国法律需要研究的课题。

本案被告杨某某在法定的上诉期内已向市中院提起上诉，这是她的权利，也表明其法律意识的提高。

# 案例五　不正当竞争纠纷案例分析①

扬州“牛皮糖”素来有名，“绿叶”牌牛皮糖便是其中较有名气的品牌，1994年获“全国食品行业优秀产品奖”，2000年获“扬州市重点保护产品”，“绿叶”牌商标于1997年被江苏省工商局审定为“江苏省著名商标”。几乎每一位到扬州旅游的客人都要带上几袋“绿叶”牌牛皮糖回去给亲朋好友尝尝，这让生产厂家尝到了甜头、职工得到了实惠。可哪知道，就在“绿叶”牌牛皮糖红红火火生产之时，竟有商家打起了“绿叶”的主意。2001年3月起扬州市场上冒出了外包装几乎和“绿叶”牌牛皮糖如出一辙的“雾中花”牌花式牛皮糖。同样是扬州牛皮糖，包装又极其相似，要区分它们真如雾里看花，不少初次来扬州的游客在懵里懵懂间便上了当。2001年5月22日，“绿叶”牌牛皮糖的生产厂家扬州市糖果二厂一纸诉状将“雾中花”牌牛皮糖的生产厂家扬州市万和商贸有限公司告上了法庭。

我国《反不正当竞争法》首次将“知名商品”特有的名称、包装、装潢作为知识产权的一部分予以法律保护，标志着我国在知识产权的保护上同国际接轨迈开了重要的一步。

知名商品的名称不包括作为商标注册的名称，该名称注册后就成为注册商标而受《商标法》保护，未注册为商标的知名商品名称在《反不正当竞争法》颁布前往往缺少法律保护。商品装潢不同于注册商标，商标不允许直接表示商品的原料、成分、质量等，而装潢往往可直接表示商品内容。现实生活中，

① 戴求，赵晓勇．牛皮糖纸上的侵权案[N]. 扬州广播电视报，2002-1-31（9）.

一些人正是利用了这一特点仿冒知名商品的包装装潢，而避免受到《商标法》的规制。《反不正当竞争法》的规定对知名商品的名称、包装、装潢的保护开辟了知识产权保护的新领域。

知名商品特有的名称、包装、装潢基本满足版权法保护作品所应具备的条件：①作品须具有独创性，知名商品名称、包装、装潢的“特有性”与作品的独创性一致；②作品必须具有一定的客观形式，知名商品的名称、包装、装潢正是通过文字、图案、色彩运用等客观形式表现的；③作品必须是可以复制的，知名商品的名称、包装、装潢是可以被复制并形成工业化生产的商品的外观标识和形态。

最后需要指出的是，根据《反不正当竞争法》第五条和《关于禁止仿冒知名商品特有的名称、包装、装潢的不正当竞争行为的若干规定》第三、第六条规定可知，对仿冒知名商品特有名称、包装、装潢行为的认定由县级以上工商行政管理机构在监督检查不正当竞争行为时一并认定，即事后认定。因此，不宜将驰名商标、著名商标、知名商标商品与“知名商品”混为一谈，知名商品未必就是获得驰名商标、著名商标、知名商标的商品，知名商品就是在市场上具有一定知名度，为相关公众所熟知的商品。

# 案例六 消费者维权纠纷案例分析[①]

1999年3月15日《扬州日报》第二版以近整版的篇幅刊登了5起发生在某市的严重侵害消费者权益的典型案例。通观这5起侵权案，有个共同的特点，即商家侵害消费者权益的事实明显，但消费者的合法权益至今未能得到保护。

消费者的合法权益明明受到了侵害却难讨说法，这就给我们提出了一个值得关注的问题：应该由谁来保护消费者的合法权益。带着这个问题，记者采访了扬大政法学院法学系副教授、江苏省经济法研究会干事孟咸美。

孟副教授首先从《中华人民共和国消费者权益保护法》的立法宗旨上给记者做了分析。消费者和商家相比，永远处于"弱者"的地位。一方面，消费者购买商品的行为总是个体行为，合法权益受到侵犯时，很难凭个人的力量与"强大"的商家据理力争；另一方面，消费者不是"专家"，所以就很难真正享有《消费者权益保护法》赋予的知情权和选择权。正是出于保护弱者的利益考虑，《消费者权益保护法》只规定了消费者的权利和商家的义务。因而，从法律意义上说，首先应当担负起保护消费者权益的是商家。但事实很难做到，因为作为当事人，商家首先考虑的是维护自己的利益。

所以，维护消费者权益自然就离不开"第三者"，即监督管理部门。伪劣商品盛行的一个重要原因就在于监督管理不力。《消费者权益保护法》及相关法律对商品的生产及流通过程的监督管理、服务的价格及质量问题，均已明确了责任部门，并赋予了相应的监督管理权。监督管理部门按照法律的规定

① 从有志．法律专家说维权 [N]. 扬州日报，1999–3–17（2）.

和要求行使执行权，是一种基于法律的责任和义务，但是这种责任和义务常常被“异化”为纯粹的权利，想行使时就行使，想放弃时就放弃；有利益时就行使，没有利益时就放弃，常规的监督管理工作变成只有在法定节日期间和“3·15”前后的突击活动。监督管理不力，实际上是对商家侵害消费者行为的纵容，保护了商家的利益，损害了消费者的权益。

法律赋予消费者的权益，最终还需要法律来保障。所以，司法机关在保护消费者合法权益方面责任重大，但是当前的法院办案机制明显不利于保护消费者的合法权益。一桩事实明显的消费侵权官司，从立案、审理到审结，动辄几个月甚至几年，消费者虽然最终胜诉了，但得不偿失。烦琐的办案程序事实上成为阻止消费者用诉讼手段维护自己合法权益的一道坎。此外，在实际办案过程中，离开法律具体条文规定而适用立法原则，以扩大适用法律自由度的规避法律行为也比较常见。弊端的存在损害的是消费者的利益。

孟咸美认为，消费者协会同样具有维护消费者权益不可推卸的责任。消费者协会是消费者的娘家，帮助消费者讨说法、讨公道，义不容辞。但是在实际办案中，由于人力、经费等原因，消费者协会越来越受制于商家，这不能不引起社会的关注。

谈到如何更好地维护消费者的合法权益，孟咸美结合外地经验和做法谈了以下几点看法：建立消费者权益保护法庭，对消费侵权案专项审理，从快从速帮助受侵害消费者讨回公道，惩罚商家的不法行为；执法机关加大惩罚力度，让不法商家认识到侵害消费者的风险高于收益；筹措成立消费者权益保护基金，帮助力不从心的消费者讨公道。

就国家而言，尽快制定有利于社会对监督管理部门执法机关进行监督的法律法规，建立社会监督制度；成立摆脱地方控制的巡回法庭，在尽快审理消费侵权案的同时，监督地方法院公正办案。

结束采访时，孟副教授还提醒广大消费者，要提高自我保护意识，关键是购物时勿忘索要购物凭证；平时勿贪小利，遇到低于市场价格的商品，购买时须谨慎。

# 案例七 房屋买卖合同纠纷案例分析[1]

最近，市民李先生终于可以安心住在自己的房子里了。近日，维扬区法院一审判决，要求李先生工作过的工艺品公司将原来分给他的房屋过户到他名下。

1. 福利房被抵押贷款

李先生一直住的房子是他曾工作过的工艺品公司分配的福利房。2007年，他家突然来了几个银行工作人员，告知他居住的房子被抵押贷款15万元，因没有按时还款，房子将被用来抵债。

李先生1994年被这家公司引进，1999年，公司购买了几套房屋，把其中一套分给了李先生。2005年，李先生要求公司办理房屋产权登记手续，公司只给他出具了房产赠予手续。后来，李先生多次要求公司办理房产证，将房屋转入他的名下，但公司只口头答应。2006年，公司向李先生出具证明，证明房屋是公司福利分房，房产暂时未转入李先生名下。

而当初工艺品公司在向一家零售公司购买房屋时，只与对方签署了买卖协议，并未办理房屋过户手续，房子则登记在零售公司员工小张名下。

2003年，在李先生不知情的情况下，工艺品公司刘会计与小张办理了房屋过户手续，将李先生的房子转到了刘会计名下。而刘会计则将这间房屋作为抵押，向银行贷款15万元，用于工艺品公司的运营，这是她与工艺品公司王老板共同商议决定的。

---

① 曹锋．一套房子引出四场官司 [N]. 扬州晚报，20097-31（A12）.

2. 李先生连赢两场官司

得知权益被侵犯后，2007年，李先生打了自这套房引出的第一场官司，把小张和刘会计告上法庭。法院认定刘会计与小张2003年签订的房产买卖契约为虚假合同。李先生赢了第一场官司。

随后，李先生打了第二场官司，把工艺品公司告上法庭，要求法院判令房屋归他所有。工艺品公司代理人在法庭上提出，公司曾向李先生发出赠予撤销通知，但没能举证证明他们曾将通知送达李先生。后又表示当庭撤销该房屋的赠予。

法院审理认为，李先生作为人才经招聘进入工艺品公司，工艺品公司将房屋给他居住，符合当时的情理和人才流动的客观需要。李先生在工艺品公司工作了10多年，住在该房屋内近10年，公司的撤销行为显然与情理相悖。法院因此判定工艺品公司协助李先生办理房屋过户手续。

3. 第四场官司因房引起，但不属于房产纠纷

李先生的房子要回来了，但银行贷款还是要有人还。2007年，由这间房引出第三场官司，银行向法院起诉刘会计，要求承担还本付息义务。2008年，法院判决刘会计向银行偿还剩余借款本金、利息、罚息及诉讼相关费用计12万多元。

刘会计在贷款之初与公司王老板有过协议，以他的名义贷款，王老板还钱。如今王老板极不想拿钱，于是，刘会计又把王老板和工艺品公司告到法院。这是引起的第四场官司。

# 案例八　不当得利纠纷案例分析[①]

1. 店员讨薪状告店主

2007年2月，小马离开老赵店铺自立门户。离开前，老赵出具了欠条，确认欠小马部分工资，并承诺当年7月底前还清。当年11月，小马在催要无果的情况下，将老赵告上法庭。

老赵为何出尔反尔？在法庭辩论中，老赵称小马以托词欺骗其出具欠条，随后便擅自离岗，拒绝上班；并另行开设与其业务相近的门面，将许多客户骗至其处洽谈生意，给他造成极大损失。小马离岗前没有交接财务，且在离岗后继续使用他为其配备的手机号码联系业务。如小马与他交接清楚账目并交出手机卡，他就同意支付工资。

据主审法官介绍，老赵所指的交接财务，是指小马替老赵代收他人送来的5万元，但老赵称一直未收到此款。庭审中，老赵向法庭提交了小马签字的该款收条。

小马认为，这是老赵为拒付工资而故意编造的虚假事实，并表示若老赵未收到款并且未还清5万元，出借人不会拿到收条，收条应在出借人处。

当年12月6日，广陵法院一审判处原告小马胜诉。主审法官指出，至于老赵认为小马未与其交接相关财务，并对其造成一定损失，可以另案主张权利，不在本案处理范围。

2. 一纸收条再起官司

一波刚平，一波又起，前案宣判不久后，老赵便将诉状递交法院，状告小马不当得利，诉请其返还不当得利5万元，并赔偿相应利息。老赵称，2007年5月，他发现小马在2006年2月中旬收取了客户老陈的业务往来款5万元。

① 周毅. 一纸收条竟闹出3场官司 [N]. 扬州晚报，2008-8-5（A6）.（本书作者孟咸美为承办律师）

直至离开，小马也未将该款交付他。

对此，小马辩称，2006年初，老赵去新疆采购牛肉向多人借款，老赵也向老陈借款5万元，老陈才把钱送至店内，小马与老赵联系后代收并出具了收条给老陈。当日，他按老赵要求将钱给了老赵妻子。

3.“铁证”输给常理

法官进一步调查发现，老赵的陈述有明显说不通之处：该事发生在2006年2月，老赵为何直到2007年5月才发现该款是被小马收到后据为已有呢？这不符合常理。且据双方陈述，当时双方关系融洽，如果要求小马把钱交给老赵的妻子时，由她再打收条给小马，这种做法对小马过于苛刻，也不符合双方经济往来惯例。

综合本案中有悖常理的问题，法官做出一审判决，驳回老赵的诉讼请求。老赵不服并提起上诉。市中院做出终审判决，驳回老赵的上诉，维持原判。

4.法官评说

两级法院的主审法官审理后认为，老赵的陈诉有3处违背了基本常理：其一，在出借人老陈方面，他是老赵的朋友，自述与小马关系一般，故借款交给小马后要求其出具收条，但老陈此后不再过问，不通报老赵、不与老赵核实小马有无告知、转交该款，有违常理。其二，在老赵方面，他急需用钱，没有拿到该笔借款，却在当时不了了之，违背常理。其三，在小马方面，他如果侵占了该款，则该款已超额弥补老赵所欠工资款；在老赵不向其主张“权利”的情况下，小马却主动起诉向老赵索要工资款，继而引发老赵向其索要占有的借款。权衡此做法，势必对小马不利。当事人主动挑起对自己不利的诉讼，违背常理。据此，老赵仅凭小马出具的收条，要求小马返还不当得利的请求，证据不足，遂对其诉请不予支持。

# 案例九　有限责任公司被吊销营业执照后的清算问题分析①

某电子有限责任公司因未参加年检，于2002年2月1日被该市工商行政管理局依法吊销了营业执照。该公司三大法人股提议召开临时股东会，2002年4月7日临时股东大会形成以下决议：①解散某电子有限责任公司，公司职工由第一大股东负责分流安置。②公司进入清算阶段，成立清算组，清算组由9人组成：三大法人股分别委派4名、2名、2名代表参加，自然人股东委派1名代表参加。③聘请某会计师事务所对公司财务进行审计。

公司解散的后备方案：①鉴于公司的状况，审计可能难以进行。若中介公司无法对公司财务进行审计或中介机构无法出具审计报告，则由第一大股东全盘接受公司全部资产及债权、债务，并负责公司职工的分流、安置。②三大法人股股本，由第一大股东与之另行订立股转债协议，各自然人股东股本金由第一大股东负责进行退还。一旦出现中介机构无法审计或无法出具审计报告的情况，此方案自动生效，不再召开股东大会。

自然人股东认为公司的决议违反了《中华人民共和国公司法》（简称《公司法》）第一百八十三条的规定，即公司被吊销执照后应依法进行清算，清算组应由全体股东组成，由有关主管机关依法组织，不应召开股东会来决定清算组人选及制订清算方案，更不能以公司合并代替公司清算。法人股股东认为，公司召开股东会并形成的决议合法有效，是依据《公司法》行使股东会对清算事项的决议权。双方争执不下，自然人股东诉请当地人民法院保护自

① 孟咸美．有限责任公司被吊销营业执照后的清算[N]. 人民法院报，2002-5-15（3）．（人大复印资料《经济法学、劳动法学》2002年8月全文收录）

身合法权益。

笔者认为自然人股东的意见正确。鉴于司法实践中公司法的相关规定不甚明确，容易引起误解，笔者结合本案对相关法律问题进行了梳理。

（1）有限责任公司被吊销营业执照后，股东会是否有权表决解散事项？

公司解散是指公司因公司章程或法律规定的事由出现，或被有关主管机关依法责令停止经营活动，并进入清算阶段，以处理及了结公司的一切权利义务关系。公司解散是导致公司终止即法人资格消灭的原因。公司解散并不意味着其法人资格立即丧失，须等到公司清算结束，注销登记并予以公告后，其法人资格才完全丧失。公司解散根据其解散事由是否自愿可分为任意解散和强制解散两类。任意解散是指公司基于自己的意思而自愿解散，根据《公司法》第一百八十、第一百八十一条规定，在三种情形下公司可以解散，股东会行使表决权决定是否解散。强制解散是指公司基于法律规定或行政处罚决定而被迫解散，《公司法》第一百八十条做出了相应规定。在公司被宣告破产和公司因违法被责令关闭的情形下，法律规定“应当解散”，不存在“可以”与“不可以”之分，不论公司是否愿意，股东会也不必通过行使表决权表示“是否愿意解散”的意思。因此公司被吊销执照属强制解散，由股东会表决是否解散是不合法的。

（2）公司被吊销营业执照后，有限责任公司的清算组应如何组成？

公司清算是指公司出现法定解散事由或者公司章程所规定的解散事由后，依法清理公司债权债务并向股东分配剩余财产，终结公司所有法律关系的行为。公司宣告解散后，未必都进入清算程序，如公司合并、分立均不需要进行清算，因此不应将公司解散与公司清算混为一谈。公司清算分为任意清算和法定清算。任意清算是指按照公司章程规定或者由股东会决定的清算方法进行的清算；法定清算是指按照法律规定的程序进行的清算。《公司法》规定了有限责任公司和股份有限公司两种类型的公司，因此未规定适合于无限公司、“两合”公司等人合公司的任意清算，而只规定了法定清算。《公司法》第十章专门规定了清算组的组成、清算组的职权职责、清算程序、违法清算的法律后果，但实践中存在很多任意清算的做法，违背《公司法》的强制性规定。《公司法》第一百九十一条规定了公司自愿解散情形下清算组组成的人员、期限及逾期不组成清算组的特别措施。在清算组组成人员的规定方面，《公司法》考虑到有限责任公司和股份有限公司的不同而做出了不同规定，有限责任公司的清算组由股东组成，股份有限公司的清算组由股东大会确定人选。实践中，少数有限责任公司也召开股东会确定人选，把本应加入清算组的股东排斥在外，明显违反了法律规定，应引起注意。《公司法》第一百八十三条规定了公司强制解散情形下负责组建清算组的机关及清算组组成人员界别，但没有规定组成期限。对该条的理解亦存在不同观点，有些人认为有关主管机关组织股东、有关机关及有关专业人员成立清算组就是有关主管机关可以把有限责任公司的一部分股东排斥在外自行组织部分股东及专业人员成立清算组，笔者认为不对。结合我国企业法的相关规定可知，企业清算组的组成人员是因企业的性质不同而不同，负责组织清算组的机构因企业解散情形的不同而不同。

（3）有限责任公司股东会对清算事项的决议权是指什么？

《公司法》第一百八十四、第一百八十八条明确规定了清算组的职权、职责，清算组是从事公司清算事务的法定临时性执行机构。清算组取代公司董事会，在清算期间对内处理清算事务、对外代表公司。而公司的股东会和监事会作为公司的最高权力机构和监督机构，其地位不变，但其职权范围受到限制，仅为公司清算范围之内。《公司法》第三十七条第一款规定，股东会对公司合并、分立、变更公司形式、解散和清算等事项做出决议，股东会据此行使对公司清算事项的决议权，但实践中容易产生误解。由于我国公司法规定的清算为法定清算而排除了任意清算，因此公司清算与否、清算组如何组成、清算组职权职责、清算程序、违法清算的后果均由法律明确规定，股东会无权对上列法定清算事项进行表决，只能依据《公司法》第三十七条第一款、第一百八十六条第一款、第一百八十八条之规定行使对清算方案和清算报告的确认权。在公司被依法责令关闭后进行清算的情形下，股东会的该项权利转由有关主管机关行使；股东会也不能行使清算范围外的权利，如行使合并决定权。

需要指出的是，在公司清算中，清算组负责制定清算方案，董事会无此权利，股东会也无权制定清算方案，更不能借口行使对清算事项的决议权而行使属于清算组的上列职权，以股东会的约定（决议）对抗法定。

# 案例十 股权权益纠纷案例分析①

【案情】②

上海某厂（以下简称“某厂”）于1997年1月被改制成股份合作制企业，戎某某作为企业职工认购了相应的股份，成为企业股东，并在工商管理部门登记备案。以后，戎某某的股份经调整增到9576股。该厂的企业章程（修订稿）规定：股东所持股份不得退股，但遇职工股东调出、辞职、除名、退休及死亡等情况，可经董事会批准后，予以退还全部或部分股份。其中第二十条规定：股东大会股东、股权的确定以企业上报政府有关部门备案的材料为准。该厂的《个人股股份管理办法》也规定，股份变更（包括退股）的，须向董事会提交申请报告，并由股权管理办公室出具核实报告，或由股权管理办公室向董事会提交申请报告，经批准后方可予以实施；非特殊情况的退股（包括离退休等）须办理有关手续，文件上由董事长签署即可。2003年12月，戎某某退休，未提出退股申请，董事会也未做出相应的决议。2004年6月3日，该厂公司的董事长批准戎某某等人退股，并以董事会名义发函要求戎某某退股，但该通知未加盖董事会印章，戎某某也未表示同意，该厂亦未到工商管理部门办理戎某某等人的股权变更手续，但其向工商部门所报的材料中已除去了戎某某等人。2004年4月29日，该厂召开了三届四次股东大会，决议通过了《2004年度利润分配方案》等文件。后企业发放了2004年度红利。戎某某以某厂侵害其作为股东的合法权益为由提出诉讼，要求某厂支付2004年度红利2872.80元。

上海市卢湾区人民法院判决：上海某厂应于本判决生效之日起十日内支

① 孟咸美．职工持股会制度之检讨及前瞻[J]. 中国集体经济，2007（9）．.

② 杨路．股份合作制企业职工股东退休后其股东身份自然消灭[N]. 人民法院报，2007-1-31(6)．

付原告戎某某2004年度红利2872.80元。该厂不服，提起上诉。

上海市第一中级人民法院判决：①撤销一审判决；②戎某某要求上海某厂支付2004年度红利人民币2872.80的诉讼请求不予支持。理由是本案中，戎某某于2003年12月从某厂退休，故其股东身份应自其退休后消灭。至于其退股手续何时办理，并不影响其股东身份的丧失。由于戎某某自退休之日起不能继续保留在上诉人企业的股东身份，自无享有分配该厂2004年度红利的权利。股份合作制企业的股东与其职工的身份直接相关，一旦丧失职工身份，股东身份已无存在的基础。

【评析】

前述案件涉及职工持股会相关法律问题。谁是法律意义上的股东，是职工持股会还是持股职工？持股职工的股权运作应采何种形式？持股职工的股权应如何转让？笔者结合案件对上述问题谈几点看法。

1. 我国职工持股会现状及其困惑分析

目前，职工持股会在法律中无明确规定，各地方政府陆续发布了关于组建职工持股会的规范性文件，依此运作形成了3种主要形式：一是新设社会团体法人形式；二是设立非法人团体，依托工会运作的形式；三是企业法人形式。

新设社会团体法人形式下的职工持股会是由公司职工自愿组成的并经核准登记的社团法人。此种形式下职工持股会为公司股东，持股职工是职工持股会的会员。该形式有利于解决职工持股的登记与管理问题，但存在法律障碍。如职工持股会作为股东向公司投资与《民法通则》《社会团体登记管理条例》对社团法人的规定相冲突；持股职工实际向公司投资却不是股东与《公司法》规定相背，亦违背职工持股制度的宗旨和设计初衷。

非法人团体形式是指职工持股会不进行登记，仅作为公司内部组织或工会下属组织，依托工会运作。该形式的法律障碍也不少，如工会作为股东既违反《公司法》又违反《工会法》。工会作为维护职工民主权利的机构其财产受法律特别保护，工会作为非营利组织为何从事营利活动？工会如何承担法律责任？职工出资，职工持股会代行股权，却要工会承担责任，有何法律依据？显然与“自己责任”原则相冲突。

企业法人形式下的职工持股会表现为合股基金会。合股基金会作为登记注册成立的企业法人与投资基金会的成员之间的关系类似股东与公司的关系，成员对合股基金承担有限责任，合股基金会对公司以投入的资本享有股权并承担有限责任。此种形式最大的问题在于持股职工与公司无权利义务关系，已背离了职工持股制度的宗旨。

反思职工持股会的现状，我们发现存在诸多困惑之处，有立法困惑，亦有司法困惑。

困惑1：职工持股会与持股职工，谁是法律意义上的股东，地方政府规范性文件大多认为职工持股会是股东，而实际出资人即持股职工却不是股东，这一认定有违《公司法》，于法理不通，令人困惑。

困惑2：职工持股会与持股职工是什么关系？是委托代理还是信托关系抑或其他关系？

困惑3：各地政府规范性文件均禁止持股职工自由转让股份甚或规定职工股东辞职、退职后股东身份自然消灭，这似与“股权平等”原则相冲突，让人费解。实践中也大多依此审理判决，前引案例即是。

2. 依法规制职工持股会使之合法运行，实现公司利益与持股职工利益的均衡

解决职工持股制度的困惑问题不能依靠地方政府规范性文件，不应依靠职工持股会章程，应采用法定主义，依法规制，统一运作。笔者认为可以制定《职工持股法》，亦可在《公司法》中设专章规范职工持股制度。为解决前述三大困惑，笔者认为至少应从以下3个方面加强立法。

立法建议1：明确持股职工的股东地位。

股东确认有多种学说。出资说认为欲取得股东资格就必须向公司（包括设立中的公司）出资，只有履行了出资义务，才能够获得股东身份和资格，而且对出资规定有严格的程序[①]。资格说认为股东未缴纳出资并不能产生否定其股东资格的效力，因为实际出资的功能仅仅是使公司的资本真实确定，公司的债权人及其他第三人无义务了解股东是否已对公司实际出资，股东登记具有公示效力。[②]折中说认为，采用法定资本制的国家对缴纳出资与公司股东资格关系规定较严格，未出资则不得成为股东；采用授权资本制的国家不在股东出资和股东资格之间建立一一对应的关系。[③]我国《公司法》上采用出资主义，作为出资人方才成为股东，因其出资而享有股权。有些学者以冒名股

① 虞政平．股东资格的法律确认[J]. 法律适用，2003（8）.

② 孔祥俊．公司法要论[M]. 北京：人民法院出版社，1997：191.

③ 李哲松．韩国公司法》[M]. 吴日焕，译．北京：中国政法大学出版社，2000：217.

东、隐名股东、“干股”股东等事实认为我国采用资格说是不正确的，这些学者对出资做了错误理解。出资，除了自己出资的传统形式外还应包括以他人名义出资（冒名股东）、借用挂名股东名义出资（隐名股东）、基于赠与或奖励所获股权（干股股东）、继受股份等多种形式。实践中有些法院以“持股卡”不是出资证明而否认持股职工的股东地位，认为职工是向职工持股会出资，职工持股会是股东的观点是值得商榷的。我们认为，内部职工认购本公司股份是向公司出资，该出资形成注册资本成为公司法人独立财产。职工持股会只是受持股职工委托专门从事企业内部职工股管理并依法代其行使股东权利的组织，并非《公司法》意义上的企业法人，无权吸收出资，无权从事生产经营，职工不可能向职工持股会出资。作为向公司出资的职工理应认定为股东，作为受委托人的职工持股会只是代行股权，若认定职工持股会为股东违反法理。持股职工是以自然人身份直接持有还是设立职工持股会集中管理持有，只是股权行使方式不同，不应改变持股职工作为出资人的股东地位。

一些地方政府规范性文件规定工会委员会作为股东登记亦有削足适履之嫌，是为参照适用《公司法》关于有限责任公司股东人数上限的规定。有限责任公司除了具有一般公司的营利性、社团性、法人性、股东责任有限性特征外，其独有的特征在于股东数量较少，公司建立在股东彼此认识、互相信赖的基础上，股东希望自己加强对公司事务的控制，因此各国均通过限制股东人数实现前述人合因素。如日本的有限公司法第8条规定，股东人数不超过50人；法国《商事公司法》第36条规定，有限公司股东不超过50人，超过时，应在两年内变更为股份有限公司，否则，公司应解散。美国许多州对封闭公司的股东人数最高限制为35人。股份合作企业持股职工数均超过50人，持股职工之间原本熟悉，持股职工人数增多不会影响相互之间的信赖度，职工持股会已具备人合性，因此各地参照《公司法》对有限责任公司股东人数限制的规定对持股职工人数进行限制来实现人合性已无必要。

立法建议2：明确持股职工的股权运作形式。

如前所述，职工持股会与持股职工的关系有委托代理关系说、信托关系说、新型关系说三种形式。信托关系说将职工持股视为一种持股行为，不对职工持股会这一组织体的性质进行界定，而是通过信托契约来调整职工持股会之间的权利义务关系，这一学说回避了职工持股会的性质及投资风险，无法解决职工持股会与《信托法》中受托人规定的冲突。委托代理说认为，持股职工与持股会之间的关系是委托代理关系，职工持股会是持股职工的代理人，是受持股职工委托代行股权的组织。职工持股会或会工委员会不具有法律规定的股权行为能力，如何担当代理人？若登记为企业法人，其应符合《民法通则》规定的企业法人条件，其必要的财产从何而来？若登记为社会团体法人，其营利性能力何来？若为非法人团体亦面临登记与税收等诸多问题。蒋大兴指出，信托说将职工持股会界定为信托机构会导致信托人（委托人）、受托人、受益人三者归一的现象，会出现持股职工委托自己管理信托财产同时自己又兼为信托受益人的不合法理的怪现象。[①] 笔者认为持股职工可通过信托关系交由共同受托人行使其股东自益权，通过委托代理关系交由代理人行使其股东共益权，我们暂且命名为双重关系说。共同受托人信托说认为出资股东与共同受托人之间形成信托关系，出资职工将其信托财产（购股资金）而不是股权交由共同受托人管理和运用，共同受托人只是代出资职工在该企业理财。出资职工则依信托契约按其出资额享有受益权。《信托法》为职工持股制度的发展指明了方向，解决了现有法律的不足及困惑。信托是基于信任而产生的财产关系，持股职工选任的共同委托人可以是自然人，也可以是法人，还可以是持股职工中的少数理财专家，但不能是全体持股职工或职工持股会（防止出现信托人、受托人归一的现象）。持股职工（委托人）、共同委托人、受益人之间的关系主要靠信托法和信托契约确立，一方面充分发挥共同受托人的理财优势，另一方面防范委托人侵蚀信托财产的风险，实现信托制度的安全价值。在信托关系中，共同受托人没有违反信托且已尽了职责，即使未能取得信托利益或者造成了信托财产的损失，共同受托人也不以自有财产负责任；未能取得信托利益的，可以不向受益人支付；信托财产受损失的，在信托终止时可将剩余信托财产交给受益人。在信托关系外部，因共同受托人管理信托财产而发生的对第三人责任，仅以信托财产为限承担责任，若共同受托人违反信托致人财产损害，则其个人责任不得免除。另外一重关系即委托代理关系，即代理人代为行使股东共益权与现行《公司法》规定一致，亦不难理解，故不做详述。共同受托人因其具备了《信托法》确认的商事信托主体权利能力和行为能力，解决了职工持股会不具备相应能力的尴尬。共同受托人可以一身二任，既可以充当持股职工的受托人，又可以担任持股职工的代理人。这就依法解决了现存的职工持股

① 蒋大兴．公司法展开与评判——方法・判例・制度 [M]. 北京：法律出版社，2001：750.

会充当受托人违反《信托法》相应规定、职工持股会充当代理人违反代理制度的法学困惑问题；同时也妥善解决了持股职工的股权行使问题，既确认和坚持了持股职工的股东权，又解决了单纯信托制度无法解决股东共益权行使的实践难题。双重关系说从法理上全面解决了持股职工股权行使问题。

立法建议3：应确认持股职工的股份转让自由原则。

一些公司及持股会章程规定禁止持股职工向外部转让股份，甚或规定持股职工退休、离职后股权自然消灭。其理由是只有内部职工才可持股是股份合作制企业的特色，这是一种错误认识。规定不具备职工身份不能入股的出发点及宗旨是为了吸引企业职工入股，实现劳动合作与资本合作的结合。入股后丧失职工身份一定要退股或一定要转让给本企业的职工的规定是对股份合作制企业本质的误解。股份合作企业内劳动合作、资本合作并存不等于说该企业内全体劳动者必须同时是股东，而是指股份合作企业内有单纯劳动者之间的劳动合作，也有劳动者入股后的资本合作。作为内部职工认购股份后退休或解职并不是其股权消灭的原因，退休或解职是劳动合同关系变更或消灭的原因，不是股权消灭的原因。股权因职工出资而获得，因转让而转移，因退股而消灭。笔者认为，倘若职工认购股份时企业股份认购指南或协议约定了股权消灭的条件且该条件不违反法律行政法规强制性规定，应承认其效力。职工认购股份后授权成立的持股会以股权多数决做出“股权消灭”的章程条款应属无效。公司章程作为规范公司对外经营活动及公司内部治理活动的重要文件尚且不得对股东的股权进行剥夺，职工持股会章程则只能在授权范围内为股权运作进行约定，无权限制股权。职工因其为内部职工而享有认购权，若因其认购后丧失了职工身份要剥夺其“认购权”，则该“认购权”所附条件侵犯了职工的劳动就业自由权，有强迫认购之嫌疑。《江苏省国有企业内部职工持股暂行办法》第八条明确规定，不允许把职工持股与职工劳动关系、劳动保险涉及职工切身利益的事项挂钩。职工认购后，其作为股东依法享有股权，其转让的不再是“认购权”，是与职工身份不同的资本股份。持股职工是否转让、是否退股是股份持有人的权利，任何人包括持多数股的职工或大股东均无权以股权多数决形式侵犯。因为表决权是股东按照其持股比例对公司重大事项行使的决策权，股份转让权既然是权利就不应被迫行使。股份转让权的是否行使属自益权的范畴，是不可以进行股权多数表决的。股东决定行使出资转让权后，其他股东可以就是否接受转让、是否同意向非股东转让等事项行使自己的权利。

# 参考文献


[1] 胡钰，许万和，孟咸美．新编经济法 [M]. 南京：江苏人民出版社，1994.

[2] 孟咸美．竞争法研究 [M]. 北京：中央文献出版社，2006.

[3] 孟咸美，钱芝网．物流法概论 [M]. 北京：中国时代经济出版社，2007.

[4] 孟咸美，钱芝网．经济法：第二版 [M]. 北京：中国时代经济出版社：2007.

[5] 孟咸美，孟昕，俞崇坤．房地产法理论与实务 [M]. 北京：光明日报出版社，2016.

[6] 孟咸美．金融监管法律制度研究 [M]. 北京：经济日报出版社，2014.

[7] 陈云良．金融法（法律硕士精品教材）[M]. 厦门：厦门大学出版社，2012.

[8] 孟咸美，孟昕，夏圣坤．劳动者权益保护研究 [M]. 北京：经济日报出版社，2017.

[9] 金俭．房地产法法学（“十一五”国家级规划教材）[M]. 北京：科学出版社，2008.

[10] 何汉江．法学案例评析 [M]. 南京：江苏人民出版社，1996.

[11] 焦富民．法律基础 [M]. 苏州：苏州大学出版社，1999.

[12] 王晓晔．竞争法研究 [M]. 北京：中国法制出版社，1999.

[13] 王晓晔，伊从宽．竞争法与经济发展 [M]. 北京：社会科学文献出版社，2003.

[14] 王晓晔．欧共体竞争法 [M]. 北京：中国法制出版社，2001.

[15] 徐士英．竞争法论 [M]. 上海：上海世界图书出版公司，2000.

[16] 吴宏伟．竞争法有关问题研究 [M]. 北京：中国人民大学出版社，2000.

[17] 戴奎生 . 竞争法研究 [M]. 北京：中国大百科全书出版社，1993.

[18] 丁邦开，等 . 竞争法律环境论 [M]. 上海：上海财经大学出版社，1999.

[19] 王存学 . 竞争法与市场经济 [M]. 北京：工商出版社，1993.

[20] 种明钊 . 竞争法 [M]. 北京：法律出版社，1997.

[21] 王全兴 . 竞争法通论 [M]. 北京：中国检察出版社，1997.

[22] 邱本 . 自由竞争与秩序调控 [M]. 北京：中国政法大学出版社，2001.

[23] 孟雁北 . 竞争法 [M]. 北京：中国人民大学出版社，2004.

[24] 刘家琛 . 竞争法案例选编 [M]. 北京：法律出版社，1999.

[25] 孟雁北，寇艳华 . 竞争法典型案例 [M]. 北京：中国人民大学出版社，2003.

[26] 孔祥俊，刘泽宇，武建英 . 反不正当竞争法原理 · 规则 · 案例 [M]. 北京：清华大学出版社，2006.

[27] 孔祥俊，武建英，刘泽宇 .WTO 规则与中国知识产权法原理 · 规则 · 案例 [M]. 北京：清华大学出版社，2006.

[28] 庞清燕，等 . 竞争法案例 · 学理精解 [M]. 北京：中国经济出版社，2004.

[29] 倪振峰 . 竞争法案例教程 [M]. 上海：复旦大学出版社，2005.

[30] 邵建东 . 竞争法教程 [M]. 北京：知识产权出版社，2003.

[31] 丁邦开，等 . 竞争法律制度 [M]. 南京：东南大学出版社，2003.

[32] 黄勇 . 国际竞争法研究：竞争法实施中的国际冲突与国际合作 [M]. 北京：中国友谊出版社，2003.

[33] 吴宏伟 . 竞争法有关问题研究 [M]. 北京：中国人民大学出版社，2000.

[34] 丹尼斯 · 昂科维克 . 商业秘密——关于保护公司情报的策略 [M]. 胡翔，叶方恬，译 . 北京：企业管理出版社，1991.

[35] 张玉瑞 . 商业秘密的法律保护 [M]. 北京：专利文献出版社，1994.

[36] 张玉瑞 . 商业秘密的运用和保护 200 题 [M]. 北京：人民法院出版社，1996.

[37] 张玉瑞 . 商业秘密法学 [M]. 北京：中国法制出版社，1999.

[38] 张玉瑞 . 商业秘密 · 商业贿赂：法律风险与对策 [M]. 北京：法律出版社，2005.

[39] 商业秘密法制丛书编辑委员会．商业秘密法制现状分析及案例[M]. 北京：中国法制出版社，1995.

[40] 孔祥俊．反不正当竞争法新论 [M]. 北京：人民法院出版社，2001.

[41] 孔祥俊．反不正当竞争法的适用与完善 [M]. 北京：法律出版社，1998.

[42] 孔祥俊．商业秘密保护法原理 [M]. 北京：中国法制出版社，1999.

[43] 唐海滨．美国是如何保护商业秘密的 [M]. 北京：法律出版社，1999.

[44] 张龙德．广告法规案例教程 [M]. 上海：上海大学出版社，2001.

[45] 国外广告法规选择 [M]. 安青虎，译．北京：中国工商出版社，2003.

[46] 李德成．广告业前沿问题法律策略与案例 [M]. 北京：中国方正出版社，2005.

[47] 曹士兵．反垄断法研究 [M]. 北京：法律出版社，1996.

[48] 孔祥俊．反垄断法原理 [M]. 北京：中国法制出版社，2001.

[49] 王晓晔．企业合并中的反垄断问题 [M]. 北京：法律出版社，1996.

[50]《各国反垄断法汇编》编选组．各国反垄断法汇编 [M]. 北京：人民法院出版社，2001.

[51] 王先林．知识产权与反垄断法：知识产权滥用的反垄断问题研究 [M]. 北京：法律出版社，2001.

[52] 王为农．企业集中规制的基本法理：美国、日本及欧盟的反垄断法比较研究 [M]. 北京：法律出版社，2001.

[53] 张为华．美国消费者保护法 [M]. 北京：中国法制出版社，2000.

[54] 孟咸美．怎样排解产品质量消费者权益纠纷 [M]. 南京：江苏人民出版社，1997.

[55] 孟咸美，何汉江．你所关心的消费者权益法律问题 [M]. 南京：江苏人民出版社，2001.

[56] 焦富民．经济法概论 [M]. 北京：中国商业出版社，2000.

[57] 袁祝杰．竞争秩序的建构——行政性限制竞争研究 [M]. 北京：北京大学出版社，2003.

[58] 郭卫华，金朝武，王静，等．网络中的法律问题及其对策 [M]. 北京：法律出版社，2001.

[59] 张新宝．互联网上的侵权问题研究 [M]. 北京：中国人民大学出

版社，2003.

[60] 漆多俊 . 经济法论丛：第1–11卷 [M]. 北京：中国方正出版社

[61] 张平 . 网络法律评论：1–6卷 [M]. 北京：法律出版社 .

[62] 王利明 . 判解研究：1–23辑 [M]. 北京：人民法院出版社 .

[63] 王艳林 . 竞争法评论：第1卷 [M]. 北京：中国政法大学出版社，2005.

[64] 最高人民法院、最高人民检察院《中国案例指导》编辑委员会 . 中国案例指导（民事卷）：2006年第1辑 [M]. 北京：法律出版社，2006.

[65] 最高人民法院民三庭 . 知识产权审判指导与参考：1–10卷 [M]. 北京：法律出版社 .

[66] 曹中强 . 中国商标报告：第2卷 [M]. 北京：中信出版社，2003.

[67] 本书编写组 . 中国商标注册与保护 [M]. 北京：知识产权出版社，2004.

[68] 史际春邓峰 . 经济法学评论：1–5卷 [M]. 北京：中国法制出版社 .

[69] 李昌族 . 经济法论坛：多卷本 [M]. 北京：群众出版社 .

[70] 杨紫炬 . 经济法论丛：多卷本 [M]. 北京：法律出版社 .

[71] 道格拉斯 G. 拜尔等 . 法律的博弈分析 [M]. 严旭阳，译 . 北京：法律出版社，1999.

[72] 查尔斯·R. 麦克马尼斯 . 不公平贸易行为概论 [M]. 陈宗胜等，译 . 北京：中国社会科学出版社，1997.

[73] 库尔特·马尔克特 . 美国反托拉斯法的现状和发展趋势 [M]. 邵建东，译 // 爱里克·松尼曼编 . 美国和德国的经济与经济法 . 北京：法律出版社，1991.

[74] 栗田诚 . 反垄断法上的民事制裁 [M]. 张军建，译 . 见栽漆多俊 . 经济法论丛：第6卷 . 北京：中国方正出版社，2002.

[75] 赖源河 . 公平交易法新论 [M]. 台北：元照出版公司，2000.

[76] 约翰·罗尔斯 . 正义论 [M]. 北京：中国社会科学出版社，1988.

[77] 理查德·A. 波斯纳 . 法律的经济分析 [M]. 北京：中国大百科全书出版社，1997.

[78] 马歇尔·C. 霍华德 . 美国反托拉斯法与贸易法规 [M]. 孙南申，译 . 北京：中国社会科学出版社，1991.

[79] 哈特 . 法律的概念 [M]. 北京：中国大百科全书出版社，1996.

[80] 丹宗昭信，厚谷襄儿．现代经济法入门 [M]. 谢次昌，译．北京：群众出版社，1985.

[81] 国家行政学院编写组．《建设美丽的中国》学习参考 [M]. 北京：国家行政学院出版社，2015.

[82]《总体国家安全观干部读本》编委会．总体国家安全观干部读本 [M]. 北京：人民出版社，2016.

[83] 谢平，邹传伟．互联网金融模式研究 [J]. 金融研究，2012（12）.

[84] 杨东，文城公．互联网 + 金融 = 众筹金融 [M]. 北京：人民出版社，2015.

[85] 杨东．互联网金融风险规制路径 [M]. 中国法学，2015（3）.

[86] 吴静娴．互联网金融法律规制问题研究 [J]. 法制博览，2015（7）.

# 附 录

## 一、孟教授惠存

友如作画须求淡，
山似论文不喜平。
人生交契无老少，
世上难得管鲍情。

斫琴人朱崇文赠
2015年5月11日

## 二、赠扬大法学院孟教授

治人善礼孟师教德
朱崇文
治学尊孔孟，
人仁多贤炳。
善知唯重教，
礼义尚品德。

2013年7月4日

## 三、孟咸美教授生日贺

咸美教授本姓孟，
读书求学很用功，

文科状元皇冠戴，
名闻遐迩大轰动！
教书育人讲求真，
最美教师爱学生，
刻苦钻研做学问，
专著出版好几本。
普法宣传做义工，
兼任律师写诉讼，
秉持公平写正义，
工人日报大赞颂。
年逾半百身体好，
久经考验胆气豪，
祝他生日大快乐，
全家幸福步步高！

附记：2018年5月27日，是扬州大学法学院孟咸美教授56岁生日。作为寿星的老同事、老邻居受邀赴宴，写小诗一首贺之。

黄文德

2018年5月27日

# 后 记

本书是对个人学术探索的一个小结，全书分三篇。上篇经济法基础理论研究；中篇为经济法专题研究，其中有本人指导的研究生撰写的毕业论文集锦；下篇为经济法实务问题研究，主要为报刊刊载的本人承办的典型案例以及作为专家点评的案件。

在写作本书的过程中我得到了各界领导、同仁及学生的支持。感谢江苏省“十大青年法学家”王承堂院长和党委书记孙鹏的关心与支持；感谢著名书法家江苏省书协理事曹骥主席为本书题写书名；感谢长期以来在我的教师生涯、律师生涯中指导、帮助我的老师及朋友们！感谢中联华文张金良、范晓虹的策划与编辑。正是有了大家的指导与帮助，我才能不断进步。

希望本书不是炒冷饭，而是一次从“米饭”到“扬州炒饭”的升华。谨以本书致敬改革开放40周年。书中难免有错失之处，恳请读者朋友斧正。

孟咸美

写于扬州雅居乐花园

2018年11月